Das Buch

Es ist eine der Folgeerscheinungen der iranischen Revolution von 1979, daß Frauen in Persien heute fast automatisch mit dem langen schwarzen Schleier, dem Tschādor, in Verbindung gebracht werden, der vom Körper nur einen kleinen Ausschnitt des Gesichts freiläßt. Dieses Kleidungsstück, das in unseren Augen so anachronistisch wirkt, ist zum Symbol einer politischen und gesellschaftlichen Entwicklung geworden, die im Ausland vielfältige Kontroversen und Spekulationen hervorgerufen hat. Jenseits aller vordergründigen Diskussion möchte dieser Band mit seinen literarischen Texten ein realistisches Bild vom Leben und Denken der Frauen in Persien entwerfen. Während das Leben in der Stadt und in der Oberschicht sich zumindest vor der Revolution äußerlich wenig von dem in der westlichen Welt unterschied, spielt sich der Alltag auf dem Land und in den unteren Gesellschaftsschichten oft unter sehr harten Bedingungen ab. Für alle Lebensbereiche gilt jedoch, daß die meisten Frauen in ihren Handlungsmöglichkeiten auf die Welt der Ehe und Familie beschränkt sind.

Der Herausgeber

Touradj Rahnema, geboren 1937 in Iran, studierte Germanistik und Vergleichende Literaturwissenschaft in Deutschland und Österreich und ist als Autor, Herausgeber und Übersetzer von deutscher und persischer Literatur mehrfach hervorgetreten.

Frauen in Persien
Erzählungen

Herausgegeben von Touradj Rahnema

Deutscher
Taschenbuch
Verlag

dtv

Ebenfalls im Deutschen Taschenbuch Verlag erschienen:
Frauen in der DDR (1174)
Frauen in Lateinamerika 1 (10084)
Frauen in Lateinamerika 2 (10522)
Frauen in China (10532)

Originalausgabe
März 1986
Deutscher Taschenbuch Verlag GmbH & Co. KG, München

Die Erzählungen wurden ins Deutsche übertragen von Johann Christoph Bürgel, Eckhardt Fichtner, Anneliese Ghahraman, Sigrid Lotfi, Herbert Melzig, Touradj Rahnema und Carla Rustaiyan-Filipuzzi
Umschlaggestaltung: Celestino Piatti
Umschlagbild: Siggi Grunow
Gesamtherstellung: C.H. Beck'sche Buchdruckerei, Nördlingen
Printed in Germany · ISBN 3-423-10543-7

Für meinen Sohn Ramin

Inhalt

Vorwort

Wie ist eine Perserin?* Wie kann man sie charakterisieren? Um die Frage kurz zu beantworten: Sie ist – auch nach der iranischen Revolution von 1979 – modern und zugleich konservativ. Sie ist modern, weil sie in vieler Hinsicht bereit ist, mit der Zeit zu gehen; sie ist konservativ, weil sie sich den alten Traditionen verpflichtet fühlt und sich nicht ohne weiteres von ihnen lösen kann.

In ihrem Auftreten erinnert die Perserin an eine Inderin oder Japanerin, mit denen sie die nahezu zeremonielle Höflichkeit gemeinsam hat. In ihrer äußeren Erscheinung dagegen ähnelt sie mit ihren dunklen Augen und Haaren und der elfenbeinfarben getönten Haut eher einer Italienerin oder Spanierin.

Persische Dichter haben in ihren Versen einen Idealtypus ihrer Landsmännin geschaffen, die Miniaturmaler, namentlich die des 16. und 17. Jahrhunderts, haben diesen Typus im Bild festgehalten. Danach gleicht ihr Wuchs dem der Zypresse, ihr Gesicht hat die Vollkommenheit und Blässe des Mondes, die Augenbrauen treffen in elegantem Schwung über der Nasenwurzel zusammen, die Augen lassen an scheue Gazellen denken.

Im übrigen unterscheidet sich die Iranerin in ihren Eigenschaften nicht wesentlich von der Mehrzahl der Frauen vieler anderer Länder; sie ist eine anhängliche, opferbereite Tochter und Schwester, sie ist kinderlieb, eine gute Mutter und Ehefrau.

Die Perserin ist Mohammedanerin und trägt insofern das Schicksal, das so gut wie jeder Frau in den islamischen Ländern beschieden ist.

Im Westen wird häufig die den Männern untergeordnete gesellschaftliche Stellung der Mohammedanerin kritisiert. Reformen sind auf diesem Gebiet seit Anfang des

* Es wird hier sowohl die im Lande selbst übliche Bezeichnung »Iran« mit ihren Ableitungen als auch die noch in Deutschland gebräuchliche Bezeichnung »Persien« mit ihren Ableitungen verwendet.

20. Jahrhunderts in einigen islamischen Ländern angestrebt worden. In Iran war die spektakulärste Maßnahme das im Jahre 1936 von dem damaligen, westlich orientierten Schah dekretierte Verbot für die Frauen, weiterhin den Tschādor, den Schleier zu tragen. Es war ein unkluger, unüberlegter Schritt. Eine jahrhundertealte Tradition glaubte man mit einem Federstrich beseitigen zu können. Die Mehrheit der Bevölkerung war dagegen, die Frauen hatte man nicht darauf vorbereitet. Die »Entschleierung« wurde, vielfach mit Polizeigewalt, in kürzester Frist durchgesetzt.

Für die überwiegende Zahl der Frauen in den Städten (auf dem Land und bei den Nomaden war die Verschleierung nie strikt eingehalten worden) bedeutete die Anordnung, statt des Schleiers in der Öffentlichkeit westliche Kleidung zu tragen, etwa so viel, als hätte man der Europäerin von 1850 vorgeschrieben, sich im Mini-Rock oder gar im Bikini zu zeigen.

Sehr allmählich, spürbar erst nach dem Zweiten Weltkrieg mit dem Aufkommen des Tourismus in beide Richtungen, mit Filmen und Fernsehen, freundete sich die städtische Perserin der Mittel- und Oberschicht mit der ihr zugedachten neuen Rolle als Partnerin des Mannes im Beruf an.

Ein völlig unterdrücktes Wesen ist die Iranerin freilich nie gewesen, jedenfalls nicht die Iranerin, die ein gewisses Alter überschritten hatte. Als junges Mädchen und junge Frau hatte sie zu gehorchen: den Eltern, Brüdern, dem Ehemann. Sobald sie aber ein Kind geboren hatte, besserte sich ihre soziale Stellung, und wenn erst einmal Schwieger- und Enkelkinder hinzukamen, gewann sie beträchtlich an Autorität. Im häuslichen Kreis, in Dingen, die unmittelbar die Familie angingen, wurde sie nun tonangebend.

Nachdem der Schleier – vorübergehend – gefallen war, entwickelte sich allmählich ein ganz neuer Frauentyp: selbstbewußt auch in der Öffentlichkeit, im Berufsleben in Konkurrenz tretend mit der bisher allmächtigen, stolz auf ihre Überlegenheit pochenden Männerwelt. Die Iranerinnen, jedenfalls die ehrgeizigen und aufgeschlossenen unter ihnen, hatten erkannt, daß sie von der den Männern seit langem gebotenen Möglichkeit, sich durch Wissen und Können eine Position zu erobern, Gebrauch machen müßten. Sie nutzten die jetzt auch für Mädchen vorhandenen schulischen Einrichtungen, viele studierten anschließend im In- oder Ausland. Was bis etwa 1930 undenkbar gewesen war, trat nun ein: Frauen arbeiteten als Schul- und Universitätslehrerinnen, als Ärztinnen, Richterinnen, Anwältinnen, bekleideten höhere Posten in staatlichen Dienststellen und im Bankwesen.

Doch die Zahl dieser Frauen war verhältnismäßig gering, den Perserinnen aus der Unterschicht war dies alles nicht vergönnt; sie blieben weiterhin ganz und gar abhängig vom Mann, der über sie bestimmte. Der Anteil der Analphabeten war unter den Frauen viel größer als unter den Männern. Besonders auf dem Land gab es wenige Frauen, die lesen und schreiben konnten.

Mit der iranischen Revolution mußte sich ein Großteil der Perserinnen, insbesondere der städtischen Perserinnen, umorientieren, d. h. die von der neuen Regierung festgelegten Bestimmungen akzeptieren. So wurde das Tragen des Schleiers wieder Vorschrift; seitdem müssen die Frauen den Tschādor oder eine neu kreierte Kleidung, bestehend aus einer Art Kittel, einer langen Hose und einem Kopftuch, tragen.

Die heutige Perserin darf sich in der Öffentlichkeit und im Dienst nicht geschminkt zeigen. In einer Mädchenschule wird kein Junge aufgenommen; auch in den Hörsälen der Universitäten sitzen die Studentinnen von Studenten getrennt.

Seit der Revolution dürfen die jungen Iranerinnen Fächer wie Landwirtschaft, Tiermedizin und Chemie nicht studieren, da diese ausschließlich für junge Iraner bestimmt sind. Auch ein Jura-Studium kommt für eine Perserin in seltenen Fällen in Frage. Der Grund: Eine Richterin darf es in einer islamischen Gesellschaft nicht geben.

Der neue Frauentyp, der sich seit den 40er Jahren herausbildete, brachte bald auch einige literarisch tätige Iranerinnen hervor. Hatten bisher nur Männer über Frauen geschrieben, so meldeten sich jetzt die Frauen selbst zu

Wort. Gleichzeitig ist eine Fortentwicklung im Stil und eine Richtungsänderung in der Wahl der dargestellten Personen festzustellen. Stilistisch gelangte man von den Anfängen mit ihren etwas sentimentalen Zügen und einer einfachen Erzähltechnik (Hedājat) bis zur realistischen Erzählweise und zum Gebrauch der Rückblende-Technik (Farssā'i); in der Wahl der Personen wechselte man von den passiven Frauengestalten (Āl-e Ahmad) über zu den aktiven, selbstbewußten (Farssā'i). Gemeinsam haben fast alle diese Erzählungen, daß sie von den Schattenseiten im Leben iranischer Frauen berichten.

Der vorliegende Band enthält 20 persische Erzählungen aus den Jahren zwischen 1932 und 1979; nur die Geschichte ›Sieben Bilder‹ stammt aus der Zeit nach der Revolution. Ich habe sie – stellvertretend für alle in den vergangenen sechs Jahren veröffentlichten Erzählungen in Iran – in diese Sammlung aufgenommen, nicht nur wegen ihrer literarischen Qualität, sondern weil sie mir thematisch interessant erschien.

Bewußt lasse ich den Band enden mit dem Sturz des Schah-Regimes im Februar 1979. Der Grund liegt auf der Hand: Die Zahl der in Iran in den letzten Jahren neu erschienenen literarischen Werke ist sehr gering.

In der vorliegenden Sammlung geht es mir nicht darum, Frauenliteratur in meiner Heimat zu präsentieren – eine Literatur, die es im westlichen Sinne dort noch nicht gibt. In erster Linie ist es mein Anliegen, deutsche Leser und Leserinnen mit Leben und Schicksal iranischer Frauen bekannt zu machen. Deshalb habe ich mich nicht darauf beschränkt, ausschließlich Beiträge von persischen Autorinnen aufzunehmen, sondern lasse auch Männer zu Wort kommen.

An dieser Stelle möchte ich mich bei allen meinen Mitarbeiterinnen und nicht zuletzt bei Frau Dr. Andrea Wörle vom Deutschen Taschenbuch Verlag bedanken für ihre wertvolle Unterstützung und ihr echtes Engagement.

Frankfurt, im Juli 1985 Touradj Rahnema

Ssādegh Hedājat
Das Zigeunermädchen

Seit dem frühen Morgen zogen Wolken über den Himmel, und es wehte ein quälend kalter Wind. Der Boden unter den Bäumen war dicht bedeckt mit totem Laub; ab und an wirbelten welke Blätter durch die Luft und fielen nieder. Ein Schwarm Krähen flog kreischend einem unbekannten Ziel zu. Die Häuser des Dorfes, aus der Ferne übereinandergeschichteten Streichholzschachteln ähnelnd, sahen mit ihren schwarzen Fensterhöhlen und ohne Türen provisorisch und wie achtlos hingeworfen aus.

Chodādād, graubärtig, doch frisch und lebenslustig, schritt rüstig aus und fühlte neue Kraft in seinen alten Adern pulsieren. Seine Blicke schweiften über den feuchten Boden der Landstraße und hinaus in die Ebene. Der Wind streichelte seine Haut. Es schien ihm, als tanzten die Bäume, als brächten die Krähen ihm eine frohe Botschaft; die ganze Natur kam ihm heiter und schön vor. Unter dem Arm trug er ein in handbedruckten Stoff eingeschlagenes Bündel, das er fest an sich drückte. Seine Augen glänzten; bei jedem Schritt kamen seine kräftigen Waden unter den weiten schwarzen Pluderhosen zum Vorschein. Seine Kleider waren von hellem Blau, die Filzmütze gelb.

Chodādād war sechzig Jahre alt und hatte einen starken Knochenbau. Er war hochgewachsen und hatte leuchtende Augen. Seit rund zwanzig Jahren hatten ihn die Einwohner von Damāwand* nicht zu sehen bekommen, weil er gänzlich zurückgezogen lebte. Oberhalb von Tscheschmeh-Alā, an der Landstraße nach Māsandarān**, hatte Chodādād sich eine Hütte aus Steinen und Lehm gebaut. Zwanzig Jahre waren es nun, daß er mutterseelen-

* Städtchen in der Nähe von Teheran, am Fuß des gleichnamigen höchsten Berges von Iran.

** Waldreiche iranische Provinz am Südufer des Kaspischen Meeres.

allein ein weltabgeschiedenes Dasein führte. Mit seinen derben Händen grub er die Erde um, bewässerte sie, säte und erntete: die gleiche Arbeit, die schon sein Vater und wohl auch seine Vorväter getan hatten. Ein Stück Land, so groß, daß fast zweihundertfünfzig Kilo Weizen darauf gesät werden konnten, war ihm als Erbe zugefallen. Über die Hälfte davon hatte er in dem Jahr, als es die Hungersnot gab, verkauft, richtiger: gegen Mehl eingetauscht. Und nun lebte er von dem ihm verbliebenen Stück und dessen geringem Ertrag.

Bei allen rief es Verwunderung hervor, daß Chodādād sich in den letzten zwei, drei Jahren in den Dörfern und oft auch im Basar von Damāwand blicken ließ, wo er Kleiderstoff sowie Zucker, Tee und sonstige Kleinigkeiten einkaufte. Und gelegentlich hatte man ihn auch in den Bergen um Āb-e Garm, Dschābon und Giliārd* mit einem kleinen Zigeunermädchen gesehen.

Vor vier Jahren, in einer kalten Nacht – es herrschte eine solche Kälte, daß sie einem wie mit Krallen das Gesicht zerkratzte – hörte Chodādād, als er eben die Öllampe ausgelöscht und sich zu Bett gelegt hatte, ein seltsames Geräusch: ein stoßweises Wimmern, aus dem sich nicht erkennen ließ, ob es von einem Tier herrührte oder einem Menschen. Das Geräusch kam immer näher, bis jemand an die Tür der Hütte klopfte. Chodādād, der sich nicht vor Geistern noch vor Wölfen fürchtete, richtete sich auf und fühlte, wie ihm Tropfen kalten Schweißes über den Rücken rannen. Mehrmals fragte er: »Wer bist du, was willst du?« – niemand gab Antwort. Als er sich wieder niederlegte, wurde erneut an die Tür geklopft. Mit zitternden Händen zündete er die Lampe an, nahm das an der Wand hängende große Messer, das er zum Holzspalten benutzte, und öffnete mit einem Ruck die Tür. Seine Bestürzung wuchs, als er ein kleines Zigeunermädchen in rotem Kleid erblickte, das, vor Kälte bebend, mit zu Eis erstarrten Tränen auf den Wangen, vor der Tür stand. Er warf das Messer in die Ecke, nahm das Mädchen bei der Hand und zog es ins Zimmer. Nachdem es sich am Feuer

* Kleine Ortschaften in der Nähe von Damāwand.

aufgewärmt hatte, machte er ihm aus alten Kleidungsstükken ein Lager zurecht.

Alle Fragen, die er ihr am folgenden Morgen stellte, blieben unbeantwortet, als hätte das Mädchen einen Schwur abgelegt, über sich selbst nichts preiszugeben. Aus diesem Grund gab Chodādād ihr den Namen Lāl oder Lālu, aus dem allmählich Lāleh* wurde. Seltsam nur, daß jetzt nicht die Jahreszeit war, in der die Zigeuner ihre Lagerplätze wechseln, und Chodādād konnte deshalb nicht begreifen, wo in aller Welt das Mädchen hergekommen war. Er trat aus der Hütte und folgte den Fußstapfen des Kindes nach, doch sie verloren sich in den feuchten Blättern. Er befragte den Müller von Tscheschmeh-Alā, aber der wußte von nichts. Am Ende beschloß er, das Kind so lange bei sich zu behalten, bis sich seine Angehörigen fänden.

Lāleh war ungefähr zwölf Jahre alt und hatte eine bräunliche Hautfarbe. Ihre Gesichtszüge waren reizvoll, die Augen anziehend, ihre Handrücken und die Mitte der Stirn waren blau tätowiert. Während der vier Jahre, die Lāleh bei Chodādād lebte, forschte er nach ihren Verwandten, doch keiner der Zigeuner kannte sie, und mit der Zeit gab er jeden Gedanken daran auf, sich von Lāleh zu trennen. Er betrachtete sie als sein eigenes Kind und faßte allmählich eine tiefe Zuneigung zu ihr. Das war keine Verbundenheit, wie sie zwischen Vater und Kind besteht; vielmehr war er ihr zugetan wie ein Mann einer Frau.

Sobald er seiner Leidenschaft inne wurde, teilte er mit einem Vorhang das Zimmer ab, um ihre Lager zu trennen. Das Schlimmste war, daß Lāleh Vater zu ihm sagte, und jedesmal, wenn sie das tat, wurde ihm ganz sonderbar.

Eines Tages, als Chodādād nach Hause kam, sah er zwei Hühner vor der Hütte herumlaufen. Auf all seine Vorhaltungen, daß Stehlen Sünde sei und sie dafür in der Hölle brennen werde, antwortete Lāleh mit einem spitzbübischen Lächeln, und unter einem Vorwand entzog sie sich weiteren Erörterungen.

Lāleh hatte eine besondere Vorliebe fürs Herumstreunen. Wenn es einmal zwei, drei Tage hintereinander regne-

* lāl: stumm, Lāleh: Tulpe; gebräuchlicher Mädchenname.

te und sie in der Hütte bleiben mußte, wurde sie still und traurig. An schönen Tagen aber streifte sie mit Chodādād zusammen oder alleine umher. Meistens ging sie allein, und das erregte Chodādāds Mißtrauen. Denn ein paarmal hatte er Abbāss, den Schäfer, mit ihr gesehen, und der war in seinen Augen ein Nebenbuhler. Eines Tages hatte er sogar beobachtet, wie Abbāss Brombeeren pflückte und sie Lāleh in den Mund steckte. Am gleichen Abend schalt er Lāleh aus, sie dürfe nicht mit fremden Männern sprechen. Lālehs Augen füllten sich mit Tränen, und das bedrückte sein schlichtes Gemüt. Die Mutter von Abbāss war zweimal gekommen, für ihren Sohn um Lālehs Hand anzuhalten, aber beide Male hatte Chodādād ausweichend erwidert, Lāleh sei ja noch ein Kind. Vor sich selbst entschuldigte er seine abschlägige Antwort mit der Begründung, daß dieser Faulpelz von Abbāss dann ja sein Erbe sein werde und ihm sein in fünfzig Jahren zusammengetragenes Hab und Gut zufallen werde. Was würden die Seelen seiner Vorfahren sagen, wenn er einen armen Schlucker zum Erben einsetzte, der nicht einmal den Boden bestellen konnte?! Davon abgesehen, war das Mädchen, dem er in seiner Hütte Obdach gewährt, das er ernährt, gekleidet, umsorgt und großgezogen hatte, für ihn wie ein Obstbaum, den er selbst gehegt und zum Tragen gebracht hatte und dessen Früchte nun ein Fremder pflücken wollte. Ist denn ein roter Apfel schlecht für eine lahme Hand? Kann er selbst denn nicht Lāleh zur Frau nehmen? Warum denn nicht? Er fühlte aber, daß die Sache nicht so einfach war und das Mädchen ja auch einverstanden sein müsse. Und außerdem machte ihn diese schlechte Gewohnheit des Mädchens, ihn Vater zu nennen, noch mutloser.

Nachts, wenn das Mädchen schlief, stellte er sich häufig, die Lampe in der Hand, an ihr Lager und betrachtete lange ihr Gesicht, ihre Brüste und Arme. Dann ging er hinaus, lief wie ein Besessener in den Bergen und Tälern umher und kehrte erst spät nach Hause zurück. Seine Tage gingen hin zwischen Bangen und Hoffen, und die Angst hinderte ihn, ihr seine Liebe zu offenbaren.

Wenn nun Lāleh sagte: »Nein, du bist zu alt?!« Es bliebe ihm dann nichts, als seinem Leben ein Ende zu setzen.

In der Nähe von Chodādāds Hütte gab es einen großen Felsen. Lāleh saß oft darauf, preßte ihre kräftigen nackten Waden dagegen und blieb lange so sitzen, ohne dessen müde zu werden. Manchmal summte sie ein trauriges Lied vor sich hin. Sobald sich aber jemand näherte, verstummte sie. Chodādād hatte dies Lied zufällig einmal gehört und hätte es gerne wieder gehört.

Heute früh, als Chodādād zur Stadt, nach Damāwand, aufbrechen wollte, saß Lāleh auf dem Fels und war vergnügter als sonst. Entgegen ihrer Gewohnheit wollte sie nicht mit Chodādād zur Stadt gehen. Er sagte:

»Ich kaufe dir ein rotes Tuch!«

Er sah ihr kindliches, glückliches Lächeln, das in seinen Augen nicht mit Gold aufzuwiegen war. Und als er in den kleinen Basar von Damāwand eintrat, ging er zuerst zum Stoffladen und erstand ein rotes Umschlagtuch mit grünen und gelben Blumen und Ranken. Danach kaufte er Zucker und Tee, verstaute alles in sein Bündel und machte sich mit großen Schritten auf den Heimweg. Er war das Marschieren gewohnt; bis zu seiner Hütte waren es über zwölf Kilometer, aber für ihn war das ein Katzensprung. Wenngleich er alt und verbraucht war, so hatte doch sein Leben jetzt ein Ziel und einen Sinn bekommen. Unterwegs dachte er bei sich: Das Tuch wird Lāleh gut stehen, wenn sie es sich um die Schultern legt und die Enden unter der Brust zusammenknotet. Dann, als überkäme ihn ein Schamgefühl, sagte er sich wie entschuldigend: Ich darf doch auf ihre Schönheit stolz sein, schließlich bin ich ja wie ein Vater für sie! Und einen guten Ehemann werd' ich für sie finden! Aber beim Gedanken daran, daß Abbās, der Schäfer, sie liebte, stieg ihm das Blut zu Kopf.

Höhen und Niederungen durchschritt er, ließ Berge und Täler hinter sich. Unterwegs sah er keine Menschenseele. Er dachte an nichts, der beschwerliche Weg machte ihm nichts aus. Früher, wenn er gelegentlich durch die umliegenden Dörfer gekommen war, hatte er immer zum Himmel aufgesehen, um festzustellen, ob es Regen geben werde, hatte sich die Felder angesehen, um den Stand der Ernte der anderen abzuschätzen, hatte sich nach dem Preis von Gerste, Weizen, Bohnen, Pfirsichen, Äpfeln, Kirschen, Aprikosen und dergleichen erkundigt. Doch heute hatte er nichts im Sinn als Lāleh. In diesem Jahr versprach sein Feld keine gute Ernte; er würde einen Teil seiner Ersparnisse angreifen müssen. Aber das war ihm für Lāleh kein zu großes Opfer.

Er kam jetzt an den Bäumen vorbei und bog in einen anderen Weg ein. Auf der Anhöhe gegenüber konnte er schon die Hütte sehen – wie zwei nebeneinandergelegte zerbrochene Streichholzschachteln. Er beschleunigte seine Schritte, drückte das Bündel fester an sich, folgte, über noch eine Steigung und um eine Kehre, dem vertrauten Weg und stand vor der Hütte. Aber Lāleh war nicht da, nicht auf dem Fels, nicht in der Hütte. An der Tür stehend, legte er die Hände an den Mund und rief: »Lāleh ... Lāleh!« Keine Antwort. Er ging hinaus und schrie nochmals mit voller Lungenkraft: »Lāleh ... Lāleh ... Lālu ... Lālu ...!« »Lāleh ... Lālu ...!« antwortete ihm das Echo. Entsetzliche Angst ergriff ihn. Er sprang auf den Fels und suchte die Nähe der Hütte und die ganze Umgebung mit den Augen ab. Keine Spur ihres roten Kleides war zu sehen. Er kehrte in die Hütte zurück, durchsuchte sie, öffnete Lālehs Truhe – und entdeckte, daß die neuen Kleider, die er ihr dieses Jahr gekauft hatte, nicht mehr da waren. Er war nahe daran, den Verstand zu verlieren. Er konnte sich nicht erklären, was geschehen war. Wieder ging er hinaus.

In Tscheschmeh-Alā traf er auf den Dorfmullah, der, angetan mit langem Kaftan, blauer Mütze mit ausgezacktem Rand, schwarzer Bauchbinde über der schwarzen Hose und langem, geschlitztem Hemd, unter einem Baum seine Pfeife rauchte. Er warf Chodādād einen so giftigen Blick zu, daß der nicht wagte, ihm eine Frage zu stellen. Etwas weiter entfernt erblickte er eine Frau mit Zöpfen in rotem Tschādor* und schwarzer Hose, die ihr Kind auf den Rücken gebunden trug. Sie konnte ihm

* Schleier, der den Körper der Frau von Kopf bis Fuß einhüllt.

auch keinen Aufschluß über Lāleh geben. Chodādād blieb nichts übrig, als heimzukehren.

Die Dunkelheit breitete sich aus, doch Lāleh kam nicht. Was für schlechte Träume Chodādād hatte! Doch nein, schlafen konnte er ja gar nicht – Alpträume waren das. Beim geringsten Geräusch richtete er sich auf. In der Annahme, sie sei gekommen, erhob er sich wohl zehnmal, schob den Vorhang beiseite, tastete das kalte Bettzeug von Lāleh ab, erschauerte und fiel auf sein Lager zurück. Hatte jemand sie gewaltsam fortgeschafft? Hatte jemand sie mit irgendwelchen Versprechungen hinters Licht geführt? Oder war sie von sich aus weggegangen?

Am nächsten Morgen herrschte klares, kaltes Wetter. Chodādād nahm das Umschlagtuch, das er für Lāleh gekauft hatte, und machte sich auf die Suche nach ihr. Die Menschen, die er unterwegs sah, kamen ihm alle wie Dämonen, wie Ungeheuer vor. Die blauen und grauen Berge, die bis zu den Flanken mit Schnee bedeckt waren, schienen ihm Angst machen zu wollen. Der Geruch der Minze am Bach betäubte ihn. Zwei Bauern begegneten ihm. Angstvoll fragte er sie: »Habt ihr Lāleh nicht gesehen?«

Erst hielten sie ihn für verrückt, und einer fragte den anderen:

»Wen?«

»Ein Zigeunermädchen.«

Der eine sagte:

»Vor zwei Tagen ist eine Gruppe Zigeuner gekommen. Die haben in Mumadsch ihre Zelte aufgeschlagen. Vielleicht meinst du die?«

Chodādād schlug den Weg nach Mumadsch ein. Schnell, ohne anzuhalten, ging er verschlungene Pfade entlang, bis in der Entfernung einige schwarze Zelte vor seinen Augen auftauchten. Als er näher heran kam, sah er am Bach einen schlafenden Mann liegen. Etwas weiter war eine Zigeunerin mit dem Sieben von Graupen beschäftigt. Sie grüßte ihn und sagte:

»Ich kann wahrsagen. Ich hab' auch Amulette, Siebe – grobe und feine –, Walnüsse ...«

Chodādād fragte ungestüm:

»Hast du Lāleh, Lālu, nicht gesehn? Weißt du nicht, wo sie ist?«

»Ich kann wahrsagen, aus der Hand lesen und dir's dann sagen.«

»Tu das! Ich geb' dir auch was dafür.«

»Gib' mir Geld, dann sag' ich dir's!«

Chodādād war müde. Er zog eine Münze aus der Tasche und reichte sie der Zigeunerin. Sie ergriff seine Hand, sah ihm ins Gesicht und sagte:

»Ali* ist deine Hilfe und Zuflucht. Oh, Freund, du trägst einen Kummer im Herzen, denn du hast etwas verloren, das du vier Jahre lang umsorgt hast. Es ist nicht dein eigen Fleisch und Blut, doch liebst du es darum nicht weniger.«

Mit Tränen in den Augen blickte Chodādād die Zigeunerin an und murmelte:

»So ist's, so ist's!«

»Aber gräm' dich nicht unnötig. Das Mädchen ist nämlich hier in der Nähe. Sie ist gesund und munter. Auch sie liebt dich. Aber was hilft das? Das Schicksal hat seinen Lauf genommen.«

»Wie, wieso? Ich beschwör' dich bei allem, was dir heilig ist, – sprich weiter!«

»Nimm's dir nicht so zu Herzen! Sie ist glücklich. Du hast die Zimmertür offengelassen, der Teufel ist eingetreten und hat sie betört.«

»Heißt er etwa Abbāss?«

»Nein.«

»Wer bist du eigentlich? Woher weißt du das alles? Ich flehe dich an, sag mir die Wahrheit! Ich geb' dir alles, was du verlangst.«

Er zog noch eine Münze aus der Tasche und drückte sie der Zigeunerin in die Hand. Aber da sah er, daß am nahestehenden Zelt der Vorhang zurückgeschlagen wurde und Lāleh heraustrat. Sie hatte das neue rote Kleid an, das er ihr gekauft hatte, und hielt einen roten Apfel in

* Schwiegersohn des Propheten Mohammed und erster Imam der Schiiten.

der Hand, wischte ihn am Ärmel ab und biß hinein. Dann lachte sie, drehte sich der Wahrsagerin zu und sagte:

»Mamma, das ist Vater Chodādād!« und zeigte auf ihn.

Chodādād stand mit offenem Mund da. Seine Blicke wanderten von Lāleh zu ihrer Mutter und zurück. Nie hatte er Lāleh so fröhlich und lebhaft erlebt. Er steckte die Hand ins Bündel, zog das rote Tuch hervor, warf es ihr zu und sagte:

»Das hab' ich im Basar für dich gekauft.«

Lālu lachte hell auf, legte sich das Tuch um die Schultern und knotete es unter der Brust zusammen. Dann lief sie zum Zelt, zog einen jungen Burschen an der Hand heraus und sagte etwas zu ihm, indem sie auf Chodādād wies. Darauf begann sie, das Lied, das sie immer gesungen hatte, zu summen und ging, den Arm um den Nakken des Burschen gelegt und die nackten, kräftigen Waden zeigend, unter den Weidenbäumen hin und entschwand mit ihm zusammen den Blicken.

Vor Kummer und vor Freude kamen Chodādād die Tränen. Mit unsteten Schritten kehrte er den Weg zurück, den er gekommen war, trat in die Hütte und schloß die Tür hinter sich, und seitdem hat ihn niemand mehr gesehen.

Die Frau, die ihren Mann verlor

Auf der Station Gholhak wandte sich am frühen Morgen ein kleiner Polizist mit gerötetem Gesicht an den Chauffeur eines haltenden Autobusses. Er wies auf eine Frau, die mit ihrem Kind im Arm dastand. »Sie wollte nach Māsandarān* fahren, ist aber hierher geraten. Neh-

* Provinz am Südufer des Kaspischen Meeres.

men Sie die Frau mit in die Stadt, Sie tun ein gutes Werk.«

Sofort kletterte die Frau in den Bus. Zwischen den Zähnen hielt sie einen Zipfel ihres schwarzen Tschādors, hinter dem sie ihr Gesicht verbarg. Auf dem Arm trug sie das zweijährige Kind, in der anderen Hand hielt sie ein zusammengeschnürtes Bündel. Sie ließ sich auf einem Ledersitz nieder und bettete das blondhaarige, malariakranke Knäblein auf ihren Schoß. Die anderen Passagiere, drei Soldaten und zwei Frauen, sahen teilnahmslos zu ihr hinüber, und der Fahrer drehte sich nicht einmal nach ihr um, er würdigte sie keines Blickes.

Der Polizist trat an das Fenster des Wagens.

»Was willst du denn in Māsandarān?« fragte er die Frau.

»Ich suche meinen Mann.«

»Hast du ihn verloren?«

»Er ging einfach weg vor einem Monat, ohne uns Kostgeld zu geben.«

»Woher willst du wissen, daß er in Māsandarān ist?«

»Kal Gholām hat's mir gesagt, er ist sein Freund.«

»Wenn dein Mann so gerissen ist, wird er auch von dort abhauen. Wieviel Geld hast du bei dir?«

»Zwei Toman* und zwei Riāl.

»Und wie heißt du?«

»Sarrin-Kolāh.«

»Von wo bist du?«

»Ich bin aus Alwis, Kreis Schahrijār.«

»Statt deinen Mann zu suchen, solltest du lieber zurück nach Schahrijār gehen. Dort ist jetzt Weinernte. Geh zu deinen Verwandten und iß Weintrauben, 's hat doch keinen Sinn, daß du nach Māsandarān fährst. Du stirbst nur in der Fremde, so unbeholfen wie du bist.«

»Ich muß fahren!«

Sarrin-Kolāh antwortete mit der Überzeugung eines Menschen, dessen Entschluß endgültig und unverrückbar ist. Mit glanzlosen Augen starrte sie vor sich hin, nicht das geringste Interesse zeigte sie für ihre Umgebung. Man

* Iranische Währungseinheit (= 10 Riāl).

hatte den Eindruck, als spräche sie mechanisch und ohne nachzudenken, und ihre Gedanken schienen ganz woanders zu sein.

Nochmals wandte sich der Polizist an den Fahrer.

»Chauffeur, setzen Sie die Frau in Teheran am Doulat-Tor ab und zeigen Sie ihr den Weg!«

Als hätte die Fürsorge des Polizisten Sarrin-Kolāh ermutigt, sagte sie:

»Ich bin fremd hier, zeigen Sie mir den Weg, Gott wird's Ihnen lohnen.«

Der Bus fuhr ab. Ohne sich zu rühren, starrte Sarrin-Kolāh wieder mit dem Blick eines geprügelten Hundes auf ihre Füße. Sie hatte große schwarze Augen, Augenbrauen, die einer feinen Schnur glichen, eine kleine Nase, fleischige, aufgeworfene Lippen und eingefallene Wangen. Ihre Gesichtshaut wirkte frisch, sie war glatt und von bräunlichem Teint. Während der ganzen Fahrt wurde Sarrin-Kolāh hin und her geschüttelt, doch sie achtete auf nichts und niemanden. Ihr Kind hockte still auf ihrem Schoß und döste vor sich hin, traurig und mickerig. In der Hand hielt es einen Granatapfel, den es schon ganz weich gedrückt hatte.

Unweit des Doulat-Tors hielt der Fahrer und zeigte der Frau den Weg, der direkt zum Schemirāner Tor führte. Sarrin-Kolāh stieg aus und schlug sofort den sonnigen Weg ein, der sich in die Länge zog, das Kind wieder auf ihrem Arm und das Bündel in der anderen Hand.

Am Schemirāner Tor ging sie in ein Fuhrunternehmen und kam nach einer halben Stunde Feilschens und Wartens mit dem Besitzer überein, daß er sie im Lastkraftwagen nach Āssijāssar bringen werde, das auf dem Wege nach Ssāri liegt. Sechs Riāl nahm er ihr dafür ab. Jemand führte sie zu einem großen Lastwagen, auf dem schon mehrere Leute eng aneinandergedrängt saßen. Ihr Gepäck hatten sie in der Mitte des Wagens aufgebaut, nun rückten die Fahrgäste noch dichter zusammen und machten Sarrin-Kolāh ein Plätzchen frei, auf das sie sich mit Mühe zwängte.

Wasser wurde in den Kühler gegossen, hupend, Benzin- und Ölgestank verbreitend und Rauch aus dem Auspuff stoßend, setzte sich der Wagen zu seiner Fahrt über die warme, staubige Straße in Bewegung. Anfangs war die Landschaft eintönig, dann aber veränderten Hügel, Berge, Bäume in der Ferne und die Windungen der Straße das Bild. Doch Sarrin-Kolāh starrte unentwegt mit dem gleichen niedergeschlagenen Ausdruck vor sich hin. Ein paarmal hielt der Wagen, man kontrollierte die Passierscheine der Fahrgäste.

Kurz vor Mittag hatte der Wagen eine Reifenpanne. Einige der Mitfahrenden stiegen aus, aber Sarrin-Kolāh rührte sich nicht von ihrem Platz, sie fürchtete ihn zu verlieren, wenn sie aufstünde. Sie öffnete ihr Bündel, holte ein Stück altes Brot und Käse hervor, gab ihrem Jungen etwas davon und aß selbst auch ein paar Bissen. Wie ein opiumsüchtiger Spatz saß ihr Kind da, unbeweglich, immer wieder nickte es ein. Es schien, als wollte es überhaupt nicht sprechen, ja nicht einmal weinen.

Schließlich fuhr das Auto weiter. Die Stunden vergingen wie im Flug. Als Dschabon und Firus-Kuh passiert waren, tat sich eine schöne, waldreiche Gegend vor ihren Augen auf. Sarrin-Kolāh betrachtete alle diese Verwandlungen mit stumpfem und abwesendem Blick, doch eine unbeschreibliche Freude breitete sich in ihrem Inneren aus. Ihr Herz schlug heftig, sie atmete befreit, denn sie näherte sich ihrem Ziel. Vielleicht sieht sie morgen schon Golbabu, ihren Mann, wieder. Wie wird sein Haus aussehen, wie seine Verwandten, und wie wird man sie aufnehmen? Wie soll sie sich nach einmonatiger Trennung zu Golbabu verhalten, was wird sie sagen? Doch sie wußte selbst, kein Wort wird sie in seiner Gegenwart hervorbringen können, ihre Zunge wird schlaff sein, und ihre Kräfte werden schwinden, als stecke in Golbabu eine besondere Macht, die all ihre Gedanken, ihren Willen und ihre Kraft lähmt, und sie wird ihm völlig erliegen. Sarrin-Kolāh wußte, daß Golbabu ihr drohen und sie dann auch mit der Peitsche schlagen wird, mit der er auch seine Esel schlägt. Aber ebendeshalb fuhr sie zu ihm hin, sie wünschte sich diese Peitsche, vielleicht hatte sie sich überhaupt nur auf die Reise begeben, um von Golbabus Hand die Peitsche zu schmecken.

Die feuchte Luft, die Wälder, die bezaubernde Landschaft, die Menschen, die in der Ferne arbeiteten, der Mann, der in langem, blauem Baumwollrock am Wege stand und Weintrauben aß, die Bauernhäuser, die an ihr vorüberhuschten – das alles ließ in ihr die Erinnerungen an ihre Kindheit wach werden.

Vor zwei Jahren war Sarrin-Kolāh die Frau Golbabus geworden. Zum erstenmal hatte sie ihn gesehen, als die Weintraubenernte in vollem Gange war. Zusammen mit der Nachbarstochter Mehrbānu, mit Mutschul-Chānom, mit ihren Schwestern Chorschid-Kolāh und Bamāni-Chānom und mit anderen Mädchen, Frauen und Männern sammelte eines Tages Sarrin-Kolāh die leuchtenden Trauben von den Feldern und legte sie in Körbe oder Holzkästen. Die vollen Behälter schleppten sie an das Ufer des Ssijāh-Āb und stellten sie unter eine alte Platane, an deren Zweige man bunte Kleiderfetzen gebunden hatte, denn man glaubte, dadurch gingen geheime Wünsche in Erfüllung. Dort übergaben Sarrin-Kolāhs Mutter und die anderen Frauen die Ernte dem Dorfschulzen von Parandak, Māndegār-Ali.

An diesem Tage verlud ein neuer Träger die Kästen, es war der Māsandarāner Golbabu. Er sang ein Liedchen in seinem Heimatdialekt und lehrte es die Mädchen, denen das viel Spaß bereitete. Im Chor klang es dann:

»O du Hirtenmaid, du, ahai lalã,
Laß aufs Feld uns gehn, ahai lalã
Du trägst den Zwerchsack oder zwei,
Oh, laß uns gehn, ahai laláς
Und vorm Haus woll'n wir sitzen,
Schwester mein!«

Golbabu verbesserte die Aussprache der Worte, die Mädchen kicherten. Das dauerte so bis zum Abend. Was aber den Mädchen an Golbabu besonders gefiel, war nicht sein Lied, er selbst war es und seine Keckheit, die ihre Herzen und vor allem Sarrin-Kolāhs Herz eroberte. Seine kräftige Gestalt, sein starker Nacken, seine roten Lippen, sein blondes Haar und seine hellen, behaarten Arme verwirrten sie. Die Gewandtheit, mit der er die schweren Kästen von einer Stelle zur anderen trug, beeindruckte sie sehr. All das und noch die Zuneigung, die er ihr gegenüber erkennen ließ, die leidenschaftlichen Blicke, die sie tauschten, genügten vollauf, Sarrin-Kolāh, die gerade erst vierzehn Jahre alt war, verliebt zu machen. Sie war glücklich, abwechselnd wurde sie rot und blaß, sie fühlte, daß sie etwas Neues entdeckt hatte, was sie bis damals noch nicht gekannt hatte. Was wußte sie schon von den Männern? Von der Mutter, die sie immer nur geschlagen hatte, war sie eingeschüchtert worden. Ihre älteren Schwestern waren auf sie neidisch und verbargen ihre Geheimnisse vor ihr. Dachte auch Sarrin-Kolāh öfters über die Männer nach, so brachte sie doch nicht den Mut auf, jemanden zu fragen. Sie wußte nur, daß solche Gedanken schlecht sein müssen und man sie gar nicht haben dürfe. Nur selten hatten Mehrbānu, die Tochter des Nachbarn, Chānom-Kutschulu und Boluri-Chānom mit ihr über Liebesgeheimnisse gesprochen und sie neugierig und hellhörig gemacht. Mehrbānu erzählte ihr sogar von ihren heimlichen Beziehungen zu Schirsād, dem Sohn Māndegār-Alis. Aber ein Blick Golbabus genügte, um alle Vorstellungen, die sich Sarrin-Kolāh von der Liebe und der Leidenschaft machte, zu zerstreuen. Die Füße wurden ihr schwach, und sie empfand Gefühle, die sie nicht mit Worten hätte ausdrücken können. Eins wurde ihr bewußt, ihr ganzer Körper verlangte nach Golbabu. Sie brauchte ihn von dieser Stunde an, ein Leben ohne Golbabu erschien ihr unmöglich und unerträglich. Durch einen glücklichen Zufall hatte sie an diesem Tag ihr neues rotes Kleid angezogen und das schöne Tuch, das ihr die Tante aus Maschhad mitgebracht hatte, um den Kopf gebunden. Ihr Haar war in sieben Zöpfe geflochten und lugte unter dem Tuch hervor. Ihr zarter Körper, die Anmut ihrer Bewegungen und der freundliche Ausdruck ihres Gesichts verliehen ihr eine Schönheit, die die Kleidung nur noch steigerte. Vielleicht war es diese Schönheit, die Golbabu veranlaßte, sich unter den Hunderten von Mädchen und in diesem Gewühl gerade nach ihr umzuwenden, verstohlen zu ihr hinüberzublicken und ihr zuzulächeln. Die schnelle Auffassungsgabe und das untrügerische Feingefühl, die einem jungen Mädchen eigen sind, ließen Sarrin-Kolāh nicht im geringsten daran zweifeln, daß Golbabu ihr gewogen sei. Und so war zwischen ihnen eine außergewöhnliche Verbindung hergestellt.

Wie sollte man sich nun in einem solchen Fall verhalten? Das Blut strömte heiß durch ihren Körper, und sie fühlte, wie ihre Wangen glühten, als hätte ein Feuer sie erfaßt. Sie war derart rot im Gesicht, daß Schahrbānu, die Tochter Keschwar-Ssoltāns, auf sie aufmerksam wurde. Konnte Sarrin-Kolāh hoffen, Golbabus Frau zu werden? Ihre beiden älteren Schwestern waren noch nicht verheiratet, und ihre Mutter zog sie stets Sarrin-Kohlāh vor, denn bevor Sarrin-Kohlāh zur Welt gekommen war, war ihr Vater gestorben, und die Mutter warf ihr ständig vor, daß sie die Schuld am Tode des Vaters trage und das Unglück ins Haus gebracht habe. In Wirklichkeit konnte die Mutter aber Sarrin-Kolāh nicht leiden, weil sie nach der Geburt des Kindes Sumpffieber bekommen hatte und zwei Monate bettlägerig geblieben war.

Als die Sonne unterging, hörten alle auf zu arbeiten. Durch die Weinstöcke, die sich auf den Hügeln wie kaffeebraune Schnüre ineinander verflochten, gingen sie zum Fluß Ssijāh-Āb, um wie an den Tagen zuvor die Trauben dem Dorfschulzen Māndegār-Ali abzuliefern. Sarrin-Kolāh, ihre Mutter, Mehrbānu und der Kuhhirt, der sich ihnen zugesellt hatte, kehrten dann in ihr Dorf zurück, das wie eine Festung mit einem hohen Wall aus Lehm und mit Türmen umgeben war. Unterwegs erzählte Sarrin-Kolāh Mehrbānu von ihrer Liebe zu Golbabu, und die Freundin tröstete sie und versprach, ihr in jeder möglichen Weise beizustehen.

Welch schlechte Nacht verbrachte Sarrin-Kolāh! Der Mond schien, und sie fand keinen Schlaf. Sie erhob sich, um Wasser zu trinken, und dann trat sie hinaus vors Haus. Nein, Lust zu schlafen hatte sie überhaupt nicht.

Es wehte ein leichter, frischer Wind, ihre Brust war unbedeckt, doch sie spürte die Kühle nicht. Sie hörte die Mutter im Zimmer wie einen Drachen schnarchen, jeden Augenblick konnte sie munter werden und Sarrin-Kolāh rufen. Doch was hätte das schon bedeutet! Die Gefühle hatten sie ganz in Wallung und Aufruhr versetzt. Auf Zehenspitzen schlich sie zum Wasserbassin im Hof und blieb unter einer Ulme stehen. Ihr war, als sprächen Baum, Erde, Himmel, Sterne und Mondschein zu ihr in ihrer eigenen Sprache. Sie erfüllte eine ungekannte, traurige und doch angenehme Stimmung. Die Sprache der Bäume, des Wassers, des säuselnden Windes und sogar der hohen Mauern des Hauses und des Dorfes, die sie gefangenhielten, und auch die Sprache des Kruges voller Joghurt, der auf dem inneren Rand des Bassins stand, hörte sie in ihrem Herzen und verstand sie gut. Wie einzelne Tautröpfchen in der Luft flimmerten die Sterne schwach und furchtsam mit zitterndem Licht. Dies und ganz gewöhnliche, bedeutungslose Dinge erschienen ihr wundersam, übernatürlich und geheimnisvoll, sie bargen einen unklaren und ungewissen Sinn in sich, den sie nicht zu erfassen vermochte. Willenlos strich sie sich mit der Hand über die Brüste und über die Arme. In ihren Haaren spielte der Wind. Dann setzte sie sich auf den Rand des Bassins. Es würgte ihr in der Kehle, sie begann zu weinen, heiße Tränen flossen über ihre Wangen. Dieser weiche Körper, die feine Taille waren dazu geschaffen, daß sie Golbabu umarme. Es wäre besser, man würde ihre kleinen Brüste und ihre Arme, ihren ganzen Körper unter die Erde bringen, damit er verwese, als daß er im Haus der Mutter, wo nur Geschimpfe und Trostlosigkeit herrschten, faltig würde, ihre Brüste welkten und ihr Leben sinnlos und ohne Liebe verginge. Sie hätte sich auf der Erde wälzen und ihr Hemd in Fetzen reißen können, um sich von dem üblen Gefühl der Beklommenheit, diesem Leid, das ihr in der Kehle saß, zu befreien. Sie weinte bitterlich, und all ihr unglückliches Leben, das Fluchen, das sie hören mußte, die Schläge, die sie bekommen hatte, standen ihr vor Augen. Als sie noch klein war, schlug die Mutter sie auf den Kopf, drückte ihr ein Stück Brot in die

Hand und jagte sie zur Haustür hinaus. Und sie spielte mit grindköpfigen, augenkranken Kindern. Nie hatte sie Freundlichkeit oder ein bißchen Liebe bei ihrer Mutter gekannt. Und nun erschien ihr dieses Unglück zehnfach furchtbarer. Immer waren es Mehrbānu und deren Mutter gewesen, die sie bisweilen getröstet hatten. In ihrem Hause hatte sie Zuflucht gesucht, wenn die Mutter sie schlug.

Sarrin-Kolāh wischte sich mit dem Ärmel die Tränen ab und fühlte sich nun ruhiger. Die Bedrückung und Empörung in ihr legten sich, eine Art unbegründete Erleichterung hüllte sie plötzlich ein. Sie schloß die Augen und sog tief die milde Luft ein. Aber das Bild Golbabus konnte sie nicht verscheuchen: seine starken Arme, die mit Leichtigkeit Lasten von dreißig bis vierzig Kilo wie einen Strohhalm aufnahmen und auf den Esel luden, sein schön gekämmtes blondes Haar, sein kräftiger rötlicher Nakken, die buschigen zusammengewachsenen Augenbrauen, der dichte, verflochtene Bart. Sie hatte erkannt, daß außer der engen Welt ihrer Vorstellungen noch eine andere Welt da war.

Schließlich schöpfte sie mit der hohlen Hand etwas Wasser aus dem Bassin und bespritzte sich das Gesicht. Sie kehrte ins Haus zurück und legte sich wieder ins Bett. Aber sie konnte keinen Schlaf finden, sie wälzte sich hin und her und gelobte, wenn sie einmal ihr Ziel erreicht hätte und Golbabus Frau geworden wäre, eine Taube zu kaufen und ihr die Freiheit zu schenken, geradeso wie sie dann aus dem Gefängnis ihres Elternhauses erlöst wäre. Und am Abend vor Freitag* würde sie eine Kerze am Grabmal der heiligen Āghā-Bibi-Ssakineh anzünden. Denn Ssetāreh, die Tochter von Nājeb-Abdollāh, hatte ein gleiches Gelübde getan und einen Mann gefunden.

Am nächsten Morgen erhob sich Sarrin-Kolāh mit übernächtigten, geschwollenen Augen und ging wieder zur Weinernte. In Dschugin blieb sie unter der Platane am Ufer des Ssijāh-Āb stehen, wo Golbabu die Trauben in Kisten verpackt hatte. Vom gestrigen Tage lagen noch

* Der Freitag ist in den islamischen Ländern der wöchentliche Feiertag.

zertretene Rebenblätter, Eselmist und aufgeknackte Kürbiskerne auf der Erde herum. Sarrin-Kolāh riß sich vom Kragen ihrer Bluse einen schmalen Stoffstreifen ab, knotete ihn an einen Zweig der Platane und dachte dabei fest an ihre Wünsche. Als sie zurückkam, begegnete ihr Mehrbānu, die sie fragte:

»Warum hast du heute nicht auf mich gewartet? Was willst du denn hier?«

»Nichts, ich dachte, du schläfst noch, und wollte dich nicht wecken. Ich bin heute sehr früh aufgestanden.«

»Ich weiß schon«, fiel ihr Mehrbānu ins Wort, »es ist wegen Golbabu!«

Sarrin-Kolāh schüttete der Freundin ihr Herz aus und erzählte ihr alles, von ihrer Schlaflosigkeit und von dem Gelübde, das sie getan hatte. Sie berieten miteinander, und Mehrbānu tröstete sie wiederum und versprach, mit ihrer Mutter darüber zu reden, denn ihre Mutter war der einzige Mensch, der Sarrin-Kolāh gern hatte.

Wie sehr Sarrin-Kolāh an diesem Morgen auch wartete, sie sah Golbabu nicht; Mehrbānu brachte ihr die Nachricht, daß Golbabu in Bikeh arbeite. Mittags ging man zum Essen nach Haus, und Sarrin-Kolāh begab sich in das Zimmer und schloß hinter sich ab. Sie holte den kleinen Spiegel, dem eine Ecke fehlte, aus ihrem Kästchen hervor und kämmte sich vor ihm sorgfältig die Haare. Sie studierte ihren Gesichtsausdruck und ihre Züge, um zu probieren, in welcher Weise sie am Nachmittag, wenn sie Golbabu sehen würde, lächeln und wie sie sich verhalten müßte, damit sie ihm gefalle. Endlich entschloß sie sich für ein feines Lächeln, denn wenn sie laut lachte, kamen ihre Zähne zum Vorschein, und die waren gar nicht schön. Sie ließ sich eine Locke in die Stirn fallen und lächelte zufrieden: sie fand sich schön und wert, geliebt zu werden. Die langen Wimpern, das bezaubernde Lächeln, das einfache, kindliche Gesicht und die feine Linie ihrer Mundwinkel harmonierten miteinander. Das kräftige Rot ihrer Wangen brachte die weizenfarbene Gesichtshaut gut zur Geltung. Die frischen, blitzenden Lippen, die die Farbe roter Weintrauben hatten, und ihr wohlgeformter Mund, besonders ihre Augen mit dem lockenden

Blick, von dem Mehrbānus Mutter ihr immer gesagt hatte: »Der Teufel sitzt dir in den Augen!« – all das hob sie aus der Menge der anderen jungen Mädchen hervor.

Als Sarrin-Kolāh am Nachmittag mit Mehrbānu wieder zur Weinernte ging, war sie froh gestimmt, denn sie war entschlossen, komme, was kommen mochte, sich Golbabu bemerkbar zu machen. Und doch war sie verwirrt, als sie ihn plötzlich so vor sich erblickte! Den ganzen Nachmittag scherzten sie und sangen bei der Arbeit. An den vorangegangenen Tagen war Sarrin-Kolāh mutlos und traurig gewesen, jetzt pflückte sie heiter Weintrauben und versuchte aus ihnen die Zukunft zu ergründen: sie riß eine Beere ab und steckte sie in den Mund, dann Mehrbānu, dann wieder sie, so ging es abwechselnd, bis von der Traube nichts mehr übrig war. Dabei dachte sich Sarrin-Kolāh: Erhalte ich die letzte Beere, geht meine Hoffnung in Erfüllung, und ich werde Golbabus Frau.

Kurz vor Sonnenuntergang, als sie zur Platane zurückgingen, wechselten Golbabu und Sarrin-Kolāh wieder Blicke. Golbabu lächelte ihr zu, Sarrin-Kolāh lächelte zurück, wie es ihr vor dem Spiegel gefallen hatte: geschickt warf sie den Kopf zur Seite, daß ihr eine Locke in die Stirn fiel.

Auf diese Weise vergingen vier Tage. Mit jedem Tag wuchsen in Sarrin-Kolāh Mut und Kühnheit. Immer mehr fühlten sich Sarrin-Kolāh und Golbabu miteinander verbunden. Am vierten Tage brachte Mehrbānu schließlich die frohe Kunde, daß ihre Mutter die Angelegenheit geregelt habe. Von Freude überwältigt, küßte Sarrin-Kolāh ihre Freundin auf die Lippen. Wie hatte ihre Mutter das nur erreicht? Mit wem hatte sie denn gesprochen? Sarrin-Kolāh wollte es gar nicht erfahren, es genügte ihr, zu wissen, daß manche alten Frauen sehr große Lebenserfahrung haben und beim Zustandebringen von Eheschließungen geschickt sind und Wege kennen, die Sarrin-Kolāh mit ihrer Jugend doch nicht verstanden hätte. Sie konnte sich nun in der Hoffnung wiegen, am Ziel ihrer Wünsche angelangt zu sein. Aber schwer würde es sein, die Zustimmung ihrer Mutter zu erreichen, die außer sich geraten würde, wenn sie etwas davon erführe.

Sie würde vor Wut platzen und Sarrin-Kolāh mit den derben Flüchen und Verwünschungen überhäufen, die ihr ständig von der Zunge rutschten. Denn die drei Abbāssi*, die Sarrin-Kolāh täglich für ihre Arbeit erhielt, wanderten in die Tasche der Mutter. Doch die Hartnäkkigkeit der Mutter Mehrbānus brachte es zuwege, daß sie einwilligte und nach langem Hin und Her roten Stoff zu einem Kleid für ihre Tochter kaufte. Aber als sie es zuschnitt, fluchte und klagte sie bei jedem Schnitt: »Bei Gott, aufs Brett des Leichenwäschers sollte man sie schleppen! Der Schlag soll dich treffen und deine Hochzeit eine Trauerfeier werden! O Gott, dein Herz möge verbrennen! Deine Sehnsucht möge unerfüllt bleiben, jung sollst du sterben, zusammen mit diesem barfüßigen Landstreicher, den du aufgelesen hast!«

Sarrin-Kolāh hatte diese Verwünschungen oft genug gehört, sie konnten keine Wirkung mehr auf sie ausüben. Als Aussteuer erhielt sie einen kupfernen Kessel und einen kleinen Samowar aus Messing.

An einem Nachmittag hatte dann Mehrbānus Mutter die Dorfbewohner zu einer vornehmen Hochzeitsfeier eingeladen. Alle waren gekommen, nur nicht Chorschid-Kolāh und Bamāni-Chānom, die Schwestern Sarrin-Kolāhs. Die Frauen sahen wie angemalte Puppenerbsen aus, um den Kopf hatten sie weiße oder bunte Tücher geschlungen, die sie unter dem Kinn verknotet hatten. Man holte einen Geistlichen, der Sarrin-Kolāh und Golbabu traute. Um dem Paar Glück zu bringen, trug er dann einiges aus der Märtyrergeschichte von Kerbelā** vor. Sarrin-Kolāhs Mutter befahl ihm, über die Hochzeit Kāsems zu sprechen, den man vor seiner Vermählung erschossen hatte. Und alle weinten. Später walteten die Brautführer Māndegār-Ali und sein Sohn Schirsād ihres

* Kleine iranische Münze.

** Bei dem Versuch, die Herrschaft über das Kalifat zu gewinnen, fiel Hussein, der Sohn Alis, in der Schlacht bei Kerbela (680). Die schiitische Richtung des Islams verehrt Ali, den Vetter und Schwiegersohn des Propheten Mohammed, und seine Nachkommen als die legitimen Nachfolger des Propheten. Zur Erinnerung an Husseins Märtyrertod finden jährlich Feierlichkeiten statt, bei denen u. a. dramatische Szenen aufgeführt werden.

Ehrenamtes. Sie hakten Golbabu unter und führten ihn ins Zimmer. Dort mußte er auf einem Stuhl, den man mit einem bunten Schal bedeckt hatte, Platz nehmen. Dann begann Schirsād, Geld einzusammeln. Er trat zuerst vor seinen Vater und sagte lächelnd: »Erlaubt, daß ich das erste Strafgeld von meinem Vater hole.« Mehrbānu kam mit einem Tablett herbei und hielt es Māndegār-Ali hin. Er zog zwei Toman hervor und legte sie darauf. Gleich schlug der Trommler, der in einer Ecke des Zimmers saß, auf sein Instrument und rief: »Zwei Toman hast du gegeben, und dein Haus, es möge leben!« Auf diese Weise sammelte man dreißig Toman für Sarrin-Kolāh, und die Feier klang fröhlich aus.

Am nächsten Morgen verabschiedete sich Sarrin-Kolāh von ihrer Mutter und ihren Schwestern. Die Mutter empfing sie unfreundlich. Sie war wütend wie ein angeschossenes Schwein. Mit ihrem pockennarbigen Gesicht, das wie die Schale einer Wassermelone aussah, die ein Huhn bepickt hat, begleitete sie ihre Tochter bis zur Haustür und beschimpfte sie. Dann ging Sarrin-Kolāh in Mehrbānus Haus und verabschiedete sich von ihr und ihrer Mutter. Sie küßte Mehrbānu und bat sie, am Vorabend des Freitag für sie eine Kerze auf dem Grabe der heiligen Āghā-Bibi-Ssakineh anzuzünden und eine Taube zu kaufen, um ihr die Freiheit zu geben. Dann nahm sie ihr Gepäck, den Samowar und den kupfernen Topf, und ging zu dem Platz neben der Platane, wo Golbabu sie erwartete. Sie bestiegen jeder einen Esel und schlugen den Weg nach Teheran ein. Einen Tag und eine Nacht waren sie unterwegs. Sarrin-Kolāh wünschte vor Freude, Flügel zu haben. Sie sprach ganz laut. Der Mond kam hervor. Einige Male umfaßte Golbabu mit seiner starken Hand ihren Nacken und küßte stürmisch ihre Lippen, die wie Tränen salzig schmeckten. Golbabu sah in Sarrin-Kolāhs Namen ein gutes Zeichen: sein Heimatdorf in Māsandarān hieß nämlich Sarrin-Ābād, und den Zusammenklang hielt er für eine Bestimmung des Schicksals.

Sie kamen nach Teheran und mieteten sich in Ssartscheschmeh ein kleines Zimmer. Dort verbrachten sie zwei glückliche Monate. Tagsüber ging Golbabu zur Arbeit,

Sarrin-Kolāh säuberte unterdessen das Zimmer, flickte Kleider und verrichtete die häuslichen Arbeiten. In den Nächten waren sie zärtlich zueinander, sie liebkosten sich, daß Sarrin-Kolāh ihre Kindheit, ihre Mutter, ihre Schwestern und auch Mehrbānu völlig vergaß.

Aber verflucht sei ein schlechter Freund! Im dritten Monat war Golbabu wie umgewandelt. Jeden Abend ging er ins Kaffeehaus des schnurrbärtigen Resā, wo er zusammen mit Kal-Gholām Opium rauchte. Seiner Frau gab er kein Wirtschaftsgeld mehr. Verwunderlich war, daß ihm das Opium nicht das Gefühl raubte und den Willen brach, nein, im Gegenteil, sobald er nachts in das Zimmer zurückkehrte, zog er wie von einer Manie besessen die Peitsche hervor und schlug kräftig auf Sarrin-Kolāh ein, nachdem er zuvor wegen irgendwelcher Nichtigkeiten herumgenörgelt hatte. So sagte er beispielsweise: »Warum ist der Zipfel deines Tschādors versengt?« oder: »Du hast den Samowar zu spät angeheizt!« oder: »Vorgestern abend hast du das Ābguscht* versalzen!« Sein ordinärer, vernebelter Blick ging in jede Ecke, er schwang über seinem Kopf die schwarze Lederpeitsche mit den zwei Knoten am Ende, mit der er auch die Esel peitschte, und schlug Sarrin-Kolāh auf die Arme, auf die Schenkel und auf den Rücken. Sie hüllte sich fest in ihren Tschādor ein und klagte und stöhnte, so daß die Nachbarn herbeiliefen und Golbabu verfluchten, ihn ausschimpften und versuchten, ihn zur Vernunft zu bringen. Golbabu versetzte Sarrin-Kolāh noch einen Fußtritt und warf die Peitsche in die Zimmernische. Noch stundenlang war Sarrin-Kolāhs absichtliches, eintöniges Jammern, ihr Weinen und Klagen zu hören. Allmählich legte sich Golbabus Rausch. Zusammengekrümmt hockte er sich in eine Ecke des Zimmers, den Rücken gegen die Truhe gelehnt, und stopfte sich eine Pfeife. Dabei rutschte ihm seine kurze blaue Hose über die Knie und schob sich zusammengeknautscht über die Oberschenkel. Seine kräftigen Waden, die eine Handspanne breit mit

* Eine aus Hammelfleisch, Erbsen, Kartoffeln, Zwiebeln und Gemüse gekochte Suppe.

Gamaschen umwickelt waren, und seine entblößten hellen Oberschenkel verwirrten Sarrin-Kolāh.

»Weib, was gibt's heute abend zu essen?« fragte Golbabu.

Kokettierend und geziert erhob sich Sarrin-Kolāh, brachte den Kochtopf herbei und leerte ihn in eine kupferne Schüssel. Sie brockten Brot in die Fleischsuppe und aßen sie mit rohen Zwiebeln. Zum Schluß wischten sie sich die Hände an ihren Kleidern ab.

Aber als Sarrin-Kolāh den Lampendocht heruntergeschraubt hatte und beide sich in die rot, grün und schwarz geblümten Betten legten, küßte Golbabu die tränenvollen, salzig schmeckenden Augen Sarrin-Kolāhs, und sie versöhnten sich. Das wiederholte sich Abend für Abend. Krümmte und wand sich auch Sarrin-Kolāh unter den Peitschenschlägen und jammerte und weinte sie – in Wirklichkeit berauschte sie sich. Sie fühlte sich klein und schwach Golbabu gegenüber, je mehr Hiebe sie bekam, um so größer wurde ihre Anhänglichkeit. Seine starken, kräftigen Hände wollte sie küssen, seine geröteten Wangen, den starken Nacken, die muskulösen Arme, den behaarten Körper, die dicken, fleischigen Lippen und die kräftigen weißen Zähne. Sie liebte den Geruch seines Körpers, den Stallgeruch, der an Golbabu haftete, und seine groben, ungeschlachten Bewegungen, ganz besonders aber die Schläge, die er ihr versetzte. Hätte sie einen besseren Mann als ihn finden können?

Nach neun Monaten gebar Sarrin-Kolāh einen Sohn. Als er zur Welt kam, trug er an seiner Hüfte zwei rote Male, die wie Peitschenstriemen aussahen. Sarrin-Kolāh war davon überzeugt, daß sie die Folge der Schläge waren, die sie von Golbabu erhalten hatte und die sich auf das Kind übertragen hatten. Der Junge kränkelte ständig und war mickerig. Zum Andenken an den Dorfältesten von Parandak, Māndegār-Ali, und in der Hoffnung, daß dieser Name dem Kind helfen werde, am Leben zu bleiben und zu gedeihen, gab ihm Sarrin-Kolāh den Namen Māndeh-Ali.

Wenig später verschlechterten sich die Arbeitsmöglichkeiten für Golbabu. Ein Esel starb ihm, einen anderen verkaufte er, um das Geld für Opium, für das Gesundbeten und die Behandlung seiner Malaria zu haben. Nur unregelmäßig ging er seiner Arbeit nach. Ein Jahr darauf drückte er Sarrin-Kolāh fünf Toman als Wirtschaftsgeld in die Hand und sagte, er werde wegen einer Arbeit zwanzig Tage wegbleiben und dann zurückkommen. Aus den zwanzig Tagen wurde ein Monat, und nun war schon über ein Monat vergangen.

Sarrin-Kolāh war es gewohnt, sparsam zu leben. Sie versagte sich und dem Kind mancherlei an Essen und arbeitete auch. Sie hätte durchaus ein ganzes Jahr, auch zwei Jahre warten können, wäre sie nur sicher gewesen, daß Golbabu ihr treu bleiben und zurückkehren werde! Sie glaubte aber, daß keine Frau, die Golbabu sähe, ihm widerstehen könne und jede schließlich schwach werden müsse. Es könnte leicht möglich sein, daß irgendwelche Weiber ihr den Mann wegnehmen. Deshalb beschloß sie, ihn zu suchen.

Überall und einen jeden fragte sie nach Golbabu, doch niemand wußte, wo er sich aufhielt. Eines Abends ging sie ins Kaffeehaus des schnurrbärtigen Resā. Als sie die Tür öffnete, schlug ihr die vom Opium verpestete Luft entgegen. Wo sie hinschaute, gelbe Gesichter mit glotzenden Augen, Gestalten, die frei und ungehemmt ihre krankhaften Gedanken in einer Welt der Phantasie und des Himmlischen entwickelten. Sarrin-Kolāh erkannte Kal-Gholām, rief ihn zu sich und fragte ihn nach Golbabu.

»Babu meinst du?« sagte Kal-Gholām. »Der kommt nicht mehr zurück. Er ist dorthin gegangen, wo er im nächsten Jahr mit dem Schnee wieder herunterfällt! Er hat dich verlassen und sich woanders Frau und Kind angeschafft. In sein Dorf Sinābād ist er gefahren. Ich soll es aber niemandem sagen!«

»Sarrin-Ābād?«

»Ja, Sinābād.«

Sarrin-Kolāh hatte schon vermutet, daß Golbabu sie betrogen hatte und in sein Dorf zurückgeschlüpft war. Er hatte ihr ja oft genug erzählt, daß seine Familie in Sarrin-Ābād am Wege nach Ssāri lebe und daß er dort zwei Brüder und eine Handvoll Boden, Wasser und Gras habe. Der faule Golbabu hatte ihr seine Wünsche und Träume anvertraut: Er würde dorthin gehen und nicht mehr arbeiten, nur essen und schlafen. Mit seinen eigenen Worten: Eine Gurke essen, die Füße gegen die Wand stemmen und pennen. Sarrin-Kolāh hatte ihm versprochen, daß sie in seinem Dorf für ihn arbeiten werde, aber er ging gar nicht darauf ein und machte ein paar Ausflüchte.

Sie entschloß sich sofort, nach Māsandarān zu reisen und Golbabu ausfindig zu machen. Genügte nicht schon der eine Monat, den sie von ihm getrennt war? Konnte sie denn noch länger warten? Noch länger von ihm getrennt sein – das konnte sie nicht mehr ertragen. Sein heißer Atem, seine Körperwärme, seine borstigen Haare und der Geruch nach Stall, all das Besondere an ihm erschien ihr jetzt, da sie von ihm getrennt und weit entfernt war, so traulich und anziehend. Sie war überzeugt, daß sie ohne Golbabu nicht leben konnte. Was auch kommen mag, ihn wollte sie haben, sie konnte nicht anders. Zwei Jahre waren vergangen, in denen sie sich an ihn gewöhnt hatte, und einen Monat war es her, schon mehr als einen Monat, seit sie von ihm keine Nachricht erhalten hatte.

Sarrin-Kolāh wünschte Golbabu wiederzufinden, daß er sie mit der gleichen Peitsche schlüge, mit der er die Esel schlägt, daß er sie wieder, und wäre es nur ein einziges Mal, in seine Arme schlösse, sie bisse und fest an sich preßte. Sie küßte die blauen Peitschenstriemen auf ihrem Oberarm und rieb ihr Gesicht daran. Alle Erinnerungen erschienen ihr jetzt in magischem Licht. Von Kopf bis Fuß wollte sie Golbabu küssen, seinen Geruch einsaugen, ihn liebkosen – das, was sie nie zu tun gewagt hatte. Erst jetzt erkannte sie, was er ihr wert war! Als Golbabu sie mit seinen rauhen Händen an seine Brust gedrückt hatte, wurde sie von einem berauschenden Gefühl ergriffen, das sich nicht beschreiben läßt. Seine dichten Augenbrauen, die über der Nase ineinander übergingen, die drahtigen Wimpern und die borstigen, mit Henna rotbraun gefärbten Barthaare, die wie Besenstiele aus seinem Gesicht heraussprossen, die mächtige Nase, die geröteten Backen, das Doppelkinn, sein heißer Atem und der ausrasierte Nacken, der große Mund, die roten Lippen ... Aß er Lawāschak*, dann mahlten seine Kiefer wie Mühlsteine, und er hieb die kräftigen weißen Zähne hinein, wobei seine großen, teilnahmslosen Augen aufleuchteten und seine Schläfen sich im Rhythmus des Kauens bewegten. Sein Gesicht, das ein Kind in Angst versetzte, wenn es Golbabu im Dunkeln erblickte, und das es glauben ließ, es hätte einen Ghul** ohne Hörner und Schwanz vor sich – dieses Gesicht war in Sarrin-Kolāhs Augen das schönste von der ganzen Welt.

Demgegenüber ließ schon der Gedanke an ihr Elternhaus Sarrin-Kolāh erzittern. Die Flüche und Verwünschungen, die sie hatte ertragen müssen, und die Prügel – um nichts in der Welt wollte sie in dieses widerwärtige Elend zurück. War nicht Golbabu ihr rettender Engel gewesen? Der einzige Mensch, der ihr gewogen war, war Mehrbānu, die Nachbarstochter. Sarrin-Kolāh hätte sie gern wiedergesehen, aber niemals wollte sie zur Mutter zurückkehren und diesen alten Gesichtern begegnen, den Menschen, deren Launen bestimmt noch schlechter geworden waren. Hundertmal lieber den Tod erleiden, als nochmals nach Alwis gehen. Sie erinnerte sich an ihren Hochzeitstag, als Keschwar-Ssoltān aufs Tamburin schlug und sang:

»Im Haus des Vaters gibt's Brot und Feigen,
Im Haus des Gatten Prügel und Ketten.
Inschāllāh***, Gott möge euch Segen erzeigen!«

Sarrin-Kolāh zog die Prügel und Ketten im Hause ihres Mannes dem Brot und den Feigen im Elternhaus vor, und sie war bereit, in den Gassenwinkeln zu betteln, nur um nicht dorthin zurückkehren zu müssen. Nein, sie hatte noch nicht die Verwünschungen ihrer Mutter vergessen,

* Obst, das zu harten Fladen gepreßt wird.
** Ein riesiger Geist, dessen Verkörperung man sich mit Hörnern und Schwanz vorstellt.
*** Formel der religiösen Ergebung.

die auch angeordnet hatte, daß zur Hochzeitsfeier die Geschichte Kâsems vorgetragen wurde, und die dabei laut geschluchzt hatte. Auch nicht die knochigen, tätowierten Arme ihrer Mutter, die sie zum Herd vorstreckte, als führe sie mit einer unsichtbaren Macht Gespräche und verlange von ihr Hilfe, und ihre Worte: »Daß dich der heiße Herd schlucke! Bei Gott, dein Herz möge verbrennen, deine Hochzeit soll zur Trauerfeier werden!« Sie würde dort nur wieder Befehle und Verbote hören, drehte sie sich nach links, würde sie tausend Schimpfworte hören, drehte sie sich nach rechts, tausend Verleumdungen. Dann würde die Mutter sie wieder schikanieren und sagen: Habe ich dir nicht gesagt, dieser Bissen ist größer als dein Maul? Du bist seiner nicht wert, Golbabu ist kein Mann für dich. Ständig würde man sie mit solchen Verwünschungen überhäufen. Sarrin-Kolâh zitterte allein schon beim Gedanken daran. Nein, jede Demütigung würde sie der Rückkehr in das Haus ihrer Mutter vorziehen.

Die Möglichkeit, Golbabu nie wiederzusehen, verscheuchte sie aus ihren Gedanken, denn nur er vermochte es, ihren glanzlosen Blick zu erhellen und ihrem verwelkten Körper neues Leben einzuhauchen. Um jeden Preis wollte sie ihn finden, selbst wenn er eine andere Frau genommen hätte oder sie nicht mehr begehrte. Sarrin-Kolâh wäre es schon zufrieden, sich in seiner Nähe aufzuhalten. Und säße sie auch nur als Bettlerin am Wege, den er entlanggeht, so würde sie ihn doch wenigstens einmal am Tage sehen. Wenn er sie schlüge, sie von sich stieße und erniedrigte – es wäre doch besser, als daß sie heimkehrte zu ihrer Mutter. Sie konnte es einfach nicht, auch Gewalt würde nichts nutzen, sie war nun mal so.

Ihr Kind Mândeh-Ali war auch etwas, womit sie nicht gerechnet hatte. Sie empfand keine Liebe für den Jungen, wie sie auch von ihrer Mutter keine Liebe erhalten hatte. Aber im Augenblick brauchte sie ihn, denn sie hatte gehört, daß ein Kind wie das Schräubchen ist, das die beiden Scherenhälften zusammenhält, und sie setzte nun ihre Hoffnung auf diese Waffe in ihrer Hand. Vielleicht würde es ihr gelingen, mit Hilfe des Kindes die zerrissene Liebe wieder zusammenzuflicken? Sie gab ihm Gutes zu essen und kaufte ihm Obst, um seine Anhänglichkeit zu gewinnen. Das bißchen Liebe, das sie für ihn hegte, entsprang nur dem Umstand, daß seine Kopfhaare die gleiche Farbe wie die Golbabus aufwiesen. Damit der Junge nicht weine und nörglig sei, gab sie ihm immer ein Kügelchen Opium, so daß er mit trüben Augen vor sich hindöste.

Sarrin-Kolāh war völlig überzeugt, daß sie durch vieles Fragen Golbabu endlich finden könnte. Ihr Herz, ihr Verlangen und ihre Gefühle sagten ihr, daß sie ihr Ziel erreichen werde, dieses Verlangen und der natürliche Scharfsinn, der sie noch nie betrogen hatte.

An dem Tage, an dem sich Sarrin-Kolāh entschloß, ihrem Mann nachzufahren, opferte sie eine Kerze für das heilige Wasserhaus* in der Nähe ihrer Wohnung, damit sie Golbabu finde. Für drei Toman und vier Gherān** verkaufte sie den Samowar aus Messing und den kupfernen Topf, die ihre ganze Mitgift waren. Mit zwölf Gherān beglich sie die Schulden, die sie bei den Händlern in ihrem Viertel gemacht hatte, und zwei Toman und zwei Gherān legte sie für die Ausgaben auf ihrer Reise zurück. Was sie an Kleinigkeiten besaß, tat sie in ein altes Kästchen und gab es der Wirtin als Pfand für die hinterlassenen Schulden. Dann machte sie ein Bündel zurecht, in das sie zwei Hemden, einen Anzug für Māndé-Ali, etwas Brot, Käse und zwei Stück Lawāschak legte, von demselben Lawāschak, den Golbabu so gern aß. Nach drei Tagen Lauferei erhielt sie den Passierschein zur Fahrt nach Māsandarān.

Ganz früh am nächsten Morgen, als es noch kühl war, brach sie auf. In ihrer Verwirrung bestieg sie nicht den Autobus nach Māsandarān, sondern fuhr irrtümlich nach Schemirān. Der Polizist dort brachte sie zum Au-

* Ein kleiner Bau, in dem geschmückte Behälter mit Wasser stehen, das jeder Durstige trinken darf. Diese Trinkwasserhäuser durch Schenkungen zu unterhalten gilt als ein religiöses Verdienst. Aus hygienischen Gründen werden sie heute nicht mehr errichtet.

** Iranische Münze (= 1 Rial).

tobus, der zur Stadt zurückfuhr, und dann, wieder am Teheraner Stadttor nach Schemirān, begann sie die Fahrt nach Māsandarān.

In Schāhi hielt das Auto. Die Dämmerung brach herein. Sie betrachtete die neuerbauten Häuser, den hin und her wogenden Menschenverkehr, das Grün ringsum. Die Männer in ihren blauen Kitteln, den handgestrickten Sandalen und den blauen, weiten Hosen ähnelten Golbabu sehr. Als zwei Fahrgäste hier ausstiegen, wurde etwas mehr Platz. Der Wagen setzte seinen Weg fort. Die Luft war feucht und drückend, es war nun bereits finster. Sarrin-Kolāh fühlte eine Ruhe und unbeschreibliche Freude in sich, wie die eines Menschen, der ohne Geld, ohne Hoffnung und ohne Zukunft unbeschwert durch eine fremde Stadt geht. Sie war müde, ihre Lippen waren trocken, und sie spürte ein wenig Hunger. Aber die Erschütterungen und das eintönige Geräusch des Autos, die Finsternis, die Menschen um sie herum im Halbschlaf, die gleichmäßigen Atemzüge ihres Jungen und besonders ihre Erschöpfung ließen sie ebenfalls einschlummern. Als sie erwachte, war man in der Stadt Ssāri angekommen. Sie ergriff ihr Bündel, nahm das Kind auf den Arm und kletterte vom Wagen herunter. Die Stadt lag in Finsternis und Schweigen gehüllt, und die Häuser, Bäume und Wiesen erweckten den Eindruck, als seien sie nur schemenhaft und unfertig, aus Rauch oder Ruß geschaffen. Von Zeit zu Zeit unterbrach von weit her die klagende Stimme eines Vogels die Stille. In der Ferne funkelten Lichter. Auf dem Balkon eines der Häuser stand ein Mädchen in weißem Tschādor. Sarrin-Kolāh warf keinen Blick zur Seite, sie hörte keine andere Stimme als die Golbabus, und nichts anderes als Golbabus Gesicht stand ihr vor Augen. Vor einem Lebensmittelladen saßen zwei Personen. Sarrin-Kolāh fragte sie, wie sie nach Sarrin-Ābād gelange. Eine der beiden gab ihr zur Antwort, daß es an der Straße nach Sssāri liege. Sarrin-Kolāh hob die Tonschüssel mit Wasser hoch, die am Boden stand, und trank sie aus. Dann ging sie willenlos und ohne Ziel weiter, sie hatte hier keine Bleibe und kannte niemanden. Trotz allem aber wich ihre Unruhe, da sie sicher war, in Golbabus Nähe zu sein, und alles hier erschien ihr vertraut und heimisch. Schließlich holte sie aus einer Ecke ihres Bündels einen Gherān hervor, kaufte frisches Brot, etwas Gemüse und Sirup und setzte sich dann vor eine Haustür unter die Lampe. Sie knotete das Bündel auf, aß Abendbrot und gab auch dem Jungen zu essen. Dann erhob sie sich, begab sich unter einen Dachvorsprung und legte sich schlafen.

Am nächsten Tag erwachte sie sehr früh, stand auf und ging zum Stadtplatz. Eine Stunde lang handelte sie, bis sie schließlich für vier Gherān und zehn Schāhi* einen Eseltreiber mietete, der sie nach Sarrin-Ābād bringen sollte. Sie bestieg den Esel. Der Himmel war bedeckt und die Luft schwül und drückend, sie barg in sich eine unergründliche, drohende Ruhe, die Sarrin-Kolāhs Herz beklemmte. Die Stirn ihres Jungen war von Mückenstichen geschwollen. Sarrin-Kolāh wurde auf dem Esel hin und her gerüttelt, lange dauerte der Ritt durch Wiesen und an Sümpfen vorbei, bei Sonnenschein und Regen. Die Landschaft ringsum war zauberhaft schön, grüne Berge, blühende Täler, weiße und graue Wolken, die dem Bauch einer Ente glichen und ständig ihre Farbe wechselten. Als sie Āssijässar erreichten, goß es wieder in Strömen. Sarrin-Kolāhs Tschādor war völlig durchnäßt, unter einem Baum suchten sie Schutz. Es roch nach Stärke, nach Moder und Schmutz.

Schließlich ritten sie weiter. Sarrin-Kolāh preßte Māndeh-Ali fest an sich und starrte unverwandt auf die Füße des Esels. Ihr Herz schlug heftig, ihre Gedanken kreisten einzig um ihr Wiedersehen mit Golbabu.

Gegen Mittag kamen sie in Sarrin-Ābād an, auf dem Dorfplatz stieg Sarrin-Kolāh ab. Als sie das Geld aus dem Bündel nehmen wollte, sah sie, daß der eine Zipfel gelöst war, und sie entdeckte, daß das Geld fehlte. Hatte man sie bestohlen? Nein, niemand hätte das Geld aus dem Bündel nehmen können, ohne daß sie es gemerkt hätte. Vielleicht hatte sie vergessen, das Tuch richtig zu verknoten. War ihre Zerstreutheit, ihre Verwirrung daran

* Iranische Münze.

schuld? Alles war möglich, im Augenblick aber konnte keine Überlegung helfen. Der Besitzer des Esels schimpfte und schrie laut in seinem türkischen Dialekt. Er riß Sarrin-Kolāh das Bündel aus der Hand, bestieg seinen Esel, trieb ihn an und ritt davon. Was bedeutete das schon für Sarrin-Kolāh! Sie hatte doch ihr Ziel erreicht! Sie wollte nun das Haus Golbabus suchen, ihm von ihrer Reise erzählen, und alles würde sich regeln. Ein einziges abgestorbenes Haar Golbabus war ihr mehr wert als Tausende Toman!

Sie schaute sich nach allen Seiten um. Das kleine Dorf bot einen kläglichen und verkommenen Anblick, es lag tief im Tal, ringsum von fruchttragenden Feldern umgeben. Es schien, als läge das Dorf mit all seinen Bewohnern im tiefen Schlaf. In der Ferne bellte ein Hirtenhund, und die Stimme eines Mannes drang herüber, die rief: »Babu ... Babu ... he ...!« Sarrin-Kolāh fuhr zusammen, aber sie sah, daß der Mann, der auf diesen Ruf herbeikam, nicht ihr Babu war. Vor einer verfallenen Hütte träumten zwei Gänse vor sich hin; ein Huhn scharrte sorgfältig in der Erde, streute sie nach allen Seiten und suchte Körner. Auf einem Abfallhaufen lagen ein zerbrochener Eimer, ein grüner Stoffetzen und Gurkenschalen. Etwas weiter hockten zwei Hühner, jedes von ihnen hatte ein Bein unter den Flügel gezogen. Das leise Gezwitscher, das aus den frischen Kehlen der Spatzen drang, verlieh dem dörflichen Bild etwas Anheimelndes und Vertrautes. Drei kleine Jungen standen auf dem Dorfplatz, sie starrten Sarrin-Kolāh mit offenen Mäulern an. Neben dem Krämerladen saß ein alter Mann auf einem Holzstapel; ein Schwarm Wildgänse zog in Keilform mit Geschrei am Himmel vorüber. Sarrin-Kolāh trat zu dem alten Mann und fragte:

»Wo ist das Haus von Bābā Farroch?«

Er wies mit der Hand auf ein ziemlich hohes Haus, das in der Ferne zu sehen war, und antwortete:

»Dort das Haus mit der Terrasse, das ist es.«

Sarrin-Kolāh nahm ihr Kind auf den Arm und ging mit einer Welt voll Hoffnungen im Herz auf das Haus zu. Dort klopfte sie an die Tür. Eine alte Frau mit pockennarbigem Gesicht öffnete.

»Was willst du?«

»Ich möchte zu Golbabu.«

»Und was willst du von ihm?«

»Ich bin Golbabus Frau, ich bin von Teheran gekommen. Das hier ist Māndeh-Ali, sein Sohn.«

»Hör auf, genug! Golbabu hat diese Frau verstoßen und sich von ihr scheiden lassen. Du lügst ja.«

Dann wandte sie sich zum Hofe und rief: »Babu, he ... Babu!«

Die klobige Gestalt Golbabus erschien in der Tür. Seine Augen waren geschwollen und schlaftrunken, aus dem offenen Kragen seines Hemdes lugte ein Büschel Haare hervor. Eine hagere Frau mit gelblicher Gesichtsfarbe und großen Augen trat zu ihm und schmiegte sich an seinen Körper. Auf ihren Oberarmen und auf der Stirn waren Peitschenstriemen zu sehen. Sie zitterte und preßte den Arm Golbabus, als fürchte sie, man nehme ihr den Mann weg.

Als Sarrin-Kolāh Golbabu erblickte, schrie sie:

»Mein lieber Babu, Babu ... ich bin da!«

Golbabu aber starrte sie an und sagte:

»Geh, geh fort, ich kenne dich nicht.«

Die alte Frau mischte sich ein.

»Was willst du von meinem Sohn? Du unverschämtes Weib, schämst du dich nicht? Das Kind hast du dir von einem anderen geholt, und jetzt willst du es meinem Sohn aufhalsen?«

»Du bist von Sinnen«, sagte Golbabu, »du hast dich geirrt.«

Sarrin-Kolāh stand reglos vor Staunen. Daß Golbabu sie verleugnete, hatte sie nicht erwartet. Sein Verhalten empörte sie derart, daß sie alles Gute an Golbabu vergaß und mit spöttischer Stimme sagte:

»Dann nimm dein Kind und zieh es auf, ich habe kein Geld dafür.«

»Das Kind ist fremd«, erwiderte Golbabus Mutter. »Wie soll ich wissen, von wem du es bekommen hast?«

Sarrin-Kolāh verstand, daß sie das Spiel verloren hatte. Sie heftete ihren Blick auf Golbabus Gesicht, aber seine Miene war wütend, und seine Augen blickten wild, wie sie es früher nie gesehen hatte. Alles an ihm ließ erkennen, daß sein Leben gesichert war, er besaß jetzt ein bißchen eigenes Land, und seine Wünsche hatten sich erfüllt. Er wollte keine Störung, und aus dem verächtlichen Blick, den er ihr zuwarf, war zu entnehmen, daß er sie überhaupt nicht sehen wollte. Sarrin-Kolāh verstand, daß weitere Zudringlichkeit nutzlos sei. Voller Begierde betrachtete sie die Peitschenstriemen am Körper der jungen Frau, die sich an Golbabu preßte. Dann wandte sie sich plötzlich, von Abscheu erfüllt, um, und Kās-Āghā, Golbabus Mutter, schüttelte wie die Mutter Sarrin-Kolāhs ihre knochigen Hände und schickte in ihrem Dialekt, den Sarrin-Kolāh nicht verstand, Flüche und Verwünschungen hinter ihr her.

Mit langsamen Schritten kehrte Sarrin-Kolāh zum Dorfplatz zurück. Unterwegs kam ihr auf einmal eine Idee. Sie blieb stehen und legte ihr schläfriges Kind vor einer Haustür nieder. »Bleib hier sitzen, mein Liebes«, sagte sie zu ihm, »ich komme gleich wieder.« Der Junge saß ruhig und folgsam wie eine Stoffpuppe da. Sarrin-Kolāh hatte nicht die Absicht zurückzukehren, und sie küßte nicht einmal ihr Kind. Es hatte nun keinen Nutzen mehr für sie, es war nur noch eine schwere Last und ein unnützer Esser, deshalb weg mit ihm. So, wie Golbabu sie verstoßen und wie ihre Mutter sie vertrieben hatte. Diese Mutterliebe hatte ihre eigene Mutter sie gelehrt. Nein, sie hatte kein Verlangen nach ihrem Jungen. Sie stand nun mit leeren Händen da, ohne Kind und ohne Gepäck, nicht einen Schāhi besaß sie mehr. Sie atmete auf, sie war frei und konnte tun und lassen, was sie wollte.

Als sie wieder auf dem Platz stand, schaute sie sich nach allen Seiten um. Noch immer saß der alte Mann auf dem Holzstapel neben dem Krämerladen und döste. Es schien, als habe er sein ganzes Leben auf diesem Holzstapel verbracht und sei hier alt geworden. Die drei Dorfjungen spielten in der Nähe des Ladens mit Erde. Jeder war in seine Beschäftigung vertieft, ohne auf etwas anderes zu achten, und vertrieb sich die Zeit. Ein großer Hahn mit starkem Gefieder, von einer Rasse, die sie nie zuvor gesehen hatte, schlug die Flügel zusammen und krähte mit schwellender Stimme. Niemand wandte sich um und schaute nach ihr. Das Leben schien ihrem Geschick keinerlei Bedeutung beizumessen. Was würde aus ihr nun werden? Ohne Stütze und ohne Hilfe stand sie da, sie wollte so schnell wie möglich fliehen, um wenigstens aus der Nähe ihres Kindes zu kommen. Alle drückende Verantwortung war jetzt von ihr gewichen.

Die Luft war feucht und schwül und barg eine Hitze in sich, die dem Hauch aus dem Mund eines Fieberkranken glich. Willenlos und ohne Plan ging Sarrin-Kolāh mit schnellen Schritten an den Häusern vorbei durch die Gassen. Durch Felder und Wiesen gelangte sie auf die Hauptstraße, der sie folgte.

Da erblickte sie einen jungen, kräftigen Mann mit gesunder roter Gesichtsfarbe, der, die Peitsche in der Hand, auf einem Esel ritt und einen zweiten vor sich her trieb. Die Glöckchen an den Hälsen der Tiere klangen dsching, dsching, dsching. Als der Mann nahe bei ihr war, sprach sie ihn an:

»He, junger Mann, tu ein gutes Werk!«

»Was willst du?« fragte er und hielt an.

»Ich bin hier fremd, ich habe niemanden. Nimm mich auf den Esel.«

Sie wies mit der Hand auf den Esel. Der Mann stieg ab, hob Sarrin-Kolāh auf den einen Esel und sprang selbst auf den anderen. Er wandte sich überhaupt nicht um, um ihr ins Gesicht zu sehen. Dann schwang er die Peitsche über seinem Kopf und ließ sie auf das Hinterteil des Tieres niedersausen. Die Glöckchen bimmelten, die Esel gingen vorwärts. Als sie an einem Gerstenfeld vorüberkamen, streckte der Mann seine Hand aus, riß einen Halm ab, steckte ihn in den Mund und pfiff eine Melodie, die Sarrin-Kolāh vertraut klang. Es war das gleiche Lied, das Golbabu bei der Weinernte gesungen hatte, an dem Tag, als er Sarrin-Kolāh auf den Weinfeldern begegnete:

»O du Hirtenmaid, du, ahai lalā,
Laß aufs Feld uns gehn, ahai lalā,
Du trägst den Zwerchsack oder zwei,
Oh, laß uns gehn, ahai lalā,

Und vorm Haus wolln'n wir sitzen,
Schwester mein!«

Ihr ganzes Leben rollte vor Sarrin-Kolāhs Augen ab: ihre Kindheit, die Flüche der Mutter, dann jene mondhelle Nacht, in der sie mit Golbabu nach Teheran zog, die Verwünschungen der Mutter Golbabus. War sie auch durstig und hungrig, so war sie doch von Herzen froh. Sie wußte nicht, warum sie auf dem Esel saß und wohin sie ritt. Trotz allem aber dachte sie bei sich: Vielleicht schlägt dieser junge Mann auch mit der Peitsche, und vielleicht riecht sein Körper auch nach Esel und Stall!

Wallfahrt der Sühne

Ein sengender Wind wehte, wirbelte glühenden Sandstaub auf und trieb ihn in die Gesichter der Pilger. Die Sonne brannte wie ein Schmelzofen. Eintöniges Geläute eiserner und bronzener Glocken begleitete den Schritt der Kamele. Die Nacken der Kamele trugen Querhölzer; ihre mürrischen Schnauzen und hängenden Lefzen verrieten, daß sie mit ihrem Los nicht zufrieden waren.

Die Karawane bewegte sich, eingehüllt in eine Wolke von Sand und Staub, langsam die graue schmutzige Straße entlang. So weit das Auge reichte, war die Wüste eine graue, sandige Fläche ohne Wasser und ohne Pflanzen. Sie war leicht gewellt, und manchmal erstreckten sich beidseits der Straße flache, hügelartige Erhebungen. Viele Meilen wurden zurückgelegt, ohne daß ein Baum oder Strauch Abwechslung in diesen öden Anblick gebracht hätte. Nur hier und da drängten sich Menschengruppen um Brunnen mit brackigem Wasser. Die Luft brannte, daß einem der Atem stockte. Und den Pilgern war zumute, als befänden sie sich im Vorhof der Hölle.

Sechsunddreißig Tage war nun die Karawane unterwegs. Alle hatten sie trockene Münder, ermattete Glieder und leere Geldbeutel; denn die Barschaft der Reisenden war dahingeschmolzen wie Schnee in der Sonne Arabiens.

Heute aber, da der Führer der Treiber den »Hügel der Begrüßung« erstiegen und von den Pilgern ein Trinkgeld genommen hatte, erschienen die goldenen Erker der Minarette, und alle Pilger schickten Segenswünsche voraus. Es war ihnen, als würden neue Lebensgeister in ihre entkräfteten Körper gehaucht.

Frau Galin und Frau Asis, beide in braune wollene Tschādors gehüllt, kamen aus Ghaswin* und reisten in einer gemeinsamen Sänfte.** Die ständigen Stöße und Erschütterungen setzten ihnen so zu, daß ihnen jeder Tag wie ein Jahr erschien. Frau Asis war davon ganz durchgewalkt, aber sie sagte: »Das ist nur gut so, schließlich bin ich auf Pilgerschaft!«

Ein barfüßiger, dunkelhäutiger Araber mit wilden Augen und spärlichem Bart, der ständig mit einer eisernen Kette auf die schon wunden Schenkel seines Maultiers einschlug, wandte sich manchmal um und verschlang die Gesichter der Frauen mit seinen Blicken.

Maschdi Ramasān-Ali, ihr männlicher Beschützer, der mit dem Stiefsohn von Frau Asis in einer Sänfte reiste, zählte sorgenvoll sein Geld.

Den Mittelvorhang der Sänfte lüftend, sagte die bleichwangige Frau Galin zu der neben ihr sitzenden Frau Asis: »Als ich die Minarette von ferne erblickte, flog meine Seele voraus! Die arme Schābādschi! Ihr war es nicht bestimmt . . .«

Frau Asis, die einen Fächer in ihrer tätowierten Hand hielt, erwiderte, indem sie sich Luft zufächelte:

»Gott erbarme sich ihrer! Ein gutes Werk ist's immerhin doch gewesen. Aber wie kam es, daß sie gelähmt war?«

* Mittelgroße Stadt, ca. 140 km nordwestlich von Teheran.

** Die Geschichte spielt um die Jahrhundertwende, also in der Zeit, in der man in Persien mit Sänften reiste.

»Sie hatte Streit mit ihrem Mann, und da kam es zur Scheidung. Da aß sie saure Zwiebeln, und am nächsten Morgen war sie am halben Leibe gelähmt. Wie wir sie auch behandelten und zu heilen versuchten, es half nichts. Ich selber nahm sie dann mit, damit die Gegenwart Alis sie heile!«

»Sicherlich hat ihr das Schütteln der Sänfte geschadet?«

»Ihre Seele ist jedenfalls jetzt im Himmel. Denn so bald ein Pilger sich entschließt und die Reise antritt, sind ihm alle Sünden vergeben, wenn er unterwegs umkommt.«

»Wenn ich diese Särge sehe, beginne ich immer zu zittern. Nein, ich will bis ins Heiligtum kommen, selber am Sarkophag dem Herrn meinen Kummer beichten. Danach aber will ich ein Leichentuch kaufen und sterben ...«

»Heut nacht hab ich von Schābādschi geträumt. Ihr wart auch dabei. Weit, weit weg spazierten wir in einem großen grünen Garten. Ein leuchtender Sseyjed*, in grünem Schal, grünem Langhemd und Gehrock, grünem Turban und grünen Sandalen trat zu uns und sprach: Willkommen! Euch ist die Läuterung zuteil geworden! Dann wies er auf ein großes grünes Gebäude und sagte: Gehet hin und legt eure Mühsalen ab! Da erwachte ich plötzlich ...«

»Wohl ihr! Sie hat die Seligkeit erlangt.«

Die Karawane bewegte sich mit Getöse vorwärts. Neben ihnen begann einer der Führer zu singen:

»Wer bereit zu Trübsal ist und Leiden – bissmillah**!
Wer zum Pilgerziel uns will begleiten – bissmillah!«

Und ein zweiter erwiderte:

»Wer bereit zu Trübsal ist und Leiden, wohl sei ihm!
Wer zum Pilgerziel uns will begleiten, wohl sei ihm!«

Der erste fuhr fort:

* Nachkomme des Propheten Mohammed.
** »Im Namen Gottes«; hier: bitte schön!

»Wer einmal war in Kerbela, denkt immer
Erneut an Seynabs* Klagen und Gewimmer.«

Und wiederum gab der zweite Antwort:

»Wer ist ein rechter Kerbelaner? Gott laß es mir gelingen:
Du wollst für unsern Herrn Ali mich dar zum Opfer bringen!«

Der erste Führer schwenkte seine Standarte und rief mit gewaltiger Stimme:

»Abgeschnitten sei die Zunge, die dies Wort nicht will bewegen:
Auf dem Siegel der Propheten**, Gottes Liebling ruhe Segen!
Auf den mondengleichen Wangen jedes der elf Söhne
Von Ali Ben Abu Tāleb ruhe Gottes Segen!«

Beim Worte »Segen« fiel jeweils die ganze Pilgerschaft mit ein. Die goldene Kuppel mit ihrem schönen Minarett tauchte auf und eine zweite blaue Kuppel neben ihr ebenfalls. Zwischen den Lehmhäusern wirkten sie wie unpassende Flicken. Die Sonne war kurz vor dem Untergehen, als die Karawane in eine Straße einbog, die beiderseits von verfallenen Häusern und kleinen Lädchen gesäumt war. Ein fürchterliches Gedränge herrschte hier. Geriebene arabische Händler, feztragende Einfaltspinsel, turbanhäuptige Heuchler mit Bärten und hennagefärbten Fingernägeln drehten Rosenkränze und schritten in ihren Gehröcken, Pumphosen und Sandalen auf und ab. Einige redeten Persisch, andere gurrten in gutturalem Türkisch als zerkauten sie Reisbrei, oder sie brachten aus den Tiefen ihrer Kehlen und Gedärme arabische Laute hervor, die durch die Lüfte schnalzten. Da war eine Gruppe arabischer Frauen mit Nasenringen in den häßlichen, sonn-

* Schwester von Imam Hussein.
** Mit »Siegel der Propheten« ist Mohammed gemeint.

verbrannten, tätowierten Gesichtern. Eine von ihnen hatte die Brust halb entblößt und schob die schwärzliche Warze einem schmutzigen Säugling, den sie im Arme hielt, in den Mund. Diese Gesellschaft suchte mit allerlei Faxen Käufer anzulocken. Einer schluchzte Klagegesänge, der andere schlug sich die Brust, der dritte verkaufte Rosenkränze, Perlen und gesegnete Leichentücher; dieser beschwor Dschinne*, jener schrieb Gebete, und ein weiterer schließlich bot Mietwohnungen feil.

Juden in langen Gehröcken kauften den Pilgern Gold und Juwelen ab. Vor dem Kaffeehaus saß ein Araber, bohrte mit einem Finger in der Nase und pulte mit den Fingern der anderen Hand den Schmutz zwischen seinen Zehen heraus, während sein Gesicht von Fliegen umschwärmt war und Läuse ihm über den Kopf liefen.

Als die Karawane zum Stehen kam, liefen Maschdi Ramasān und Hosseyn-Āghā herbei und halfen den beiden Frauen aus der Sänfte. Ein Haufen von Händlern stürzte sich auf die Reisenden. Jedem drückten sie irgend einen Fetzen ihrer Ware in die Hand und luden ihn in ihre Läden und Häuser ein. In diesem Durcheinander aber verschwand Frau Asis. Wie man auch nach ihr suchte, nach ihr fragte, sie blieb unauffindbar.

Schließlich mieteten Maschdi Ramasān, Frau Galin und Hosseyn-Āghā ein schmutziges Zimmer in einem Lehmhaus für sieben Rupien pro Nacht und machten sich dann erneut auf die Suche. Die ganze Stadt liefen sie ab. Beim Schuhwächter an der Moschee und den Pilgerbrieflesern im Innern, überall fragten sie nach Frau Asis, indem sie Namen und Kennzeichen nannten, doch keine Spur von ihr kam zutage.

Es war schon spät; der Hof des Heiligtumes begann sich zu leeren. Zum neunten Mal betrat Frau Galin das Innere der Moschee. Diesmal aber erblickte sie eine Gruppe von Frauen und Mollās**, die um ein Weib her-

* Geistwesen, das Schaden oder Nutzen stiftend in das Leben der Menschen eingreift.

** Bezeichnung für den islamischen Geistlichen in Iran; deutsch meist »Mullah« geschrieben.

umstanden, das, sich an das Gitter des Sarkophages drängend, es mit ihren Küssen bedeckte und die folgenden Worte schluchzte:

»O lieber Imam Hussein*, steh mir bei! Wenn in fünfzigtausend Jahren der Jüngste Tag anbricht und alle aus ihren Gräbern erstehen und warten, was über ihr Haupt kommt, wo soll ich dann Asche hernehmen, um mir damit das Haupt zu bestreuen? Steh mir bei! Steh mir bei! Reue! Reue! Ich habe gesündigt. Verzeih mir!«

Wie sehr man sie aber mit Fragen bestürmte, was denn geschehen sei, sie gab keine Auskunft. Schließlich, nach langem Drängen, sagte sie:

»Ich habe etwas getan und fürchte, der Herr der Märtyrer** wird mir es nicht vergeben!«

Diesen Satz wiederholte sie mehrmals, während ein Strom von Tränen ihr über die Wangen herabfloß. Frau Galin erkannte die Stimme von Frau Asis. Sie trat hinzu, ergriff sie bei der Hand, zog sie hinaus in den Hof; und von dort trugen sie und Hosseyn Frau Asis nach Hause. Sie stellten sich um sie herum und reichten ihr zwei Glas süßen Tee und stopften ihr eine Wasserpfeife. Dann verlangte Frau Asis, daß Hosseyn-Āghā das Zimmer verlasse, damit sie berichten könne, was sie erlebt hatte. Und kaum war der Junge hinausgegangen, zog sie die Wasserpfeife zu sich heran und fing an zu erzählen:

»Galin Chānom***, meine Liebe! Du weißt, daß ich nach meiner Heirat mit Gedā-Ali – Gott hab ihn selig! – drei Jahre so glücklich mit ihm lebte, daß Ssakineh-Ssoltān gerne an meiner Stelle gewesen wäre! Gedā-Ali verehrte mich.

Aber ich wurde nicht schwanger. Und so kam es, daß

* Enkel des Propheten Mohammed. Er versuchte im Jahre 680, die Herrschaft über das Kalifat zu gewinnen, wurde jedoch schon auf dem Wege von Mekka zu seinen Anhängern in Kufa von einem Heer Jasids I. eingeschlossen und mit seinen wenigen Begleitern getötet, nachdem er es abgelehnt hatte, sich zu ergeben. Hussein wird von den Schiiten als Märtyrer und Heiliger verehrt.

** Damit ist Imam Hussein gemeint.

*** Höfliche Anrede für weibliche Personen. Auch Höflichkeitstitel, der entweder allein steht oder an Namen bzw. Titel angehängt wird.

mein Mann, den ich nie abwies, denn ich wollte ein Kind, sich bald Abend für Abend betrübt neben mich setzte und sagte: ›Was soll ich nur tun in diesem Unglück? Wenn die Esse ohne Feuer bleibt . . .?‹

Aber was ich auch versuchte an Arzneien, Kuren und Gebeten, nichts half, ich blieb kinderlos. Bis dann Gedā-Ali eines Nachts vor mir in Tränen ausbrach und weinend sagte:

›Wenn du dein Einverständnis gibst, werde ich eine Nebenfrau nehmen, die den Haushalt besorgen soll. Und wenn das Kind da ist, gebe ich ihr die Scheidung und du ziehst das Kind als dein eigenes auf.‹

Ich ließ mich von ihm – Gott verzeih's ihm! – beschwatzen und sagte:

›Warum nicht? Was kann es denn schaden? Ich werde die Sache selbst in die Hand nehmen!‹

Gleich am nächsten Morgen nahm ich meinen Tschādor und lief zu Hassan, dem Quarkmacher, und bat ihn für meinen Mann um die Hand seiner Chadidscheh, die häßlich und pockennarbig war.

Als Chadidsche zu uns kam, hätte man sie von oben bis unten mit Hirse begießen können, sie hätte sich nicht gemuckst. Eher wäre sie gestorben, als daß sie gewagt hätte, sich die Nase zu schneuzen. Gut also, ich war die Frau im Hause. Chadidscheh tat aber auch ihre Arbeit und stellte den Topf auf den Ofen. Chānom, kein Monat verging, da blähte und plusterte sie sich schon auf und setzte Speck an. Und dann, dann wurde sie schwanger.

Na schön, nun war es klar, daß ihre Zwiebel Knollen treibt. Mein Mann war mit allen Sinnen nur noch für sie da. Hätte sie mitten im Winter Gelüste auf Quitten bekommen, Gedā-Ali hätte alles versucht, um sie ihr zu besorgen. Ich dagegen war in Unglück versunken. Jeden Abend, wenn Gedā-Ali heimkam, brachte er ein Bündel schöner Sachen mit für Chadidscheh, ich aber durfte von ihren Almosen leben. Chadidscheh, die Tochter des Quarkmachers Hassan, die, als sie unser Haus betrat, ein Elendswurm war, der nicht piep und nicht papp sagen konnte, spielte sich jetzt gegen mich auf. Da begriff ich, daß ich einen gewaltigen Fehler gemacht hatte.

Meine Liebe, neun Monate biß ich die Zähne zusammen und hielt mein Gesicht vor der Welt und den Nachbarn mit Ohrfeigen rosig. Wenn aber Gedā-Ali nicht zu Hause war, dann quälte ich Chadidscheh, die an sich ein unschuldiges Ding war, nach Herzenslust. Vor meinem Mann verleumdete ich sie und sagte:

›Du alter Tropf hast dich in eine Kröte verguckt. Es ist aber gar nicht dein Kind, das da kommt. Ein Bankert ist es! Chadidscheh ist schwanger von Taghi, dem Löffelschnitzer!‹

Chadidscheh steckte nun natürlich auch ihre Finger in den Brei und stänkerte gegen mich bei Gedā-Ali. Kurz und gut, es gab nun in unserem Hause tagtäglich Gezänk und Gezeter, das nicht zum Anhören war. Und alle Nachbarn regten sich furchtbar auf über unsere ständigen Auftritte. Ich geriet in Wut, wenn ich daran dachte, daß das kommende Kind ein Knabe sein könnte. Ich ging und befragte ein Buch über Zauberei und versuchte es mit Magie. Aber, du lieber Himmel! Es war, als hätte Chadidscheh Schweinefleisch gegessen, so wenig wirkte der Zauber an ihr. Tag für Tag wurde sie voller, bis es schließlich soweit war, und sie nach neun Monaten, neun Tagen, neun Stunden und neun Minuten gebar – und zwar was? – einen Sohn!

Chānom, ich wurde im Hause meines Mannes nun vollends zum dreckigen Heller. Ich weiß nicht, trug Chadidscheh einen teuflischen Talisman oder hatte sie Gedā-Ali etwas zu schlucken gegeben, jedenfalls, meine Liebe, glaube mir, dieses alberne Frauenzimmer, die ich selbst einst aus dem armseligen Viertel geholt hatte, zeigte mir jetzt offen die Zähne! In Gegenwart meines Mannes sagte sie zu mir:

›Frau Asis, nichts für ungut, ich schaffe es nicht. Waschen Sie doch die Windeln vom Kind!‹

Als sie das sagte, begann ich zu sieden. Vor Gedā-Ali schmähte ich sie und ihr Kind mit allem, was mir gerade in den Sinn kam. Und Gedā-Ali bat ich, mir endlich die Scheidung zu geben. Aber er – Gott verzeih's ihm! – küßte mir die Hände und sagte nur: ›Was bist du so außer dir? Die Milch wird dem Säugling noch schaden, wenn du die Frau so verwünschest! Laß nur erst das Kind auf die Beine kommen, dann will ich mich von Chadidscheh scheiden!‹

Mich aber begannen nun Phantasiebilder zu bedrängen, und sie wurden bald so stark, daß ich nicht mehr schlafen und nichts mehr essen konnte. Bis schließlich – O Gott, sieh an meine Reue! – der Tag kam, an dem das Verlangen, Chadidsche zu kränken, mich zum äußersten trieb. Sie war ins Bad gegangen, und außer mir war keiner zu Haus. Da lief ich zur Wiege des Kindes, zog die Halsnadel meines Mieders heraus, kehrte mein Gesicht ab und stieß die Nadel in die Fontanelle des Kindes, bis sie darin verschwand. Dann stürzte ich aus der Stube. Chānom, das Kind hörte zwei Tage und zwei Nächte nicht auf zu schreien, und jeder seiner Schreie zerriß mir das Herz. Alle Gebete, mit denen sie für das Kind flehten, alle Medikamente, die sie ihm gaben, waren vergebliche Mühe. Am Abend des zweiten Tages starb es.

Nun gut, natürlich weinten Chadidscheh und mein Mann und trauerten um das Kind. Mir aber war, als hätte man kühlendes Wasser in meine brennende Brust gegossen. Mögen sie ihrem Sohne nur nachtrauern, sagte ich mir im stillen!

Aber schon zwei Monate später war Chadidscheh wiederum schwanger. Diesmal wußte ich nicht mehr aus noch ein. Chānom, beim heiligen Hussein sei's geschworen, zwei Monate lag ich vor Wut wie besinnungslos matt und elend im Bett. Und am Ende der neun Monate brachte Chadidscheh wieder einen männlichen Sprößling zur Welt und wurde erneut zum verzärtelten Liebling. Für das Kind aber hätte Gedā-Ali sterben können. Gott hat den Juden die Bundeslade gegeben und ihm einen Sohn mit einem goldblonden Haarschopf. Zwei ganze Tage saß er zuhause, stellte das Wickelkind wie einen seltenen Vogel neben sich und bewunderte es.

Es war die gleiche Bescherung wie vorher! Chānom, das überstieg meine Kraft. Ich konnte die Kebse und das Kind nicht sehen und nicht riechen. Eines Tages, als Chadidscheh woanders beschäftigt war, kam es wie eine fremde Gewalt über mich. Und wieder zog ich die Halsnadel meines Mieders heraus und bohrte sie in die Fontanelle des Kindes. Diesmal starb das Kind nach einem Tag. Natürlich erhob sich auch wieder ein großes Wehklagen und Geheul. Chānom, du weißt nicht, wie es mir diesmal erging: Einerseits amüsierte ich mich bei dem Gedanken, daß ich Chadidscheh den Schmerz um die Söhne bereitet hatte, andererseits aber dachte ich mit Schauder: Zweimal hast du nun schon Menschenblut vergossen! Für das Kind litt ich mit, schlug mir das Haupt, schluchzte, schluchzte so heftig, daß ich Gedā-Alis und Chadidsches Mitleid erregte, und sie sich wunderten, wie sehr mir der Tod des Kindes der Kebse zu Herzen ging. Aber dieses Schluchzen – es galt nicht dem Kinde, es galt mir selber, dem Jüngsten Tage, der Angst vor der ersten Nacht im Grabe.

An jenem Abend sagte mein Mann zu mir:

»So ist es mir also vom Schicksal nicht bestimmt gewesen, Kinder zu haben. Du siehst ja, wie sie dahinsterben, kaum daß sie geboren sind!«

Aber es dauerte keine sechs Wochen, da war Chadidscheh schon wieder schwanger. Mein Mann tat alle möglichen Schwüre und Gelübde, damit das Kind am Leben bleibe. Er gelobte, wenn es ein Mädchen sei, sie einem Geistlichen zu geben und falls ein Junge, ihn Hussein zu nennen und ihm das Haupthaar bis zum siebenten Jahr nicht zu scheren, dann das Haar in Gold aufzuwiegen und es zusammen mit dem Knaben nach Kerbela zu bringen.

Nach acht Monaten und zehn Tagen gebar Chadidscheh ihren dritten Sohn. Aber diesmal, als ahne sie unbewußt, was geschehen war, wich sie keinen Augenblick von der Seite des Kindes. Ich selber war mit mir uneins, ob ich nun auch das dritte Kind töten oder vielmehr Gedā-Ali dazu bringen solle, sich von Chadidscheh zu scheiden. Aber all das waren noch halbgare Phantasien. Zunächst einmal wurde Chadidscheh wieder zur unumschränkten Herrin im Hause. Alles mußte nach ihrer Pfeife tanzen. Sie gab mir Befehle, und ich durfte nichts dagegen sagen. Innerlich aber schäumte ich vor Wut.

Tag und Nacht befragte ich das Omen, ob ich das Kind töten solle oder nicht. Schließlich, nach einem heftigen

Zank mit Chadidscheh schwor ich mir, den kleinen Hosseyn-Āghā aus der Welt zu schaffen. Zwei Tage lauerte ich auf eine Gelegenheit. Da ging Chadidscheh zum Drogisten am Ende der Gasse, um etwas Veilchen-Pulver zu kaufen. Ich lief sogleich ins Zimmer, hob das schlafende Kind aus der Wiege, zog die Halsnadel heraus . . . In dem Augenblick aber, als ich sie ihm in den Kopf stoßen wollte, erwachte das Kind aus dem Schlaf und statt zu weinen, lachte es mir ins Gesicht. Chānom, du ahnst nicht, wie mir wurde. Unwillkürlich sank mir die Hand herab, ich brachte es nicht mehr über mich. Schön, immerhin, mag sein was will, Chānom: Mein Herz ist ja schließlich auch nicht von Stein! Ich legte das Kind zurück in die Wiege und lief aus dem Zimmer. Damals sagte ich mir: Schön und gut. Aber was hat das Kind denn für Schuld? Der Rauch kommt aus der Esse. Die Mutter muß ich beseitigen, wenn ich Ruhe haben will.

Chānom, noch jetzt, da ich es erzähle, zittere ich am ganzen Leib. Aber was sollte ich tun? Alles lag ja an meinem unseligen Mann, der mich den Launen der Tochter eines Quarkmachers ausgeliefert hatte. O Gott, möge die Erde seine Fehler verdecken!

Ich stahl ein paar Haare von Chadidscheh und brachte sie zum Mollā Ebrāhim, dem Juden, der ein berühmter Mann im Viertel Rāh-Tschaman war. Ich ließ sie behexen. Mollā Ebrāhim nahm mir drei Tomān ab für das Geschäft, ihren »Fettschwanz zu schmelzen«, wie er sich ausdrückte. »Keine Woche vergeht, ehe sie stirbt!« versprach er. Aber – wo denkst du hin! Ein Monat verging, und Chadidscheh stand fest wie der Berg Ohod, ja, sie wurde von Tag zu Tag draller.

Einen Monat später, es war Winteranfang, wurde Gedā-Ali so schlimm krank, daß er zweimal sein Testament machte, und wir ihn dreimal mit geweihter Erde versorgten. Eines Abends, als Gedā-Ali völlig kraftlos im Bett lag, ging ich in den Basar und kaufte ein giftiges Sublimat. Das brachte ich heim und goß es in einen Napf mit Fleischbrühe, rührte gut um und stellte den Napf auf den Herd. Für mich hatte ich ein paar Sandwiches gekauft, die verzehrte ich heimlich, und als ich satt war, ging ich ins Zimmer Gedā-Alis. Zweimal sagte Chadidscheh: »Es ist schon spät, laß uns zu Abend essen!« Aber ich sagte: »Ich habe Kopfweh und keinen Appetit, mein Magen bleibt heute besser leer!«

Chānom, Chadidscheh verzehrte die ganze Brühe und ging dann schlafen. Ich lief an die Tür und lauschte. Ich hörte sie wimmern, aber da wegen der Kälte die Türen verschlossen waren, drang ihre Stimme nicht nach draußen.

Die ganze Nacht über blieb ich, unter dem Vorwand, ihn pflegen zu wollen, bei Gedā-Ali. Doch als es zu dämmern begann, lief ich erneut zitternd und von Furcht erfüllt zu Chadidschehs Tür, um zu lauschen. Ich hörte das Weinen des Kindes, wagte aber nicht, die Tür zu öffnen und kehrte zurück zu Gedā-Ali. Du ahnst nicht, Chānom, wie mir zumute war.

Als der Morgen anbrach und alle wach wurden, ging ich dann doch in Chadidschehs Zimmer. Da lag sie schwarz wie Kohle tot auf ihrem Bett. Kissen und Laken waren vom vielen Wälzen halb heruntergefallen. Ich bettete sie auf ihre Kissen und deckte sie mit dem Laken zu. Das Kind weinte und wimmerte. Ich ging hinaus in den Hof und wusch mir im Wasserbassin die Hände. Dann lief ich laut schluchzend und mich ins Gesicht schlagend zu Gedā-Ali und brachte ihm die Nachricht vom Tode Chadidschehs. Auf seine immer wiederholte Frage, woran denn Chadidscheh gestorben sei, erwiderte ich: »Sie hat seit einiger Zeit Medikamente genommen wegen der Schwangerschaft, davon war sie übermäßig stark geworden; vielleicht hat sie einen Schlaganfall erlitten.«

Niemand zweifelte an meiner Aufrichtigkeit. Ich aber verabscheute mich. Ich sagte zu mir: Bin ich das, der nun dreimal das Blut von Menschen vergossen hat? Ich fürchtete mich vor meinem eigenen Gesicht, wenn ich es im Spiegel erblickte. Das Leben war mir verhaßt. Ich besuchte die Passionsrezitationen*, ich schluchzte, ich gab den Armen Almosen, aber mein Herz kam nicht zur Ruhe.

* Versammlungen zur Erinnerung an das Sterben der schiitischen Märtyrer, besonders der von Kerbela.

So oft ich an den Jüngsten Tag, an die Foltern des Grabes, an die Todesengel Nakir und Monkar dachte, weiß Gott, wie mir zumute wurde! Damals kam ich auf den Gedanken, nach Kerbela zu gehen und mich dort als »Nachbarin«* anzusiedeln. Gedā-Ali, der ja gelobt hatte, mit seinem Sohn und mir dorthin zu pilgern, war auch nicht abgeneigt. Aber er drechselte immer neue Vorwände, wand sich hin und her, sagte, als jene Krankheit ihn befallen hatte: »Gehen wir lieber nächstes Jahr nach Maschhad!**«, und schob die Sache so lange hinaus, bis er schließlich selber das Zeitliche segnete.

Dieses Jahr nun hab ich mich aufgerafft, Gedā-Alis ganze Habe verkauft und zu Bargeld gemacht, da er selber es ja in seinem Testament so bestimmt hatte. Gerade als es soweit war, hörte ich von eurem und Maschdi Ramasān-Alis bevorstehendem Aufbruch, und so reisten wir denn gemeinsam aus Ghaswin ab. Der Junge, den ich mit mir habe, und der mich für seine Mutter hält, ist niemand anders als Hosseyn-Āghā, der Sohn Chadidschehs. Ich ließ ihn hinausgehen, damit er die Geschichte nicht höre.«

Alle hatten gebannt der Beichte von Frau Asis gelauscht. Jetzt füllten sich ihre Augen mit Tränen, während sie sagte: »Ich weiß nun nicht, ob Gott mir dereinst am Jüngsten Tage verzeihen, ob der Heilige Ali für mich eintreten wird oder nicht. Chānom, seit langen Jahren habe ich mich danach gesehnt, einmal jemand mein Herz auszuschütten. Und jetzt, da ich's getan habe, ist mir, als sei Wasser ins Feuer meiner Brust gegossen. Aber dereinst am Jüngsten Tag . . .?«

Maschdi Ramasān-Ali schürte die Asche in seinem Pfeifenkopf und sagte: »Gott verzeih deinem Vater! Wozu sind wir schließlich hierher gekommen? Nehmen wir einmal meinen Fall: Vor drei Jahren war ich Postkutscher auf der Straße nach Chorassān. Einmal hatte ich zwei reiche Fahrgäste. Unterwegs zerbrach die Kalesche. Einer der beiden starb, den andern erwürgte ich und zog ihm

* Büßer, die sich in der Nachbarschaft eines Heiligengrabes ansiedeln.
** Hauptstadt der Provinz Chorāssān in Nordostiran; Wallfahrtsort.

tausendfünfhundert Tomān aus der Tasche. Da ich allmählich bei Jahren bin, kam es mir in den Sinn, es ist sündhaftes Geld. So ging ich nach Kerbela, um es läutern zu lassen. Heute habe ich's einem der Geistlichen gegeben, tausend Tomān hat er mir in »Erlaubtes« verwandelt. Dies Geld ist jetzt für mich reiner als die Muttermilch!«

Frau Galin nahm die Wasserpfeife von Frau Asis, tat einen kräftigen Zug, daß dicker Rauch aufstieg und sagte nach kurzem Schweigen:

»Jene Frau Schābādschi, die mit uns reiste – ich wußte, daß ihr die Strapazen des Reitens nicht bekommen würden. Ich hatte auch das Omen deswegen befragt und negativen Bescheid erhalten. Trotzdem ließ ich sie mitkommen. Ihr wißt ja, daß es meine Stiefschwester war. Ihr Mann verliebte sich in mich und nahm mich als Nebenfrau zu Schābādschi hinzu. Ich aber schlug und quälte sie so lange, bis sie lahm wurde. Unterwegs hab ich sie dann umgebracht, weil die Erbschaft meines Vaters ihr nicht zufallen sollte.«

Frau Asis aber vergoß jetzt Tränen der Freude; sie lachte und sagte dann: »Ihr also auch . . . ?!«

Und Frau Galin, die immer weiter an ihrer Pfeife sog, fügte hinzu: »Hast du's nicht vom Prediger gehört: Sobald der Pilger seine Absicht erklärt und die Reise antritt, mögen dann seine Sünden auch so zahlreich sein wie die Blätter an den Bäumen, er ist geläutert und so rein wie ein Heiliger!«

Bozorg Alavi
Die Geschichte meines Zimmers

Endlich bin ich aus diesem schmutzigen Viertel erlöst und brauche abends nicht mehr Eiergurken zum Reis zu essen. Ich bin von dem Geschrei unserer Negerin Choschghadam-Bādschi und der Dienerin Fātemeh-Ssoltān befreit. Niemand wagt jetzt mehr, zur frühen Morgenstunde, wenn ich noch schlafe, geräuschvoll vor meiner Tür zu kehren und mir den Staub ins Zimmer zu wirbeln. Niemand untersteht sich mehr, in meinen Büchern zu stöbern. An heißen Sommertagen brauche ich nicht mehr dauernd aus einer Schale Wasser mit Eisstückchen zu trinken. Sooft ich Lust habe, lasse ich mein Grammophon spielen. Wenn jetzt eine Nichte von mir stirbt, ist es in meinem Hause nicht mehr ein Jahr lang verboten, Musik zu machen. Sogar an den Tagen des Martyriums von Hassan und Hussein kann ich jetzt musizieren, und ich brauche mit dem Abendessen nicht mehr zu warten, bis der Hausherr bei Tisch erscheint. An den Freitagen reißen mich nicht mehr die weinerlichen Stimmen der Kinder meiner Frau Nichte aus dem Schlaf.

Ich habe im Haus einer armenischen Familie im oberen Stadtviertel zwei Zimmer gemietet, die ich ganz nach meinem Geschmack eingerichtet habe. Meine Bücher liegen jetzt griffbereit, wie ich es mir schon immer wünschte. Ich habe einen Tisch und zwei Stühle. Die Vorhänge sind bunt gemustert. Unter meinen Füßen liegt zwar kein kostbarer Teppich, doch der einfache Baumwollteppich gefällt mir besser. Er ist neu gewebt. Die Teppiche bei uns zu Hause sind über zweihundert Jahre alt. Diesen Baumwollteppich habe ich selbst ausgewählt, und ich weiß bestimmt, daß kein Cholerakranker darauf gestorben ist. Ich habe ein Arbeitszimmer und ein Schlafzimmer. Alle meine Bekannten beneiden mich. Einer war heute bei mir, und meine beiden Zimmer taten es ihm an.

»Meine alte Tante und meine Mutter fallen mir auf die Nerven. Ist hier nicht noch ein Zimmer frei?« fragte er mich.

»Ja«, sagte ich, »das Zimmer nebenan ist noch frei, aber ich weiß nicht, ob es zu vermieten ist. Bis heute habe ich keinen Blick in das Zimmer werfen können; es ist immer abgeschlossen. Heute nachmittag werde ich gleich Madame Hākopiān, die Hausbesitzerin, fragen. Ich gebe dir noch heute abend Bescheid.«

»Madame Hākopiān, einem meiner Bekannten gefällt die Lage Ihres Hauses so gut, haben Sie nicht ein Zimmer für ihn?«

»Nein, ich habe kein Zimmer mehr frei.«

»Wieso? Das Zimmer nebenan ist doch unbewohnt!«

»Das schon, aber dieses Zimmer vermiete ich an niemanden.«

»Das wundert mich aber. Ich sehe doch, daß Ārdāschess, Ihr Sohn, auch nicht in diesem Zimmer wohnt, sooft er aus Schāhi* herkommt.«

»Sie haben recht! Dieses Zimmer gehörte meinem älteren Sohn, Ārschāwir. Seit er tot ist, habe ich es nicht übers Herz bringen können, es an einen Fremden zu vermieten. Es ist übrigens ein ganz hübsches Zimmer. Wollen Sie es mal sehen?« Madame Hākopiān erhob sich, und ich folgte ihr.

Diese Dame mag fünfundvierzig Jahre alt sein. Früher hat sie bestimmt als Schönheit gegolten, jetzt aber sieht sie sehr vergrämt aus. Sie ist in Iran geboren, doch ihre Jugendzeit hat sie in Rußland verlebt. Sie spricht gut Russisch, besser als ich. Seit fünfundzwanzig Jahren, seit ihrer Heirat, lebt sie in Iran. Sie kann auch gut Persisch, spricht es aber mit einem armenischen Akzent. Mit mir unterhält sie sich stets auf russisch. Madame Hākopiān gehört zu jenen tüchtigen Frauen, die das Leben meistern. Nach dem Tode ihres Mannes vor siebzehn Jahren sorgte sie für sich und ihre beiden Söhne Ārschāwir und Ārdāschess. Sie schickte sie in die Schule und erteilte

* Stadt in Nordiran.

ihnen selbst Russischunterricht. Der Unterhaltung mit ihr konnte ich entnehmen, daß der verstorbene Ārschāwir, ihr älterer Sohn, ihr Lieblingskind war. Aus allem ist zu erkennen, daß Vater und Sohn einander glichen wie die eine Hälfte des Apfels der anderen. Ich habe im Zimmer ein Bild von Ārschāwir gesehen. Er hatte ein schwammiges Gesicht und einen sinnlichen Mund. In allem war er das Ebenbild seines Vaters: er hatte die gleiche Statur, die gleichen Körperformen und den gleichen Charakter wie er.

Madame Hākopiān holte den Schlüssel und schloß die Tür auf. Sie ging zuerst hinein und ließ dann mich eintreten. Auf einem Tisch, der ans Fenster gerückt war, lagen eine Menge Schriftstücke und ungebundene Bücher, daneben Buchbinderutensilien. Alles mit Staub bedeckt. Auf dieser Seite stand eine Bank, über der ein Teppich lag. Dem Tisch gegenüber, auf der anderen Seite, befand sich ein kleiner gußeiserner Ofen. Abgesehen von diesen Gegenständen, der Tür und den Wänden, die verstaubt waren, machte das Zimmer einen sauberen Eindruck. Sonst war in dem Raum nichts Bemerkenswertes. Madame Hākopiān, die bis jetzt an der Tür gestanden hatte, trat nun tiefer ins Zimmer hinein und zeigte auf die Wand.

»Sehen Sie, dort an der Wand sind die blutigen Fingerabdrücke meines Sohnes. Ich habe es bisher nicht fertiggebracht, die Blutflecke zu entfernen. Seit jenem Vorfall habe ich die Möbel nicht mehr abgestaubt. Sehen Sie, wie dick der Staub darauf liegt. Jedesmal an seinem Geburtstag stelle ich einen Blumenstrauß auf den Tisch neben sein Bild. Auch wenn er verwelkt ist, lasse ich ihn stehen.« Sie zog ihr Taschentuch aus dem Busen und fing an zu weinen.

Sie tat mir leid. Ich begriff, daß diese Frau wegen eines tragischen Vorfalls gealtert war. Ich stützte sie und führte sie in mein Zimmer:

»Madame, Sie müssen Schweres durchgemacht haben. Ich wußte gar nichts davon. Auch Ihr Sohn Ārdāschess hat darüber geschwiegen, wenn er zu Besuch kam. Hat Ihr Sohn Selbstmord begangen?«

Madame Hākopiān setzte sich auf einen Stuhl neben den Ofen und sagte:

»Nein, er hat sich nicht das Leben genommen. Ich bin eine schwache Frau und muß eben weinen, das erleichtert mich ein wenig. Aber ach, der arme Ārdāschess! Sie können sich nicht vorstellen, wie sehr er leidet! Sein Gewissen quält ihn, und er glaubt heute noch, er wäre an Ārschāwirs Tod schuld.«

Als ich Madame Hākopiān nach den näheren Umständen von Ārschāwirs Ableben fragte, gab sie folgende Schilderung:

»Was immer geschah, es begann in Ihrem Zimmer. Dieses Zimmer hat seine Geschichte. Vor ungefähr vier Jahren kam ein Ehepaar zu mir und mietete die beiden Räume. Der Mann war Deutscher. Er war als Kriegsgefangener in Rußland geblieben und dann nach Iran ausgewandert. Seine Frau war Russin. Sind Sie schon mal in der Stadt Pahlawi gewesen? Dort, wo jetzt der Boulevard ist, stand früher ein Hotel. Es gehörte einem Russen, und diese Frau war seine Tochter. Ich weiß nicht, von wem sie erfahren hatten, daß ich Zimmer vermietete. Da sie russisch sprachen, war es erklärlich, daß sie bei einer Familie wohnen wollten, die mit der russischen Sprache vertraut war. Eines Tages saßen wir im Zimmer, es war gegen Mittag, da sah ich Madame Schulz unser Haus betreten. Sie war jung, hochgewachsen, hatte blaue Augen und blondes Haar. Sie war nicht sonderlich hübsch, hatte aber etwas an sich, das die Männer anzieht. Wissen Sie, sie war immer lustig und sah immer gepflegt aus. Sie erzählte mir, ihr Mann sei Ingenieur und habe eine Zeitlang in Pahlawi gearbeitet. Vor nicht allzu langer Zeit sei ihm ein Eisenträger unter den Füßen weggerutscht, er sei vom Gerüst gestürzt und nervenkrank geworden. Seine Augen hätten gelitten, und jetzt sehe er fast gar nicht mehr. Sie sei mit ihm nach Teheran gezogen, damit er sich hier behandeln lasse. So schilderte sie mir die Erblindung ihres Mannes, später aber hörte ich von anderer Seite eine abweichende Darstellung. Die eigentliche Ursache blieb jedenfalls in Dunkel gehüllt.

Ich nahm das Ehepaar bei mir auf; ich dachte: Wenn ein

Ehepaar in den beiden Zimmern wohnt, habe ich weniger Sorgen! Ich konnte ja nicht ahnen, daß mit ihnen das Verhängnis in mein Haus einzieht. Als Madame Schulz nach der ersten Unterredung aufbrach, war es bereits dunkel. Ich rief Ārschāwir, der in seinem Zimmer herumhantierte, und trug ihm auf, Madame Schulz zur Tür zu begleiten, damit sie nicht auf der Treppe ausgleite. Als er wieder heraufkam, sagte er: ›Mama, wer ist diese Dame?‹ Ich antwortete: ›Die Frau eines Deutschen. Sie heißt Schulz. Es sind unsere neuen Mieter.‹

Am nächsten Tage kamen Monsieur Schulz und seine Frau. Ich zeigte ihnen die beiden Zimmer. Da sie selbst keine Möbel besaßen, stellte ich die Einrichtung. Ich hatte die Zimmer besonders schön hergerichtet. Sie sahen damals besser aus als heute. Monsieur Schulz war blind, aber seine Blindheit war von besonderer Art. Man hatte ihn zu berühmten Ärzten gebracht, und sie alle hatten übereinstimmend erklärt, daß seine Augen gesund wären, es sei bloß eine Nervensache; nur Spezialisten in Paris, Berlin oder Wien könnten ihm helfen.«

Als Madame Hākopiān sagte, die Ärzte hätten Monsieur Schulz geraten, sich von Ärzten in Paris, Berlin oder Wien behandeln zu lassen, dachte ich im stillen, daß er aus einem anderen Grunde erblindet sein müsse als dem von Madame Hākopiān erwähnten. Ich wollte sie nach den Darstellungen fragen, die sie von anderen gehört hatte, aber Madame Hākopiān redete unentwegt weiter und erregte sich dabei immer mehr.

»Von Tag zu Tag ließ die Sehkraft von Monsieur Schulz nach, und schließlich erblindete er völlig. Oft sagte er: ›Wenn ich in Deutschland gewesen wäre, hätte ich diese Krankheit nicht bekommen!‹ Aber die Ärzte hatten doch ausdrücklich erklärt, es sei durchaus möglich, daß er eines Tages seine Sehkraft zurückerlange. Es dauerte nicht lange, da gingen ihnen die Geldmittel aus. Die deutsche Kolonie in Teheran zahlte ihnen eine Unterstützung, aber davon konnten sie nicht leben. Die Frau konnte gut stikken. Durch Vermittlung eines Offiziers, den sie von Pahlawi her kannte, wurde sie in die Häuser vornehmer Familien eingeführt und gab deren Töchtern Unterricht im Nähen, Stricken und Sticken. Auf diese Weise konnte sie sich und ihren Mann schlecht und recht ernähren. Monsieur Schulz blieb meist sich selbst überlassen. Er saß dort an diesem Fenster. Im Sommer hielt er sich in der Veranda auf und grübelte. Gott weiß, worüber er nachdachte.

Das ging so bis zu jenem Tage, da sich das Furchtbare ereignete. Er tat mir unendlich leid; ich hatte ihn so lieb wie meinen eigenen Sohn. Stellen Sie sich vor, es muß doch schrecklich sein: Da hat ein Mensch Augen, und auf einmal wird es Nacht um ihn! Der Arme saß von morgens bis abends auf einem Fleck und grübelte. Manchmal, wenn jemand unverhofft ins Zimmer kam und ihn anredete, war er so mit sich selbst beschäftigt, daß er es gar nicht merkte. Wenn Ārdāschess nachmittags aus der Schule kam, ging er zu ihm hinein und las ihm aus irgendeinem Buch vor. Monsieur Schulz liebte besonders die Romane Dostojewskijs. Er kaufte auch deutsche Bücher, die ins Russische übersetzt waren, und Ārdāschess las ihm vor; zuweilen, aber ganz selten, tat es auch seine Frau. Monsieur Schulz liebte seine Frau sehr. Überhaupt waren die beiden, Madame und Monsieur Schulz, ein zärtliches Ehepaar. Ich erinnere mich zum Beispiel, daß Monsieur Schulz blondes Haar hatte und daß ihm manchmal beim Essen ein paar Strähnen in die Stirn fielen, ohne daß er es merkte; dann strich ihm seine Frau die Haare mit einer liebevollen Geste aus der Stirn, und dabei küßte Monsieur Schulz ihre Hand. Immer wenn sie ihren Mann ansah, schien es, als wolle sie ihn mit ihren Blicken kosen; sie war bemüht, es ihn trotz seiner Blindheit spüren zu lassen. Auch Monsieur Schulz liebte seine Frau sehr. Er konnte es zum Beispiel nicht ertragen, daß sie sich bei ihm langweilte. Oft bestand er darauf, daß sie ausging. ›Sitz doch nicht im Haus herum!‹ pflegte er zu sagen. ›Geh doch ins Kino!‹ beharrte er. ›Geh tanzen, amüsiere dich!‹ Dennoch war er sehr eifersüchtig. Seine Hand und sein Herz zitterten ihretwegen. Wenn sie abends unvorhergesehen später als um acht Uhr nach Hause kam, wurde er unruhig und lief aufgeregt hin und her. Alle Augenblicke tastete er sich an der Wand entlang zum Korridor hin, blieb am Treppenabsatz stehen, trat von einem Fuß auf den anderen und starrte ins Dunkel hinein. Jeden, dem er begegnete, fragte er: ›Haben Sie nicht meine Frau gesehen?‹ Dann tastete er sich wieder in sein Zimmer zurück. Das ging so fort, bis sie endlich kam. Manchmal geschah es auch, daß Madame Schulz mit Ārschāwir oder mit Ārdāschess ins Kino ging. Aber tanzen gehen wollte sie nicht allein. Sie sagte: ›Da du nicht mitkommen kannst, will ich auch nicht tanzen gehen. Mit einem anderen Mann macht es mir kein Vergnügen.‹

Es war zu Weihnachten 1931. Wir feierten alle zusammen nach deutscher Sitte das Weihnachtsfest. Wir hatten den Tannenbaum geschmückt und ihn dort, wo jetzt Ihr Schreibtisch steht, aufgestellt. Ich hatte Monsieur Schulz ein deutsches Buch in russischer Übersetzung geschenkt. Jeder hatte für den anderen ein Geschenk gekauft, und die Geschenke lagen für jeden gesondert auf dem Tisch. Wir sangen Lieder und tranken Wein. Erst spät in der Nacht gingen wir schlafen. Gegen Morgen, es war noch dunkel, hörte ich aus dem Zimmer von Monsieur Schulz Geräusche. Als ich aufstand, wurde es noch lauter. ›Katja, Katja!‹ rief Monsieur Schulz. So hieß seine Frau. Erschrocken lief ich auf den Korridor hinaus, wo meine beiden Söhne und Madame Schulz bereits standen. Ich sah Madame Schulz in das Zimmer ihres Mannes huschen. Ich glaubte, Monsieur Schulz habe einen Anfall bekommen. Hinter Madame Schulz trat ich zu ihm ins Zimmer. Als er meine Stimme hörte, sagte er: ›Madame, soeben habe ich sehen können! Ich sah die Sterne am Himmel.‹ Dann wandte er sich zu seiner Frau um und fragte: ›Katja, wo bist du eben gewesen?‹ Ich wartete nicht ab, bis Frau Schulz antwortete. Ich sah Ārdāschess und Ārschāwir im Nachthemd auf dem Korridor stehen. Beide waren bleich. Ārdāschess sagte zu seinem älteren Bruder: ›Was hatte sie denn in deinem Zimmer zu suchen?‹«

An dieser Stelle seufzte Madame Hākopiān und sagte:

»Alles Unglück, das über die Menschen kommt, rührt von schlechten Frauen her ...«

»Merkwürdig!« entgegnete ich nur.

»Aber am nächsten Tag war Monsieur Schulz wieder blind. Sie brachten ihn zum Arzt der Deutschen Botschaft. Der meinte: ›Ich sagte doch schon, daß ihm an den Augen nichts fehlt; es ist nur eine Nervensache. Es ist durchaus möglich, daß er eines Tages seine Sehkraft zurückerlangt. In Deutschland würde man ihn schnell heilen.‹

An jenem Tage herrschte beim Mittagessen eine eigenartig gedrückte Stimmung. Ārdāschess war schlecht gelaunt und sprach kein Wort. Ārschāwir erschien überhaupt nicht zu Tisch, unter dem Vorwand, man hätte ihm einige neue Bücher gebracht, die er bis zum Mittag binden müßte. Monsieur Schulz fühlte sich elend und wollte gar nichts essen. Madame Schulz strich ihrem Mann nicht die Locken zurück, die ihm in die Stirn gefallen waren; sie reichte ihm nur die Serviette, damit er sich den Mund abwischte, was sie doch sonst selber tat. Ich Arme war doch an allem schuldlos! Am schlimmsten ist, daß wir Mütter glauben, wir ständen unseren Kindern am nächsten. In Wirklichkeit behandeln die Kinder die Mutter wie eine Fremde. Sie vertrauen ihren Kameraden tausend Dinge an, von denen sie nicht eins ihrer Mutter sagen. Weder Ārschāwir noch Ārdāschess erwähnten mir gegenüber ein einziges Wort von dem, was vorgefallen war. Bei Gott, Sie sehen nun selbst, in was für eine Lage der Mensch geraten kann! Sosehr ich auch Ārdāschess an jenem Tage nach dem Essen zuredete, er wollte Monsieur Schulz einfach nicht mehr vorlesen. ›Warum bleibt seine Frau nicht wenigstens einen Abend bei ihm und vertreibt ihm die Zeit?‹ entgegnete er.

Er hatte recht: Schließlich ist die Schüssel nicht wärmer als das Essen. Seit fast einem Jahr kümmerte sich Madame Schulz um ihren Mann überhaupt nicht mehr. Sie sorgte zwar für seinen Unterhalt, aber sonst machte sie keinen Finger für ihn krumm. Manchmal ging es ihm so schlecht, daß er drei Tage im Bett bleiben mußte und nur mit Mühe das Zimmer verlassen konnte. Seine Frau wachte weder nachts an seinem Bett noch geleitete sie ihn an der Hand aus dem Zimmer, wenn er hinausgehen wollte. Dagegen hielt sie sich fast jeden Tag zwei bis drei Stunden bei Ārschāwir im Zimmer auf, plauderte mit ihm oder sah ihm bei der Arbeit zu. Als Ārschāwir eines Nachts Fieber bekam und einige Tage krank war, wich Madame Schulz nicht von seinem Lager. Sie fütterte ihn, bettete ihn und überwachte die Zubereitung der Krankenkost. Einmal warf sie mir vor, ich brächte für meinen Sohn kein Mitgefühl auf. Ich ärgerte mich und sagte: ›Ich bitte Sie, seien Sie nicht liebevoller als die Mutter!‹ Trotzdem wagte ich nicht, etwas Schlechtes von ihr zu denken. Ich hätte sie sonst nicht länger in meinem Haus geduldet.

Seit jener Nacht mied Ārdāschess das Zimmer von Monsieur Schulz. Es fielen zwar im Gespräch zwischen uns und dem Ehepaar keine verletzenden Worte, aber, wissen Sie, es herrschte, wie die Deutschen sagen, im Hause dicke Luft. Verstehen Sie, was ich meine? Es gab keinen Zank, wir redeten alle miteinander, keiner stritt mit dem anderen. Wäre ein Fremder in unser Haus gekommen, er hätte überhaupt nichts gemerkt. Ich lebte so meinen Tag. Ich brachte das Zimmer von Monsieur Schulz in Ordnung. Wenn es draußen kalt war, saß er meist dort am Ofen.« Madame Hākopiān wies mit der Hand nach der Stelle hin. »Äußerlich blieb alles beim alten, aber es herrschte, wie gesagt, dicke Luft, und ich spürte, daß bald etwas geschehen, daß sich das Gewitter entladen würde.

Eine Woche war seit jenem Zwischenfall vergangen, da kam die Neujahrsnacht. Erinnern Sie sich noch, daß es in der Neujahrsnacht 1932 bitterkalt war? Wir gingen aus dem Zimmer, in dem wir täglich gemeinsam speisten, in dieses Zimmer, weil es kleiner und gemütlicher war. Ich hatte für die Silvesterfeier sehr viel aufgewendet, um meine beiden Söhne und das Ehepaar Schulz aus ihrer schlechten Stimmung zu reißen, unter der ich ja am meisten zu leiden hatte. Wissen Sie, wie die Deutschen Gänsebraten zubereiten? Sie legen die Gans mit Majoran, aber ohne Fett in eine gußeiserne Pfanne und braten sie im eigenen Saft. Bei den Deutschen gibt es den Gänsebraten eigentlich zu Weihnachten, doch das war uns einerlei, mir kam es nur darauf an, ein gutes Essen auf den Tisch zu bringen. Auch für gute Weine und für deutsches Bier hatte ich gesorgt. Ich hatte alles nach deutscher Sitte vorbereitet, soweit das möglich war. Es gab zum Beispiel reichlich Apfelsinen, Mandarinen, Nüsse, Mandeln und Aprikosen. Meine Söhne und auch Monsieur Schulz hatten ihre schwarzen Anzüge angezogen. Seine Frau trug ein wunderschönes weißes Kleid; an dem Abend sah sie wirklich hübsch aus. Ich hatte von meinem Neffen gute Schallplatten bekommen. Alles, wirklich alles war getan, damit es ein lustiger, unterhaltsamer Abend wurde. Aber, wissen Sie, das, was vor allem zu Familienfeierlichkeiten gehört – reine Herzen, Herzen, frei von Haß –, hatte ich nicht bereitstellen können. Was ich auch tat, bei unserer Silvesterfeier wollte einfach keine Stimmung aufkommen. Wir tranken Wein. Madame Schulz trug ein russisches Lied vor. Dann sangen wir alle im Chor und ließen das Grammophon spielen. Sogar Monsieur Schulz hatte einen kleinen Schwips. Wir lachten ... Aber, wie gesagt, es herrschte dicke Luft – das spürte ich an jenem Tage und nun auch an diesem Abend, wenn auch nur dunkel. Hätte ich Genaueres gewußt, dann hätte ich bestimmt dem Lauf der Dinge Einhalt geboten.

Es ging auf neun Uhr zu. Sie, der Sie in Europa gelebt haben, wissen ja, daß das für die Neujahrsnacht noch nicht spät ist. Wir aber waren schon alle müde.

›Katja, bist du müde?‹ fragte Monsieur Schulz plötzlich seine Frau.

›Nein, ich bin nicht müde, aber was fangen wir jetzt an?‹

›Katja, geh tanzen! Geh ins Astoria, geh in den Berliner Hof!‹

›Was redest du! Was soll ich denn da allein?‹

Ohne sich von seinem Platz zu rühren, sagte Monsieur Schulz mit unbewegter Miene:

›Wer sagt denn, daß du allein gehen sollst? Ich werde Herrn Ārschāwir bitten, dich zu begleiten. – Sie schlagen mir doch diese Bitte gewiß nicht ab, Herr Ārschāwir?‹

Ārdāschess erhob sich ruckartig und verließ das Zimmer. Bevor Katja etwas entgegnen konnte, sagte Ārschāwir:

›Natürlich nicht! Ich werde die Dame gern begleiten, wenn sie es wünscht.‹ Ohne auf die Antwort von Monsieur Schulz oder seiner Frau zu warten, leerte er sein Glas und stand auf. ›Ich gehe mich umziehen‹, sagte er.

Unwillkürlich erhob sich auch Katja. Sie küßte ihren Mann auf die Wange, zog ihren schwarzen Mantel an, band sich ein Kopftuch um und ging hinaus. Monsieur Schulz und ich blieben allein im Zimmer zurück.

›Soll ich Ihnen ein wenig vorlesen?‹ fragte ich.

›Ja, bitte! Das Buch da von Arthur Schnitzler habe ich erst vor kurzem gekauft. Sie finden darin eine Erzählung, ‚Die Frau des Weisen'. Wären Sie so liebenswürdig, mir diese Geschichte vorzulesen?‹

Ich begann zu lesen. Ich war in der Mitte der Erzählung, als Ārdāschess wieder ins Zimmer trat und sich auf einen Stuhl setzte. Es war inzwischen zehn Uhr geworden. Ich zwinkerte ihm zu, er solle mich beim Lesen ablösen, aber er hatte keine Lust.

Es ist nicht ohne tiefere Bedeutung, wenn ich Ihnen jetzt den Inhalt dieser Geschichte erzähle, denn ich glaube, es ist zum Verständnis der Sache notwendig, zu wissen, daß Monsieur Schulz das Buch nicht zufällig gekauft hatte und gerade jetzt den Wunsch verspürte, diese Erzählung zu hören. In ihr begegnete ein Mann seiner Geliebten nach sieben Jahren wieder. Sie war die Frau eines Professors, eines Gelehrten, und der Mann hatte im Hause des Professors gewohnt und war sein Schüler gewesen. Als dieser Mann vor sieben Jahren mit seiner Geliebten Liebkosungen tauschte – die Frau des Professors kniete vor ihm und barg ihren Kopf in seinem Schoß –, öffnete der Professor die Tür zum Zimmer, und da er die beiden in so verfänglicher Situation sah, schloß er sie wieder leise und ging weg. In tiefer Scham darüber, daß sein Lehrer und Meister ihn in dieser Situation angetroffen hatte, packte der Mann sogleich seinen Koffer und verließ das Haus. Jetzt, nach sieben Jahren, wollte er von seiner Geliebten erfahren, was sich nach diesem Vorfall zugetragen hatte. Aber nichts war geschehen! Deswegen nicht, weil die Frau damals überhaupt nicht hatte sehen können, daß sie von ihrem Mann überrascht worden war. Und der Professor hatte seine Frau in den ganzen sieben Jahren nie wegen dieses Vorfalls zur Rede gestellt.

Ich las Monsieur Schulz die Erzählung vor, bis ich zu den Sätzen gelangte: ›Er hat es ihr also nie gesagt! Sie weiß es nicht, sie hat es nie gewußt, daß er sie zu meinen Füßen liegen sah. Er hat sich damals von der Tür wieder davongeschlichen und ist erst später . . . stundenlang später zurückgekommen und hat ihr nichts gesagt! Und er hat die ganzen Jahre an ihrer Seite weitergelebt, ohne sich mit einem Worte zu verraten!‹ Als ich zu dieser Stelle kam, wurde Monsieur Schulz nervös.

›Nein‹, rief er, ›das ist unmöglich! Genug! Ich will nichts mehr davon hören!‹

›Was ist Ihrer Meinung nach unmöglich?‹ fragte ich erstaunt.

›Wie kann sich ein Mann sieben Jahre lang nicht anmerken lassen, daß er von seiner Frau hintergangen worden ist? Lesen Sie nicht weiter! Es ist genug!‹

Ich nahm die Gelegenheit wahr und stand auf. Schon beim Lesen hatte ich Schritte im Haus zu hören geglaubt. ›Bleib du hier‹, sagte ich zu Ārdāschess, ›und wenn Monsieur Schulz es wünscht, lies ihm den Schluß der Geschichte oder irgendeine andere Erzählung vor! Ich will inzwischen Glühwein zubereiten.‹

Was sich weiter zwischen Ārdāschess und Monsieur Schulz zugetragen hat, was die beiden miteinander gesprochen haben, kann ich nicht genau berichten. Erst später ist mir ein Licht aufgegangen. Als Madame Schulz und Ārschāwir weggegangen waren, schlich ihnen Ārdāschess nach. Er beobachtete, daß die beiden gar nicht tanzen gingen, sondern wieder die Richtung nach Hause einschlugen. Doch Ārdāschess war noch vor ihnen daheim und versteckte sich in der Veranda. Als er die beiden ins Haus treten sah, atmete er auf. Er kam wieder zu uns herein und wartete nun, daß sich auch Madame Schulz und Ārschāwir zu uns gesellten. Aber die beiden begaben sich in Ārschāwirs Zimmer. Ārdāschess muß zu Monsieur Schulz gesagt haben, daß die beiden dort waren. Ich hielt mich ja gerade in der Küche auf, um uns einen Glühwein zu brauen. Die Deutschen trinken zu Silvester besonders gern Glühwein. Sie mischen Rotwein und etwas Rum, tun Zucker, Zimt und Nelken hinzu und kochen das Gemisch. Ich war bei der Arbeit, als ich plötzlich Monsieur Schulz laut sprechen hörte. Er schlug die Türen zu und eilte hinaus. Zuerst ging er in sein eigenes Zimmer, aber nicht mit der Hand an der Wand entlang tastend, nein, er lief. Ich war ganz ahnungslos, ich wußte doch nicht, was vorging. Plötzlich hörte ich einen furchtbaren Knall. Monsieur Schulz feuerte in Ārschāwirs Zimmer drei Schüsse ab. Als ich in das Zimmer trat, sah ich meinen Sohn und Madame Schulz niedergestreckt am Boden. Die Augen von Monsieur Schulz standen weit offen und sahen, aber als er mich erblickte, bedeckte er seine Augen mit der Hand, um nicht zu sehen, was er getan hatte.«

Als ich abends zu meinem Bekannten aufbrach, warf ich noch einmal einen Blick in das Zimmer. Die beiden verwelkten Blumensträuße standen noch immer dort. Als mein Bekannter kam und fragte, ob ich die Hauswirtin gesprochen und die Sache mit dem Zimmer erledigt hätte, entgegnete ich: »Nein! In unserm Haus sind alle Zimmer vergeben. Nur ein einziges Zimmer ist noch frei, aber das will die Wirtin nicht vermieten.«

Ssādegh Tschubak
Das berberitzenrote Kleid

Nachdem Ssaltanat und Kolssum die Leiche an Kopf und Füßen gepackt und auf die Steinbank gelegt hatten, schlug Ssaltanat die Decke hastig zurück und untersuchte mit ihren feuchten, abgehärmten Händen die Kleider der Toten. Sie betastete den Stoff des Kleides mit kleinen, dicken Fingern, und ihr pockennarbiges Gesicht verzog sich zu einem listigen Lächeln. Neben ihr stand Kolssum, das Gesicht von einer Hasenscharte gezeichnet. Mit gieriger Miene, die Hände in die Hüften gestützt, schätzte auch sie die Kleider der Toten ab.

Ein Geruch von Kampfer, gemischt mit Wasserdampf, Zigarettenrauch und Lotuspulver, erfüllte das Leichenwaschhaus. Das rötliche Licht der schwachen Birne, die an der Decke brannte, drang kaum durch den Dampf.

Während Ssaltanat das Kleid der Leiche betastete, dachte sie: »Genau das, was ich wollte, das richtige Kleid für Schamssi. Ich muß mir irgend etwas einfallen lassen, um es Kolssum wegzunehmen.« Dann sagte sie, ohne sich Kolssum zuzuwenden: »Nur die Jacke ist was wert. Hādschi Tuti würde sicher zehn bis fünfzehn Tomān dafür auf den Tisch legen. Gutes, festes Tuch ist das. Faß selber an! Das Kleid aber taugt nichts, es ist ganz abgetragen.«

Kolssum ließ den Stoff der Jacke durch die Finger gleiten und sagte:

»Ha! Was heißt zehn bis fünfzehn Tomān?« Sie ließ die Jacke los, und mit erstaunter Entrüstung fügte sie nachdrücklich hinzu:

»Hör zu, ich will ja niemanden bescheißen. Dieser Hādschi Tuti, der Judenhund, glaubt wohl, wir sind blöd und verstehen nichts vom Geschäft. Der Halunke will nur einen Spottpreis bezahlen für das, was er uns abkauft. Wir müssen es so machen wie Āssijeh, das schlaue Stück. Man sagt, sie hat in ihrem Viertel einen Altkleiderhändler an der Hand, und dem dreht sie ihr ganzes Zeug zu einem guten Preis an. Erinnerst du dich an das rotbraune, verschlissene Kleid, das sie der Frau heruntergerissen hat, die an einem Schlaganfall gestorben war? Weißt du noch? Dafür hat sie zwanzig Tomān rausgeholt. Glaubst du, wenn's beim Hādschi Tuti gewesen wäre, der hätte dafür zwanzig Tomān rausgerückt? Nie im Leben! Der Hurensohn! Aber was machst du? – Du klebst wie 'ne Zecke an ihm!«

Kolssum beugte sich vor, stützte ihre Hände auf die Knie, schaute zu Ssaltanat auf und sagte erwartungsvoll, mit heimlicher Freude: »Halt dich lieber raus! Ich werde selber sehen, wer dieser Altkleiderhändler ist, dem die Āssijeh ihren Kram verkauft. Wir geben ihm unser Zeug auch.«

Außer der Leiche auf dem steinernen Waschtisch lagen noch zwei weitere, ärmlich gekleidete Leichen auf dem Boden: eine mit einem geblümten Schleier, die andere mit einem zerknitterten Tuch bedeckt. Die Leiche unter dem Tuch lag gekrümmt auf der Seite, die Hände im Schoß und die Knie hochgezogen. Durch die Löcher des Kleides war die dunkle Haut des ausgedörrten Körpers zu sehen. Die andere unter dem Schleier war zierlich und klein, fast hatte sie die Gestalt eines Kindes.

Im Vorraum waren mehrere grob gefertigte, hölzerne Kisten aufgeschichtet, darauf lagen Leichenhemden aus Leinen und Baumwolle. Ein verrosteter, schwarzer Kanister, mit Lotuspulver gefüllt, stand neben einem an die Mauer gelehnten Sarg.

Während Ssaltanat sich daran machte, die Tote auszuziehen, sagte sie mit ernstem Gesicht:

»Diese Āssijeh ist ein abgefeimtes Luder wie kein zweites, der kann man nicht über den Weg trauen. Hast du nicht gesehen, was sie mir für 'ne Szene gemacht hat wegen einem billigen Gebiß? Was bildet die sich eigentlich ein? Wollte ich vielleicht ein Almosen? Zahlen wollte ich! Ich habe als anständiger Mensch zu ihr gesagt: ›Borg mir das Gebiß für einen Tag; ich kenne jemand, dem will ich's zeigen. Wenn's ihm paßt, werd ich dir das bezahlen, was jeder andere auch dafür geben würde.‹ O du lieber Himmel, du kannst dir nicht vorstellen, was für ein Theater dieses Hurenweib aufgeführt hat, und obendrein vor allen Leuten. Und was ist dabei herausgekommen? Die dumme Gans hat das Gebiß zu Abraham gebracht und es für vier Toman verkauft. Ich hätte dafür mehr bezahlt.«

Kolssum kratzte sich am Ohr und dachte: »Du bist selber so ein ausgekochtes Weib, daß du hundert Āssijeh in die Tasche stecken könntest. Hast du vergessen, welchen Streich du mir wegen einer mottenzerfressenen Perücke gespielt hast?« Dann sagte sie laut: »Laß doch die Āssijeh, das Miststück, arbeiten wir weiter! Wir machen schnell eine Katzenwäsche und liefern die Leiche ab ... Um Himmels willen, es ist schon Abend, und da liegen immer noch zwei auf dem Boden. Bald kommt mein Mann, der faule Hund, nach Hause, und wir haben nichts zu fressen. Er wird mir den Schädel einschlagen.«

Gemeinsam machten sich die Frauen daran, der Leiche die Kleider auszuziehen. Kolssum hob den Arm der Toten und versuchte, ihn zu biegen, um den Ärmel ausziehen zu können, aber der Arm war schon steif, und das Gelenk ließ sich nicht mehr bewegen. Sie ließ es dabei bewenden und schob ihre Hände unter die Schenkel der Leiche. Ssaltanat faßte die Tote am Oberkörper, und sie drehten sie zusammen um. Der schlaffe Leib platschte mit einem dumpfen Laut auf das Gesicht, den Arm unter dem Körper verklemmt. Kolssum zog ihn schnell hervor und ließ ihn auf den glitschigen Stein plumpsen. Ssaltanat löste die Jacke von den Schultern, und Kolssum zog sie mit einem Zug vom Rücken der Leiche. Sorgfältig durchsuchte sie die Taschen und breitete den Inhalt auf dem Tisch aus: Einen Kupfergroschen, einen Hemdkragenknopf und drei kleine, graue Stoffstücke, die mit Nadeln zusammengesteckt waren, eine Handvoll Kürbiskerne, eine Pinzette und einen Manschettenknopf. Ssaltanat betrachtete die Dinge sehr genau. Kolssum stülpte eine Tasche nach der anderen um, weil sie wissen wollte, ob sie jetzt leer waren. Einige mit Staub vermischte Fusseln, Zucker, Tabak und eine Glasperle kamen noch zum Vorschein. Kolssum warf sich ein paar Kürbiskerne in den Mund, gab Ssaltanat ebenfalls einige, steckte die Sachen in eine der Taschen zurück und warf die Jacke auf den Sarg, der neben ihr stand.

Auf der Steinbank lag nun die Leiche in ihrem berberitzenroten Kleid, dessen Halsausschnitt und Ärmel mit gelber Seide bestickt waren und auf dessen Rock ein großer Fettfleck glänzte.

Ssaltanat gefiel das Kleid sehr gut, es paßte genau zu Schamssi. Schamssi mußte es unbedingt anziehen, um die Männer anzulocken, die mit ihr schlafen und dafür zahlen würden, so daß sie selbst und einige Schmarotzer mit dem Geld ihr Hundeleben weiterleben könnten.

Gemeinsam zogen die beiden Frauen der Leiche das Kleid aus. Ssaltanat schüttelte es und hielt es ans Licht. Kolssum war mit der Unterwäsche der Toten beschäftigt. Ein schmutziges Jersey-Unterleibchen, das sie von der Leiche gestreift hatte, warf sie zur Jacke auf den Sarg und fing an, den Büstenhalter zu lösen und die Schlüpfer auszuziehen.

Während Ssaltanat das Kleid untersuchte, dachte sie: Es müßte Schamssi gut passen, auf alle Fälle besser als die Lumpen, die sie jetzt anhat. Und wenn es ihr ein bißchen zu weit sein sollte, dann könnte ich es ja an den Seiten einnähen.

Splitternackt lag die Leiche jetzt mit dem Gesicht nach oben auf der Steinbank, nur ein großes, weißes Taschentuch war über ihre Augen und Ohren gebunden. Das Tuch bändigte ihren Haarwuschel. In einem häßlichen, dicken Knoten wurde es auf ihrer linken Schläfe zusammengehalten, und zwei Büschel lockigen Haares schauten zu beiden Seiten hervor. Als Ssaltanat das Tuch löste, kam ein hübsches, ovales Gesicht zum Vorschein.

Die Tote war eine Frau von Ende zwanzig mit kastanienbraunem Haar. Ihr Gesicht war gelblich verfärbt, auf ihren bleichen, halboffenen Lippen hafteten noch die fettigen Schuppen eines violetten Lippenstiftes. Ihr Bauch war aufgedunsen, und auf der rechten Seite trat eine alte Narbe hervor. Ihre Haut glänzte und war gespannt; die Augen umgab ein dichter Wimpernkranz wie bei einer Puppe.

Die Frauen rieben die Leiche mit einem groben Hanflappen ab. Sie störten die Ruhe der Toten und erniedrigten sie in ihrer Schönheit, einer Schönheit, der es gebührt hätte, verbrannt und zu Asche zu werden, statt in der Erde verscharrt langsam zu vermodern.

Während Ssaltanat den Bauch der Toten abwischte, dachte sie: »Das Kleid ist gut für Schamssi. Wenn sie das anzieht, kommen sicher viele Freier zu ihr. Auf jeden Fall wird es besser zu ihr passen als zu der da. Die arme Schamssi! Sie sieht wirklich aus wie ein Bettelkind. Welcher Mann hat denn Lust, mit so einer zu schlafen! Wenn Ssadigheh sie aber in so einer Aufmachung sieht, wird sie bestimmt alles daransetzen, um das Mädchen ins Hurenhaus zu kriegen. Und wenn's nur darum ginge, mir eins auszuwischen. Dann wär's aus mit Schamssi. Ich wäre verrückt, ihr das Mädchen zu überlassen. Das Gute ist, daß die Kleine ihre Tage noch nicht hat. Bis ihr die Augen aufgehen, habe ich unser Haus von Kal Abbāss-Gholi längst ausgelöst. Vielleicht komme auch ich so zu etwas. Ich muß mein Krepp-Kleid anziehen und mir ein bißchen Farbe ins Gesicht tun, dann werden die Kunden schon kommen. Diese schwarzen Amerikaner nehmen jede, die ihnen über den Weg läuft. Nur hellhäutig muß man eben sein. Überhaupt, was soll mir fehlen? Die Ssadigheh, die ist fast so alt wie meine Mutter – und hat doch erst jetzt als alte Schachtel angefangen, auf den Strich zu gehen. Dabei würde eine Abortkanne* bei ihrem Anblick im Galopp die Flucht ergreifen! Übrigens kann ich die Leichenwäscherei nebenbei machen ... Mein Alter ist auch so ein geiler Hurenbock! Kaum ist das Mädchen ein paar Tage da, und schon streicht er um sie herum. Ach was, ist ja egal. Soll er doch, dafür ist sie ja schließlich da! Viele andere besteigen sie, warum also nicht auch er! Den zähl ich doch nicht zu den Menschen. Der gehörnte Bock denkt so oder so nur an sein Opium. Ehemann! Was heißt hier Ehemann? Ehemann, das heißt Geld! Hat einer Geld, so hat er alles. Auch der schönste, schärfste Jüngling küßt dir die Hand, wenn du Geld hast. Wenn ich

* Wasserkanne, die gemäß islamischer Vorschrift nach Benutzung des Aborts bei der Reinigung des Körpers verwendet wird.

daran denke, daß dieser Halunke sich sogar von mir aushalten läßt! Aber besser eine Vogelscheuche als gar keinen, so hab ich wenigstens die Sittenpolizei nicht auf dem Hals. Und die Sache mit dem Opium, auch die bringt was ein. Besser als gar nichts. Wenn der Esel sein Geschäft bloß richtig betreiben würde!«

Kolssum rubbelte die Fußsohlen der Toten mit einem Bimsstein, Ssaltanat goß eine Schüssel kaltes Wasser über die Leiche und rieb den Bauch der Toten mit der linken Hand ab, an der sie einen Silberring mit einem Türkisstein trug. Sie zog die Augenbrauen hoch und sagte mit ihrer tiefen Stimme: »Ach du liebe Zeit, wir haben unser Wort nicht gehalten. Der Mann hat uns doch flehentlich gebeten, die Leiche mit warmem Wasser zu waschen. Zum Kuckuck, wo soll man denn um diese Zeit noch heißes Wasser herkriegen?«

Dann senkte sie die Stimme und fuhr mitleidig fort: »Der arme Teufel hat gesagt, er besitzt nur diese eine Tochter auf der Welt, und die ist ihm weggestorben, bevor sie ihr Leben gelebt hat.«

Das Mitleid spielte Ssaltanat nur vor, um vor Kolssum zu verbergen, daß es ihr um das Kleid ging; in Wahrheit war ihr die Tote völlig gleichgültig. Kolssum sagte nichts.

Ssaltanat hatte Lust auf eine Zigarette. In ihrer Tasche waren zwar welche, aber sie wollte nicht die eigenen rauchen. So wandte sie sich an Kolssum und bat mit schmeichelnder Stimme: »Meine Liebe, hättest du eine Zigarette für mich? Ich gebe sie dir später wieder, ich hatte noch keine Zeit, mir welche zu besorgen.«

Kolssum beugte sich über die Füße der Leiche und rieb sie lustlos ab. Sie erinnerte sich daran, wie viele Zigaretten Ssaltanat ihr schon abgebettelt hatte, ohne sie ihr je zurückzugeben. Die Wut, die ständig an ihr zehrte, ohne daß sie den Mut aufbrachte, sie zu zeigen, flammte auf. Sie schlug mit dem Waschlappen auf den aufgedunsenen rechten Schenkel der Toten und dachte: Diese Metze! Wenn die auf etwas scharf ist, verzichtet sie nicht mal auf Hundekot. Nicht von ungefähr ist sie so reich geworden. Vor lauter Geiz frißt sie aus der Abfalltonne. Genügen dir deine vielen Häuser und Läden immer noch nicht? Ja, ja, den Seinen gibt's der Herr im Schlaf. Nebenher treibt das durchtriebene Stück noch alle möglichen Geschäfte. Wenn sie die armen Mädchen auf der Straße verführen und in ihre Spelunke locken und ins Hurenhaus verkaufen kann, dann soll sie sich gefälligst auch ihre Zigaretten selber kaufen, statt mich ständig anzubetteln. Die Hure glaubt, ich hätte schon vergessen, was für ein Theater sie mir wegen einer Perücke gemacht hat. Und ich soll dir eine Zigarette geben? Du kannst mich mal! Laut sagte sie dann noch schmeichelnder als Ssaltanat zuvor:

»Bei meinem Leben, ich hab keine. Was ist schon eine Zigarette? Vor einer Stunde wollte ich mir bei Akbar Zigaretten kaufen, aber es war mir zu kalt, und ich ließ es sein. Ich hole welche auf dem Heimweg, wenn ich meine Einkäufe mache. Meinst du, ich würde dir keine geben, wenn ich welche hätte? Was ist schon eine Zigarette wert? Du hast mir sowieso viel Gutes getan – Gott vergelt's dir!«

Kolssum freute sich insgeheim über ihre heuchlerischen Beteuerungen. Sie atmete auf. Wohl besaß sie Zigaretten, aber diesmal hatte sie sie nicht herausgerückt. Obendrein war es ihr gelungen, Ssaltanat zu überlisten.

Wieder wendeten die Frauen die Leiche auf der Steinbank. Der Kopf der Toten schlug heftig auf. Ihr kastanienfarbenes, glänzendes Haar fiel auf die Schultern und teilte sich am Hinterkopf in einem Scheitel. Auf ihrem Rücken sah man blaue Flecken, die Spuren von Saugnäpfen; weiter oben zeichnete sich ein großes, schwarzes Viereck ab, Rest eines Pflasters.

Sie hatte schöne, anziehende Rundungen. Ihr Gesicht lag auf dem Stein, die vollen Lippen standen offen. Die Haare verdeckten ihre Ohren und erzeugten ein Spiel von Licht und Schatten. Wassertropfen glänzten auf ihrem Haar. Ihre Nacktheit war die einer Frau, die nach einer Liebesstunde an einem Sommernachmittag, den Blicken der Menschen entzogen, in einen süßen Schlaf gesunken war.

Ssaltanat rubbelte heftig den Rücken der Toten mit dem Waschlappen, ihre Gedanken aber kreisten nur um Schamssi und das berberitzenrote Kleid. Dabei starrte sie auf den bleichen Körper der Toten und seine Rundungen.

Sie stellte sich vor, wie sie am Abend aussehen würde in ihrem roten Krepp-Kleid mit den weißen Punkten, geschminkt und die Haare neu gefärbt. Auch Schamssi würde das neue Kleid tragen und sich schön machen. Beide würden sie auf der Straße unter einem Baum stehen und mit zwei schwarzen amerikanischen Soldaten über den Preis verhandeln. Bei diesem Gedanken erschien ein listiges Lächeln auf ihren vollen, trockenen Lippen. Sie blickte zu Kolssum auf, rieb mit dem Waschlappen über den Pflasterfleck und sagte: »Und du willst trotzdem in dem Haus bleiben? Gott bewahre! Ich verstehe nicht, wie du mit diesem Weibsbild unter einem Dach leben kannst.«

Diese Frage schmerzte Kolssum sehr, stets verscheuchte sie den Gedanken daran. Ssaltanats Worte wühlten alles wieder auf. Unwillkürlich mußte Kolssum an ihren Mann und die Hausbesitzerin denken. Sie hielt mit der Arbeit inne, drehte sich zu Ssaltanat um und sagte haßerfüllt:

»Ha! Ha! Die kann mich mal! Bin ich denn blöd? Dies Weibstück meint, sie ist die Tochter vom Großwesir! Die glaubt wohl, wenn der Prophet nicht zum Berg geht, muß der Berg zum Prophet gehen. Bei Gott und aller Welt, ich will blind sein, wenn ich lüge. Ich hab es doch tausendmal gesehen, wie sie mit Maschdi, meinem Alten, herumscharwenzelte. Ich hab mir immer wieder gesagt, das ist Unsinn, das Luder hat doch selbst einen Mann. Vielleicht seh ich's falsch, hab ich mir gesagt. Man soll die Leute nicht zu Unrecht verdächtigen. Sogar wenn das Luder vor meinem Maschdi offen herumtänzelte, hab ich noch gedacht, der würde sich nicht mehr für sie interessieren als für einen streunenden Köter. Jetzt stell dir vor, die hatten tatsächlich was miteinander! Und ich dumme Kuh hatte keine Ahnung davon. Weißt du, wie ich dahintergekommen bin? Ich hab die beiden nachts im Klo erwischt! Diese unverschämte Hure hat alle Scham und allen Anstand ausgekotzt. Meinst du, das war ihr peinlich? Überhaupt nicht! Sie hat ihre Schlüpfer raufgezogen und ist abgehauen. Ja – und was soll ich jetzt machen, damit der Gestank dieser Sauerei nicht alles verpestet? Es ist, als wenn du gegen den Wind spuckst, es fällt auf dich zurück. Die Leute würden klatschen und sagen: Die Kolssum mit ihrer Hasenscharte und ihrer Glatze! Klar, daß sich ihr Mann 'ne Freundin anlacht. Weißt du was? Ich wünschte, das Luder würde lieber heute als morgen verrecken. Aber der Wurm steckt eben im eigenen Baum. Der eigentlich Schuldige ist Maschdi. Du kannst dir nicht vorstellen, was ich mit diesem Hurenbock auszustehen habe. Einmal hatte er einen Sonnenstich, dann Diphterie, und ich habe meinen ganzen Besitz verkauft und das Geld für ihn ausgegeben, bis der Lump wieder gesund war. Und was ist jetzt? Von morgens bis abends muß ich hundert Kniffe anwenden, um so viel zu verdienen, daß der Hurenbock sein Opium paffen kann. Das Geld krieg ich zwar zusammen, aber ich muß mir dafür die Seele aus dem Arsch reißen. Wer versteht das schon? Der Lump benimmt sich wie die Tauben von Kāsemeyn*: Er frißt sich nicht nur bei mir durch, auch den Dreck läßt er bei mir fallen. Erinnerst du dich an Ssoghrā-Begom, die früher in Sseyjed Malek-Chātun** gewohnt hat? Ich meine die alte Hexe mit dem Affengesicht. Weißt du, was die gemacht hat? Die hat einen Hufschmied aus Täbris*** in ihre Klauen gelockt. Ein Kerl, sage ich dir, stark wie ein Bulle, und dem saugt sie das Mark aus den Knochen. Ich habe sie vor zwei, drei Tagen bei der Predigt in der Schah-Moschee getroffen. Sie hat goldene Ohrringe getragen, groß wie zwei glühende Kohlenstücke! Von wem hatte sie die? Vom Hufschmied natürlich! Ich sage ja, Glück muß man haben. Überhaupt scheint's, Frauen, die sich Freunde halten, sind besser dran als wir Verheirateten.«

Ssaltanat rieb die Haare der Toten mit Lotuspulver ein. Sie dachte: Die Kolssum ist zwar jünger als ich, aber ich muß Gott danken, daß ich keine Glatze und keine Hasenscharte habe. Dann stellte sie sich den Kopf von Kolssum vor: rot und glänzend wie das Hinterteil eines Pa-

* Wallfahrtsort im Irak.
** Stadtviertel in Isfahan.
*** Hauptstadt der Provinz Aserbaidschan in Nordwestiran.

vians. Ihre Haare klebten an den Schläfen. Aha, das ist der Grund, warum die Haarfarbe dort nicht die gleiche ist wie auf dem Kopf, *dachte* Ssaltanat. Sie erinnerte sich an die Perücke, um die sie sich gezankt hatten. Wie hatte Kolssum sie damals beschimpft! Laut sagte sie: »Was meinst du? Willst du etwa sagen, daß das Luder deinem Mann den Kopf verdreht hat?«

Voller Haß und Bitterkeit antwortete Kolssum, während sie sich über die Beine der Toten beugte: »Ja, so sieht's aus. Sie lieben sich wie Schirin und Farhād*. Anfangs dachte ich, wenn ihr Mann was davon erfährt, veranstaltet er eine Riesenkeilerei und setzt uns vor die Tür. Denkste! Jetzt, wo der Trottel alles weiß, schließt er Augen und Ohren und macht sich gar nichts daraus. Vielleicht ist er schwul und treibt's mit den Jungen, wer weiß. Das Luder hat ihm Hörner aufgesetzt, und er tut, als wäre nichts dabei.«

Ssaltanat sagte überheblich: »Du bist wirklich 'ne gutgläubige Seele. Ich seh das erst jetzt. Die Lösung für dein Problem liegt in deinen Händen, aber du suchst sie anderswo. Wir wissen auch sonst, wie man mit solchen Dingen fertig wird, und jetzt machst du wegen einer schäbigen Dirne deine Nerven kaputt. Wenn du tust, was ich dir sage, wird es keine zwei Tage dauern, bis die Mieze deinem Alten keinen Pfifferling mehr wert ist.«

Kolssum seufzte tief und richtete sich auf. Sie kratzte sich an der Nase, schnaubte und erwiderte: »Zauberei bringt nur Unglück, sagt man. Was ist auch Zauberei? Glück muß der Mensch haben. Ich selbst habe schon vielen Leuten Leichenwaschwasser als Heilmittel verkauft und auf dem Friedhof Schafsfett für sie verbrannt. Aber noch niemand ist gekommen und hat erzählt, daß es gewirkt hat.«

Ssaltanat unterbrach sie: »Halt deine Zunge im Zaum! Du bist jung und willst noch lange leben. Zweifeln tut nicht gut. Wenn ich dir verrate, wie die Zauberei mir geholfen hat, wirst du es kaum glauben. Meine Güte, bist du einfältig! Es ist doch klar, daß die Leute nicht wieder-

* Ein berühmtes Liebespaar in der klassischen iranischen Dichtung.

kommen, um dir zu sagen, daß das Mittel gewirkt hat. Für diese Leute zählen wir ja sowieso nicht. Sie haben Angst vor uns und gehen uns aus dem Weg. Für sie sind wir die Krätze. Schon der Name ›Leichenwäscher‹ bringt sie zum Kotzen. Natürlich lassen sie sich bei uns nicht mehr sehen, wenn sie haben, was sie wollen. Wozu andere fragen? Ich erzähle dir, was mir selbst passiert ist.

Es ist noch nicht lange her, ich war sehr jung – nicht wahr, du behältst das für dich? – damals bewohnte ich mit meinem Mann ein Zimmer in einem Mietshaus. Unter den Mietern gab's einen jungen kräftigen Mann aus Māsandarān*, der regelmäßig ins Surchāneh** ging. Wie ein Riese sah er aus! Und einen Haarschopf hatte er, fein und glänzend wie ein Seiden-Baldachin. Er war frisch verheiratet mit einer blutjungen Frau, die auch nicht schlecht aussah. Ich selbst war auch erst seit drei oder vier Monaten verheiratet. Ein Gesicht habe ich gehabt, sanft wie Mondlicht, und wenn ich Wasser trank, sah man es durch meine zarte Kehle rinnen! Von Arbeiten war keine Rede. Ich faulenzte den ganzen Tag, röstete Melonenkerne, pflückte Mehlbeeren, zog mit den anderen Mädchen umher und balgte mich mit ihnen. Maschdi, mein Mann, blieb mittags im Geschäft, und abends haben wir immer kalt gegessen. ›Wenn du arbeitest‹, sagte er, ›werden deine Hände rauh, und das kann ich nicht verantworten.‹ Er ließ mich nichts anfassen, rein gar nichts. Ich hatte keine Sorgen, ich lachte und sang den ganzen Tag. Und dann geschah es, daß mir der junge Mann den Kopf verdrehte, und ich mich Hals über Kopf in ihn verliebte. Mit der Fröhlichkeit war es dann aus. Tagsüber hatte ich keine Ruhe, und nachts konnte ich nicht schlafen. Ich war wie von Sinnen und weinte ununterbrochen. Am schlimmsten war es abends. Im Bett war mein Mann – hoffentlich hört er mich nicht im Grab – immer scharf; er wollte jeden Abend. Und dabei war ich doch verrückt nach dem jungen Mann. Nur um ihn kreisten meine Gedanken.

* Provinz am Südufer des Kaspischen Meeres.

** Runde, meist kleine Sporthalle, in der starke Männer mit schweren Keulen trainieren.

Schloß ich die Augen, sah ich sein Gesicht vor mir und stellte mir vor, er ist es, der es mit mir macht. Aber wenn ich die Augen öffnete und den langen hennafarbenen Bart von Maschdi – Gott hab ihn selig! – an meinem Hals sah, und mir sein Geruch nach altem Leder in die Nase stieg, wurde mir regelrecht schlecht, und ich begann zu weinen. Er dachte natürlich, ich hätte Schmerzen oder Angst und küßte und streichelte mich in einem fort. Ich war ja jung verheiratet und durfte mich zieren. Aber allmählich konnte ich es nicht mehr aushalten, ich hatte keine Geduld mehr. Beinahe wäre die Sache rausgekommen. Das Schlimme war, daß der junge Mann nicht kapierte, was mit mir los war. Er war sehr brav.

Im Haus gab es eine Frau, die man Hādschijeh-Chānom* genannt hat. Sie war eine fromme Person, betete und fastete den ganzen Tag. Nur hatte sie eine Marotte: Wenn sie ihre Hände wusch, benahm sie sich sehr komisch. Sie tauchte die Hände mehr als hundertmal ins Wasserbecken und murmelte dabei Gebete. Ging 'ne Katze an ihr vorbei und streifte ihren Fuß mit dem Schwanz, so mußte sie sich auf der Stelle den Fuß waschen. Sie wußte auch viel über die Religion, selbst das, was kaum ein Geistlicher weiß. Sie wußte überhaupt viel.

Es war im Sommer. Die Hausbewohner schliefen auf der Dachterrasse. Wir auch. Eines Abends ging ich bei Sonnenuntergang hinauf, breitete den Kelim** aus und machte die Betten, und als ich die Treppe hinunterwollte, um den Wasserkrug zu holen, sah ich plötzlich diesen Lotfollāh – so hieß der junge Mann. Ich sah also Lotfollāh, wie er mit einem Käfig in der Hand die Treppe heraufkam. Ich sage dir, das Herz rutschte mir in die Hose. Bis zu diesem Tag hatte ich ihn noch nie so nahe gesehen. Ich war so verlegen, daß ich nicht wußte, wie mir geschah. Schnell grüßte ich und rannte wie eine Verrückte ins Zimmer. Dort sank ich zu Boden und zitterte wie Espenlaub. Es war eine helle Mondnacht, und ich fand

* Hādschijeh: Bezeichnung für eine moslemische Frau, die nach Mekka gepilgert ist.
** Kelim oder Gelim: Orientalischer Webteppich.

keinen Schlaf. Gott weiß, wie sehr ich in dieser Nacht geweint habe. Jedes Lied, das aus der Gasse zu mir heraufdrang, entfachte in mir das Feuer von neuem. Schließlich wollte ich mir mit Opium das Leben nehmen. Ich war ja noch ein Kind.

Am nächsten Morgen, nachdem Maschdi gefrühstückt hatte und ins Geschäft gegangen war, ging ich zur Hādschijeh-Chānom. Ich nahm auch den Koran mit. Sie saß in ihrem Zimmer auf dem Gebetsteppich und betete. Ich wartete, bis sie fertig war. Nachdem sie ihre Fürbitten gesprochen hatte, fragte sie mich: ›Mein liebes Kind, was fehlt dir? Was führt dich zu mir?‹ Sie war schon immer sehr nett gewesen und hatte uns häufig in unserem Zimmer besucht, aber nie hatte sie bei uns Tee getrunken oder eine Wasserpfeife geraucht. Sie hielt uns für unrein. Was auch immer, ich sagte zu ihr: ›Liebes Mütterchen, ich möchte dir ein großes Geheimnis anvertrauen, aber ich schäme mich. Zuerst mußt du auf den Koran schwören, daß du niemandem etwas davon erzählst.‹ Hādschijeh-Chānom lachte und sagte: ›Ich möchte dir gern helfen, aber auf den Koran schwören bringt Unglück. Du bist jung, hast erst vor kurzem geheiratet und willst mit deinem Mann glücklich sein, also hüte dich vor Sünden!‹ Ich erwiderte: ›Liebes Mütterchen, ob morgen oder in fünfzigtausend Jahren, ich werde dich am Jüngsten Tag vor der heiligen Fātemeh* zur Rechenschaft ziehen, wenn du jemandem etwas davon erzählst. Schwöre mir, sonst bringe ich mich um!‹ Hādschijeh-Chānom sagte: ›Na gut, wenn du darauf bestehst, schwöre ich.‹ Ich zog den Koran unter meinem Schleier hervor und legte ihn auf die Ecke des Gebetsteppichs. Hādschijeh-Chānom flüsterte auf arabisch ein Bittgebet und blies um sich, um die bösen Geister zu vertreiben. Schließlich legte sie die Hand auf den Koran und schwor. Dann entdeckte ich ihr meine Liebesgeschichte von Anfang bis Ende und heulte wie die Wolken am Frühlingshimmel. Immer wieder schwor ich ihr: ›Ich geb dir alles, was du willst und tu alles, was du sagst, aber mach etwas, damit Lotfollāh und ich zusam-

* Die Tochter des Propheten Mohammed.

menkommen. Ich möchte nichts Unerlaubtes, ich möchte nur das, was Gott und sein Prophet billigen. Meinen Mann liebe ich nicht, er ist alt und runzlig, er wird mich um meine Jugend bringen.‹ So viel habe ich geweint, daß sie Mitleid mit mir bekam ... Was soll ich dir noch erzählen? Sie hat es tatsächlich geschafft, daß Lotfollāh und ich innerhalb einer Woche zusammenkamen.«

Ssaltanat seufzte wehmütig und schwieg. Sie schüttelte geistesabwesend den Kopf und verzog ihren Mund zu einem haßerfüllten Lächeln. Ihre Erinnerungen an die Vergangenheit umschwirrten sie wie eine Schar Fledermäuse, die im Dunkeln auf einen großen Baum losstürzen. Sie füllte den kleinen Kübel mit Wasser, goß es über die rechte Seite der Leiche und betete dabei: »Möge Gott den armen Sünder zu sich nehmen!« Doch damit waren die wohltuenden Erinnerungen an die Zeit im Mietshaus mit einemmal entschwunden.

»Bring mir um Gottes willen auch bei, wie das mit der Zauberei geht«, sagte Kolssum unvermittelt, und sie fügte hinzu: »Ich geb dir alles, was du verlangst, schaff mir nur diese Sauhure vom Hals! Ich sage dir, wenn du das tust, ist es genausoviel wert, wie wenn du 'ne Pilgerfahrt machen würdest.«

»Du weißt ja selber«, entgegnete Ssaltanat listig und mit versteckter Schadenfreude, »zwischen uns spielt Geld keine Rolle. Du bist mir wie 'ne Schwester. Es ist eigentlich nicht der Rede wert, aber du mußt mir irgend was dafür geben, sonst wirkt das Zaubermittel nicht. Weißt du, ich will ja auch nichts für mich, ist für eine arme, hilflose Frau, deren Mann zum Militär eingezogen ist. Sie hat kein Geld, um sich was zum Anziehen zu kaufen. Ich denke, das berberitzenrote Kleid würde ihr gut passen. Tu doch auch was Gutes! Ich für meinen Teil verzichte gern auf mein Anrecht, verzichte du auch. Gott möge es uns beiden vergelten! Die arme Frau wird uns bestimmt in ihre Gebete einschließen. Sie wird sicher dankbar sein, daß wir ihr in dieser kalten Jahreszeit ein Kleid schenken. Wir tun so, als hätte es das Kleid nie gegeben; wir vergessen es einfach!«

Darauf veränderte sie den Ton ihrer Stimme und sagte

voll berechnender Vertraulichkeit: »Bedingung aber ist, daß du vom Zaubermittel keinem etwas erzählst, sonst wirkt es nicht.«

Kolssum schwieg für einen Augenblick und betrachtete das rote Kleid auf dem Sarg. Zuerst war sie von dem Vorschlag nicht begeistert, aber dann fiel ihr Blick auf Ssaltanat, die gelassen die Leiche abtrocknete, und sie dachte an deren gutgehende Geschäfte und sagte sich: »Es muß doch etwas dran sein, daß das Luder soviel Glück hat.« Verunsichert und leicht verstimmt, meinte sie schließlich: »Na schön, ich habe nichts dagegen.«

Ssaltanat atmete insgeheim auf und sagte zufrieden: »Gott vergelt's dir! Ich bin sicher, daß das Zaubermittel auch dir helfen wird. Schau, es ist ganz einfach: Gleich morgen früh gehst du zur Schah-Moschee und gibst dem Siegelstecher, der davor hockt, eine schwarze Münze. Sie muß unbedingt schwarz sein, achte darauf! Du gibst die Münze also dem Siegelstecher und sagst, er soll den Namen deines Mannes auf der einen Seite und den Namen seiner Freundin auf der anderen Seite eingravieren. Die Münze nimmst du wieder mit nach Hause. Um Mitternacht – es darf aber kein Mondlicht darauf fallen –, um Mitternacht also stehst du auf, umwickelst die Münze mit dicker Wolle, so daß man sie nicht mehr sieht, und versiegelst sie mit Bienenwachs. Dann legst du sie in eine Streichholzschachtel und bringst sie hierher. Kriegen wir hier die Leiche einer Negerin, dann machst du folgendes: Wenn du die Tote gewaschen und den Segen über sie gesprochen hast, sagst du die Namen von fünf Heiligen her, bläst um dich und steckst der Negerin die Münze in den Arsch. Ich will blind werden, wenn ich lüge – das kann nicht schiefgehen. Du wirst sehen, das Weibstück wird deinem Mann keinen Schuß Pulver mehr wert sein.«

Die Geschichte über ihre ersten wollüstigen Erlebnisse hatte Ssaltanat aus Lüge und Wahrheit gewoben. Wohl hatte es Lotfollāh gegeben, aber er hatte sich nie sonderlich für sie interessiert oder sie gar geheiratet. Ssaltanat konnte sich gut daran erinnern, wie Hādschijeh-Chānom ihr gesagt hatte: »Wenn du auf mich hörst, bekommst du ihn spätestens in einer Woche.« Dann hatte sie Ssaltanat mit Bitten, Flehen und Drohungen dazu gebracht, sie zu einem Teppichhändler zu begleiten. Auf den Koran hatte Hādschijeh-Chānom geschworen, daß es sich um einen harmlosen Jungen handelte, der nur mit ihr spielen wollte. Als aber Ssaltanat in das fremde Haus kam, sah sie dort einen vierschrötigen Kerl mit einem Schnurrbart bis an die Ohren. Im Schneidersitz hockte er im Zimmer und sprang auf sie los, kaum daß er sie bemerkt hatte. Hādschijeh-Chānom löste dann Ssaltanat den Schleier unter gutem Zureden und verließ das Zimmer. Der Mann hatte Ssaltanat zuerst geküßt und dann, während Hādschijeh-Chānom vor der Tür Wache hielt, mit ihr geschlafen. Ssaltanat hatte geschrien und gejammert, aber niemand war ihr zu Hilfe gekommen. Und als es vorbei war, steckte der Händler ihr ein Goldstück in die Tasche und schickte sie mit Hādschijeh-Chānom weg.

Das Herrichten der Leiche für die Beerdigung war abgeschlossen, doch Ssaltanats müde Augen starrten immer noch auf den nackten Körper. Sie war froh, daß sie ohne große Mühe zu dem Kleid gekommen war. Wieder hatte sie Lust, eine Zigarette zu rauchen. Sie forderte, die Augen immer noch auf die Tote geheftet, Kolssum auf:

»Schau, ob du in deiner Tasche nicht eine Zigarette findest.«

Kolssum, deren Gedanken nur noch um das Zaubermittel kreisten, erwiderte sofort: »Doch, ich habe welche.« Sie zog das Päckchen aus der Tasche, gab Ssaltanat eine und meinte: »Wie lange muß ich wohl warten, bis man uns eine Negerin bringt? Woher kriegt man heutzutage so eine Leiche?«

Ssaltanat zündete sich die Zigarette an, tat gierig einige Züge und sagte: »Wie heißt doch das Sprichwort? – Aus sauren Trauben läßt sich süßes Mus machen, wenn man warten kann. Du bist so ungeduldig, als wärest du schon im siebten Monat auf die Welt gekommen. Wer weiß, vielleicht bringt man schon morgen eine. Wo hast du denn dein Gottvertrauen?«

Die Tote lag nun auf dem Rücken; ihre Augen waren offen und starrten zur Decke. Sie hatte einen teilnahmslosen Blick, dem keine Wünsche mehr abzulesen waren, einen Blick, den nichts mehr in Erstaunen versetzen konnte und vor dem die Schöpfung bedeutungslos und lächerlich erschien. Ssaltanat bemerkte plötzlich die offenen Augen der Leiche und hatte das Gefühl, daß sie etwas tun müßte. Während sie wieder an das berberitzenrote Kleid dachte, das sie ohne Bezahlung den Klauen Kolssums entrissen hatte, legte sie ihre rechte Hand auf die Augen der Toten, schloß ihr ein Lid nach dem anderen und murmelte: »Geschöpf Gottes, hab keine Angst, der Jüngste Tag ist nah!«

Das Holzpferd

Am frühen Abend hatte der Junge ein hölzernes Pferd geschenkt bekommen. Und er hatte so lange mit den Fingern in den Nasenlöchern und in den weiten starren Augen des Spielzeuges herumgespielt, bis er müde geworden und auf dem Sofa neben seiner Mutter eingeschlafen war.

Das Holzpferd stand auf breiten Rädern im Zimmer, mit schwarzen Zügeln aus Lackleder und einem Sattel aus rotem Filz. Es hatte eine stumpfe, olivgrüne Farbe, und der Staub sah wie Schmirgelpapier darauf aus. Die Schnauze des Pferdes befand sich in der Höhe des schlafenden Jungen, der das Spielzeug noch fest umschlungen hielt. Das Pferd war groß, größer als der Junge selbst, er konnte darauf reiten, und der warme Atem des Kindes streifte seinen Kopf.

Die Mutter des Jungen saß auf dem Sofa vor einem verrußten Ziegelofen, in dem ein Haufen verkohlter Reste von Papier, Pappe und leeren Pralinenschachteln zu sehen war, die sie mißmutig anstarrte.

Das Zimmer war ausgeräumt; außer einem alten braunen Ledersofa und zwei großen Koffern, die reisefertig nebeneinander standen, befand sich nichts darin. Eine verstaubte Glühbirne erfüllte den Raum mit ihrem grellen Licht. Das Zimmer sah aus, als ob man gerade umgezogen wäre: Der Staub lag fingerdick auf dem roten Mosaikboden, auf dem Spuren vom Umzug zu sehen waren.

Die Frau wirkte wie eine verstaubte Puppe. Ihre Haarfarbe glich der einer Maus; ihre Kleider sahen unordentlich aus. Tränen hatten den Staub und die Schminke auf ihrem Gesicht abgewaschen und zwei deutliche Rinnen auf ihren Wangen gebildet. Ihre Augen starrten unter ihren gelblichen dünnen Augenbrauen auf die Asche im Ofen.

Sie weinte jetzt nicht mehr, sie dachte nur:

Wie verhängnisvoll war der Abend, an dem ich diesem Unmenschen auf dem Montmartre die Heirat versprach! Warum bin ich denn bloß hierher gekommen? Ich habe hier alles verloren, meinen Namen, meine Religion und die Illusionen. Aber wie hätte ich denn wissen können, daß es so ausgeht? Und das alles nur wegen dem Kind! Das war eine glatte Dummheit von mir. Von jedem anderen Mann wäre es besser gewesen, ein Kind zu kriegen, als von dem. Aber wie hätte ich denn das ahnen können? Wie dieses Kind – so habe ich ihn geliebt. Aber die Menschen hier sind ja keine Menschen mehr!

Draußen ging ein starker Schneesturm, und die großen Schneeflocken wirbelten vor dem Fenster. Das Zimmer war kalt, und die Frau hatte nur einen dünnen alten Mantel an. Sie versuchte, die Hand des Jungen vom Hals des Pferdes zu lösen, aber er hielt ihn fest umklammert. Darauf ließ sie es sein.

Plötzlich überwältigte sie ein Gefühl der Einsamkeit. Sie zog eine Zigarette aus der Tasche und zündete sie an mit dem verglimmenden Stummel, den sie in der Hand hielt. Und sie zog ein paarmal kräftig daran. Sie zitterte.

Es war das dritte Weihnachten, das sie in Iran verbrachte. Sie dachte jetzt an das Leben in Paris vor dem Krieg. Damals studierte Dschalāl Medizin, und sie war Verkäuferin in einem Buchladen am Boulevard de Saint-Michel. Dschalāl war ein kräftiger junger Mann mit dunkler Hautfarbe und schüchternem Auftreten, der oft in den Laden kam und sich lange mit den Büchern beschäftigte.

Er hatte einen unsteten Blick und zwinkerte ständig mit den Augen. Und jedesmal, wenn sie zu ihm hinüberschaute, sah er weg. Sie fanden Gefallen aneinander.

Abends taten sie nichts anderes, als im Weinladen am Ende der engen Rue de la Huchette eine Flasche Bourgignon zu kaufen, die Treppe zur Seine hinunterzusteigen, sich an die mächtigen Ulmen zu lehnen, Wein aus der Flasche zu trinken und sich zu umarmen. Dort trafen sie auch die Clochards, die da und dort auf dem Boden lagen und vor sich hin lallten. Sie hatten einen Stammplatz: Sie gingen immer zur selben Stelle, wo die Seine die Straßenlampen vom Pont des Arts widerspiegelt. Dort küßten sie sich so lange, bis ihnen ganz heiß und kribbelig wurde. Dann standen sie auf, gingen auf die kleine Mansarde von Dschalāl, zogen sich aus und legten sich ins Bett.

Jetzt nach sechs Jahren Bekanntschaft und Ehe hatte Dschalāl sie verlassen und seine Kusine geheiratet, dieses dunkelhäutige, pummelige Mädchen mit den schrecklich breiten, buschigen Augenbrauen. Und sie hatte keine andere Wahl, als gedemütigt nach Paris zu ihrer Familie zurückzukehren. Sie hatte das Gefühl, daß ihr Leben völlig verpfuscht war, und es würgte sie in der Kehle. Sie war unruhig und nervös. Sie hatte das Bedürfnis, aufzustehen und auf die Gasse zu laufen; sie wollte so lange im Schnee stehen bleiben, bis sich die Glut ihres Leibes abgekühlt hatte. Sie sah wieder zu ihrem Sohn hinüber, der immer noch ruhig dalag. Es wurde ihr klar, daß sie außer diesem Kind und den beiden Koffern nichts auf der Welt besaß.

Als sie vor drei Jahren froh gestimmt den iranischen Boden betrat, war sie schwanger; Dschalāl stützte sie beim Gehen. Es war im Juni, und die glühende quecksilberfarbene Sonne stach vom Himmel. Als erstes nahm sie im Flughafen zwei Militärwachen mit braungebrannten Gesichtern und Helmen wahr, hinter denen Bajonette hervorsahen; sie patrouillierten um das Flugzeug.

Im Auto saß ein Freund Dschalāls neben ihr; auch sein Bruder war mitgekommen. Er trug einen spärlichen Bart, und seine Lippen und sein Zahnfleisch sahen bläulich aus. Als sie ihm die Hand reichte, flog ein breites Lächeln über sein Gesicht, und er erkundigte sich in gebrochenem

Französisch nach ihrem Befinden. Das war alles, was er sagte; er schwieg unterwegs. Er befeuchtete nur ständig seine trockenen Lippen und spielte mit seinem schmutzigen Rosenkranz.

Zu Hause bei Dschalāl sah alles anders aus, als sie es sich vorgestellt hatte. Als sie den Flur des Hauses betrat, stieg ihr plötzlich ein unangenehmer Geruch in die Nase, und ihr wurde übel. Das Haus war klein und dunkel und hatte hohe weißlich-gelbe Wände. Im Innenhof befand sich ein Bassin mit schmutzigem, schlammigem Wasser. Eine Rebe rankte sich an einer verstaubten Weinlaube empor und überwucherte den Hof fast völlig. Sie erinnerte sich, daß Dschalāl in diesem Haus geboren worden war, und sie schaute sich mit Interesse um. Aber der Geruch schnürte ihr die Kehle zu.

Zu Hause warteten die Eltern und die drei Schwestern von Dschalāl mit ihrem freudlosen Lächeln auf sie. Sie hatte ihre Bilder schon in Paris gesehen, aber sie wirkten jetzt anders: Sie hatten dicke Bäuche, und ihre Gesichtsfarbe schien gelblich und schmutzig. Es war, als ob sie alle unter einer Erbkrankheit litten.

Als sie ihnen zur Begrüßung die Hand reichte, schauerte sie vor ihren kalten, leblosen Fingern. Sie betrachtete es als ihre Pflicht, sie anzulächeln, ihnen Ssalām* zu sagen und die Hand zu geben. Die Grußformel hatte Dschalāl ihr beigebracht, auch einige andere Redensarten dazu, aber der Gestank im Flur quälte sie so sehr, daß ihr nichts mehr einfiel. Sie hätte zur Begrüßung sagen sollen: »Man kanis-e schomā hasstam«**, ohne den Sinn zu wissen; und sie ärgerte sich jetzt über ihr schlechtes Gedächtnis.

Dann brachte Dschalāl sie in ein Zimmer, das für sie beide bestimmt war, und ging hinaus, um die Koffer zu holen. Dort standen ein runder, massiver Tisch, ein Sofa und ein paar alte Sessel europäischer Herkunft, mit verblichenen Quasten besetzt. Auf dem Tisch stand eine Schale mit Trauben, Gurken und Kirschen, über denen viele Fliegen schwirrten. An der Stirnseite des Zimmers

* Persische Begrüßungsformel.
** Das bedeutet: »Ich bin Ihre Sklavin.«

stand ein hölzernes Doppelbett, das noch stark nach Lack roch, mit einer Kopfrolle und prall gefüllten Oberbetten. In einer anderen Ecke war eine neue, bunt bemalte Truhe zu sehen. Das Zimmer gefiel ihr. Aber auch hier roch es wie schon im Flur unangenehm. Dieser Geruch, den sie vorher nicht gekannt hatte, drehte ihr den Magen um.

Sie war allein im Zimmer. Sie legte ihre Tasche auf das Sofa und schaute im Raum umher: An der Wand hing das Bild eines Revolutionärs mit üppigem Schnurrbart, grimmiger Miene und einem wuchtigen Gewehr in der Hand. Sie bekam Angst davor und dachte sofort an die Militärwachen im Flughafen. Aus dem Hof hörte sie verschwommen die Stimmen der Familienangehörigen; es schien ihr, als stritten sie miteinander. Nur die Stimme ihres Mannes konnte sie genau heraushören.

Sie drehte sich um und betrachtete die kleinen bunten Glasscheiben, die in den Holztüren angebracht waren, und sie erinnerte sich an die Glasfenster von Notre-Dame.

Endlich kam Dschalāl zurück; er war völlig verschwitzt. Er trug seine Jacke auf dem Arm, die Koffer hatte er jedoch nicht gebracht. Er sank erschöpft auf das Sofa, das quietschte. Aus seiner Miene war Mißmut und Betroffenheit zu entnehmen. Er sagte leise:

»Soviel ich mich auch bemühe, ihnen die Angelegenheit begreiflich zu machen, sie kapieren das nicht. Wären wir doch nicht hierher gekommen!«

»Was stört sie denn! Gefalle ich ihnen vielleicht nicht?«

»Nein, das nicht. Sie wollen nur, daß wir uns noch einmal trauen lassen.«

»Aber wir haben doch schon geheiratet.«

»Das erkennen sie nicht an. Sie wollen eine neue Trauung, eine islamische.«

»Komisch! Was geht die das an? Ich bin außerdem schwanger.«

»Sie sagen, das Kind sei unehelich, weil wir nicht nach islamischem Recht getraut sind. Ich schäme mich so wegen der Angelegenheit. Hätte ich doch nicht diese altmodische Familie!«

Beide schwiegen. Dschalāl sah gesenkten Kopfes auf das Blumenmuster des Teppichs, und die Frau betrachtete ihn, wie er da in sich zusammengesunken war. Sie war voller Mitgefühl; sie liebte ihn. Es war ihr klar geworden, daß Dschalāl sich gegen seine Familie nicht durchsetzen konnte. Sie ging auf ihn zu, setzte sich neben ihn auf das Sofa und nahm seine Hände:

»Du weißt, daß ich dich sehr lieb habe. Ich will nicht, daß du meinetwegen Schwierigkeiten hast. Ich tue, was du von mir verlangst.«

Und Dschalāl sagte:

»Ich weiß, daß es von dir ein großes Opfer war, hierher zu kommen. Ich schäme mich deshalb, dich um einen Gefallen zu bitten. Andererseits denke ich, was spielen diese Äußerlichkeiten für eine Rolle, wenn wir uns lieben. Du weißt selber, daß ich von solchen Sitten nichts halte.«

»Das ist doch nicht so schlimm. Ich tue, was du von mir willst; ich bin schließlich deine Frau.«

Einige Tage später kam ein Geistlicher ins Haus und vollzog die Trauung nach islamischem Recht. Und sie bekam den Namen Fatima. Aber der neue Name gefiel ihr nicht; sie dachte dabei an viele in Paris arbeitende Algerierinnen, die den gleichen Namen trugen. Als die Mutter von Dschalāl sie nach der Trauung bei ihrem neuen Namen nannte, überkam sie ein Ekelgefühl, und sie murmelte vor sich hin: »Merde!«

Doch schon vorher, nämlich am ersten Abend, als sie das Klo betrat, wurde ihr klar, auf was sie sich da eingelassen hatte. Es war eine dunkle Grube in einem Winkel des Hofes, vor der ein übelriechender schmutziger Vorhang hing. Sie mußte vier Stufen hinuntersteigen, um das Klo zu erreichen. Vor dem Klo stieg ihr ein beißender, feuchter Gestank in die Nase, die sie sich sofort mit dem mitgebrachten Toilettenpapier zuhalten mußte. Das schwache Licht der Öllampe brachte das Ungeziefer in Bewegung, und das Parfum der Frau vermischte sich mit dem Gestank der Grube. Ihr wurde übel, und sie mußte sich übergeben. Sie ließ die Öllampe fallen und lief davon. In dieser Nacht konnte sie nur schlecht schlafen und wurde von Alpträumen geplagt.

Sie erinnerte sich weiter, daß sie von der kleinen Schwester Dschalāls Typhus bekam; die Schwester starb, und sie selber war dem Tode nahe. Die Verwandten waren der Meinung, daß ihr Dasein soviel Unheil über sie gebracht habe, und sie mieden sie. Eine französische Schwester mußte sie pflegen. Nachdem sie sich von der Krankheit erholt hatte, blieb ihr nichts anderes als eine kranke Niere, eine gelbe Gesichtsfarbe und eingefallene Augen. Ihr Aussehen hatte sich so sehr verändert, daß sie kaum wiederzuerkennen war.

Warum kam ihr der heutige Abend so lang vor? Die Weihnachtsabende waren immer so lang, nur schienen sie ihr früher nicht so. Allerdings war sie an diesen Abenden immer sehr beschäftigt gewesen.

Sie hob den Kopf, den sie auf den Arm gelegt hatte, und starrte mit ihren verweinten Augen auf die Asche im Ofen. Alles war still und leblos um sie. Sie erinnerte sich, daß sie schon vor einer Weile auf die Uhr gesehen hatte, und es war zwölf gewesen. Auch jetzt zeigte die Uhr auf zwölf. Die Zeiger standen still und sahen aus, als ob sie nicht hätten weiterlaufen können. Früher waren die Weihnachtsabende ganz anders – vor allem in Paris. Wie schön war doch das letzte Weihnachten dort gewesen! Im Lapin Agile auf dem Montmartre hatte man bunte Laternen aufgehängt, die Kellner gingen mit großen Tabletts umher und servierten Getränke. Abwechselnd erschienen Sänger auf der Bühne und sangen Volkslieder. Die Leute hatten sich eingehängt, sangen mit und schunkelten.

In Paris war Dschalāl ein netter, aufmerksamer Mann, aber hier hatte er sich völlig verändert. Sein Gesicht, seine Hautfarbe, sein Körpergeruch und sogar sein Blick änderten sich. Er vergaß sehr schnell alles; von so viel Mitgefühl, Zärtlichkeit und Liebe blieb nichts übrig.

Alles geht eines Tages zu Ende, dachte sie, und jetzt ist es so weit.

Beißende Kälte kroch ihr den Rücken hinauf. Sie nahm die Hand des Jungen vom Hals des Pferdes und legte sie auf seine Brust. Das wollte sie schon die ganze Zeit. Dann legte sie ihren Mantel ab und deckte damit das Kind zu. Sie hatte das Gefühl, daß die Menschen ihr alle feindlich gesinnt waren und daß sie ihrem Sohn jeden Augenblick etwas antun könnten.

Sie blickte auf die Öllampe: Das Licht quälte sie. In vier Stunden, dachte sie, würde sie das Land verlassen; dann würde sie keinen Blick hinter sich werfen. Sie schaute sich um: Es war alles leer und bedrückend. Und das war das Zimmer, in dem sie zwei Jahre gelebt hatte.

Sie stand auf und blickte auf eine Wand, in der zwei Nägel schief eingeschlagen waren. Sie erinnerte sich, daß an diesen Nägeln noch bis vor kurzem zwei Bilder von Cézanne und Manet aufgehängt waren. Ihr gebrochener Schatten fiel auf Boden und Wand.

Sie drehte sich um, um sich im Spiegel anzusehen; er war aber nicht mehr da. Sie ging im Zimmer umher und dachte dabei an die vielen Parties, die sie am Anfang hier veranstaltet hatte, an die freudigen Gesichter und amüsanten Gespräche.

Vor Kälte schmerzten ihr die Nasenspitze und die Augen. Sie überlegte für einen Augenblick, ob sie je in diesem Raum gelebt hatte. Hatte sie Paris je verlassen, geheiratet und ein Kind geboren? Dann war es ihr wieder, als habe sie immer in Teheran gelebt. Es war ihr plötzlich alles fremd geworden. Sie schien mit einemmal alles vergessen zu haben.

Sie ging ans Fenster, zündete sich eine Zigarette an und blies den Rauch gegen die Scheibe. Vom Fenster aus beobachtete sie die wirbelnden Schneeflocken und die vielen Autos, die wie Ameisen dahineilten. Die Straße war belebter als sonst. Sie blickte auf das Panorama der Stadt, auf die Kuppel und die Minarette der Ssepahssālā-Moschee. Es wurde ihr wieder übel, und sie eilte zur Toilette. Als sie dort ihr ungewaschenes Gesicht, ihre verklebten Wimpern, ihre verweinten Augen und ihre wirren verschmutzten Haare im Spiegel sah, mußte sie sich übergeben. Sie warf den Zigarettenstummel, den sie zwischen den Fingern hielt, in die schleimige Masse des Erbrochenen; er qualmte noch weiter. Es würgte sie wieder, und ihr fröstelte von neuem. Während sie sich über das Waschbecken gebeugt hatte, schaute sie auf die Uhr: es war halb eins. Sie dachte:

Drei Stunden noch! Von mir aus könnten es nur drei Minuten sein. Nie im Leben hab ich mir so sehr gewünscht wie jetzt, daß die Zeit schnell vorüber geht. Ich muß mein Kind auf jeden Fall in Sicherheit bringen; es soll später lieber nicht zurückdenken an seinen Vater, an diese Verwandten und an dieses Land. Ich will nicht, daß der Junge je etwas von seinem Vater erfährt. Er kann von mir aus denken, sein Vater sei irgendein dahergelaufener Schuft, das ist mir lieber so! Nur schade, daß ihn seine dunkle Hautfarbe und seine schwarzen krausen Haare schnell verraten.

Sie bekam einen Schüttelfrost; sie kehrte ins Zimmer zurück. Der Junge schlief noch, und das Holzpferd schaute still vor sich hin. Die Frau zitterte; sie dachte, dem Jungen müsse es kalt sein. Sie setzte sich neben ihn und legte ihm die Hand auf die Stirn: sie fühlte sich heiß an. Von den kalten Händen seiner Mutter erschauerte der Junge, zog das Gesicht zusammen und zuckte mit den Lippen.

»Vielleicht ist ihm kalt, ich friere selber auch. Hier ist überhaupt alles bedrückend: die Sonne, die Kälte, die Menschen. Und da mein Leben verpfuscht ist, bleibt mir nichts anderes übrig, als den Jungen großzuziehen. Allerdings muß ich einen so großen Haß in ihm erzeugen, daß er sich später nie mehr an dieses Land und an seinen Vater erinnert. Die Lehren von Jesus sind überholt; mit Liebe allein kann man nichts ausrichten.«

Sie schob das Spielzeug weg; die Räder quietschten. Der Junge zuckte zusammen. Daraufhin ließ die Frau das Spielzeug stehen. Sie stand auf, hob das Holzpferd hoch und steckte es in den Ofen. Sie zündete ein Streichholz an und hielt es dem Pferd unter den Schwanz; es ging in Flammen auf. Die Frau entfernte sich vom Ofen, wischte sich den Mund ab und setzte sich wieder auf das Sofa neben den Jungen.

Das Feuer flammte auf und erfaßte das Holzpferd, das allmählich zusammenschrumpfte und kurz darauf umkippte.

Die Frau beobachtete in den sinkenden Flammen ihre Jugend, ihre Liebe und ihr Leben.

DSCHALĀL ĀL-E AHMAD
Das fünfte Rad am Wagen

... Wie hätte ich da noch länger in meinem Elternhaus bleiben können? Ich hatte dort das Gefühl, daß mich die Mauern erdrückten. Erst vorgestern ist das Malheur passiert, aber seitdem hatte ich auch nicht eine ruhige Minute. Glauben Sie, ich hätte schlafen können? Nicht dran zu denken. Bis zum Morgen wälzte ich mich hin und her und dachte nach. Als wär's nicht mein gewohntes Bett, sondern ein Grab. Voll Unruhe quälte ich mich die ganze Nacht herum und überlegte. Tausend schlimme Gedanken gingen mir durch den Kopf, tausend schlimme Gedanken. Und doch war es dasselbe Bett, in dem ich jahraus jahrein geschlafen hatte, war es dasselbe Haus, in dessen Küche ich Tag für Tag gekocht hatte. Kein Frühling war vergangen, ohne daß ich die Blumenrabatten draußen mit Wunderblumen bepflanzt hatte, und unzählige Male hatte ich am Rand des Wasserbassins Geschirr gespült. Ich weiß genau, was den Wasserzufluß verstopft, und daß man den Hahn am Reservoir nach rechts drehen muß, damit das Abwasser abläuft. Und daran hat sich auch nichts geändert. Aber mir war, als müßte ich erstikken. Für mich war alles anders geworden. In diesen zwei Tagen hab ich keinen Schluck Wasser runtergebracht. Arme Mutter! Daß sie vor lauter Kummer um mich nicht der Schlag getroffen hat, ist ein wahres Wunder. Mein Vater hat sich gleich gestern nach Ghom* aufgemacht. Immer wenn was Schlimmes passiert, fährt er nach Ghom. Mein Bruder ist außer sich vor Wut; er spricht weder mit mir noch mit seiner Frau noch mit meiner Mutter auch nur ein einziges Wort. Und da soll einer nicht merken, daß der Grund für all diesen Ärger einzig und allein die eigene Gegenwart ist, soll sich nicht als fünftes Rad am Wagen fühlen? Unmöglich, das nicht mitzukriegen. Es war einfach zuviel für mich. Nachdem sie

* Wallfahrtsort, ca. 130 km südlich von Teheran.

heute morgen gefrühstückt hatten und mein Bruder aus dem Haus war, hab ich mir meinen Tschādor übergeworfen und bin weggegangen. Plan- und ziellos lief ich durch die Gassen, floh vor der Hölle der beiden letzten Tage. Zufällig kam ich am Haus meiner Tante vorbei, auch an der Sseyjed-Essma'il-Moschee. Aber ich spürte nicht das geringste Verlangen einzutreten, nicht in das Haus meiner Tante und nicht in das Gotteshaus. Was hätte das auch genutzt? So kam ich zum Basar. Der Lärm und das Gedränge dort taten mir gut, und ich fing an nachzudenken. Aber soviel ich auch hin und her überlegte, es blieb dabei: ich konnte unmöglich in mein Elternhaus zurückkehren. Nach so einer Blamage, so einem Skandal. Vierunddreißig Jahre lang hab ich das Brot meines Vaters gegessen, hab an seinem Tisch gesessen. So in Gedanken versunken, ging ich immer weiter. Es hat schon einen Grund, wenn einer verrückt wird, ins Wasser geht oder Opium schluckt. Gott sei davor! Aber niemand kann sich vorstellen, was ich in den letzten beiden Nächten durchgemacht hab. Mindestens zehnmal bin ich nachts aufgestanden und raus in den Hof gegangen. Und wie hab ich doch geweint! Gott allein weiß es. Aber auch das Heulen hat mich nicht erleichtert. Hätt' ich nur einen, dem ich das erzählen könnte. Denn wenn man alles für sich behalten muß, bricht einem das Herz. Es ist nicht auszuhalten: Nachdem ich vierunddreißig Jahre lang im Elternhaus versauert war, hat er mich jetzt nach nur vierzig Tagen zurückgebracht – und wieder lieg' ich meinem Vater auf der Tasche. Das ist's doch, was die Leute sagen! Warum soll ich's nicht selber aussprechen? Und dabei – Gott sei mein Zeuge – hab ich an all dem keine Schuld. Wirklich, was hab ich denn verbrochen? Nicht mal ein Paar billige Strümpfe brauchte er für mich zu kaufen. Er, der sich 'nen Dreck um den lieben Gott kümmert, über mich war er genau informiert. Er wußte, wie alt ich war, und hatte mich vorher auch mal gesehen; mein Vater hatte ja gesagt, mich einmal anzuschauen, sei keine Sünde. Wußte er vielleicht nicht, was mit meinen Haaren los ist. Abgesehen davon ist er selber ja auch nicht gerade eine Schönheit. So' n lahmer, häßlicher, bärtiger Kerl. Der mit seiner

Nickelbrille! Und was für einen riesigen Zinken er im Gesicht hat! Mein Gott, selbst wenn du ihm verzeihen solltest, ich verzeih ihm nie! Ich hab ihm schließlich keine Liebesbriefe geschrieben. Und er wußte doch genau Bescheid. Warum hat er mir das also nur angetan? Verzeih ihm nicht, lieber Gott! Viermal ist er zu meinem Vater gekommen, hat nicht locker gelassen, der Saukerl! Gott verfluch ihn, denn er allein hat alles eingefädelt. Bei meinem Bruder im Büro hat er sich nach jeder Kleinigkeit genau erkundigt. Er selber hat doch alles in die Wege geleitet. Freitags kam er immer zu meinem Vater, und sie haben die Einzelheiten besprochen. Bis sie dann beschlossen, daß er mich mal anschauen sollte. Gott sei mein Zeuge, beim bloßem Drandenken zittre ich schon am ganzen Leib. Genau kann ich mich daran erinnern: Als er die Treppe heraufgestiegen kam, und ich seine hinkenden Schritte hörte und das Knirschen des Ziegelbodens unter seinem Stock, da stand mir beinahe das Herz still. Als ob er mir seine Stockspitze auf die Brust gesetzt hätte. O je, niemand kann sich vorstellen, wie mir da war. Er kam also herauf und ging schnurstracks in das Zimmer meines Bruders, wo wir auch unsere Gäste empfangen. Mein Bruder blieb ein paar Minuten bei ihm, dann rief er mich, daß ich was zu trinken bringen sollte, und kam selber raus, um Zigaretten zu holen. Schon vorher hatte ich Fruchtsaft gemacht. Ich warf mir also den Tschādor über, stellte den Saft auf ein Tablett und machte mich auf den Weg. Das Zimmer, das ich mit meiner Mutter teilte, liegt direkt neben dem Zimmer meines Bruders. Die Mutter redete mir gut zu. Sie konnte ja sehen, daß ich ganz blaß geworden war. Bis ich an die Tür kam, war ich mehr tot als lebendig. Für die paar Schritte brauchte ich eine Ewigkeit. Mein Bruder war zu seiner Frau runtergegangen, um Zigaretten zu holen; die Mutter blieb hinter der Tür stehen und sagte immer wieder leise: »Nun geh schon, mein Liebes! Gott sei mit dir!« Meine Beine wollten mich nicht tragen; als ich endlich vor der Tür stand, war ich ganz erledigt. Ich hatte auch so gezittert, daß die Hälfte des Saftes übergeschwappt war. Was sollte ich nur tun? Nochmals Saft machen oder das Glas einfach so reinbringen? Der Schweiß trat mir aus allen Poren, mein Körper war eiskalt, mein Herz drohte stehenzubleiben. Mein Gott, was hätte ich nur getan, wenn er da nicht gerufen hätte? Ich trat von einem Fuß auf den anderen, als ich seine Stimme hörte: »Wenn Sie sich genieren, mein Fräulein«, so begann er, »dann darf ich Ihnen vielleicht entgegenkommen?« Gott sei mein Zeuge! Nachdem er das gesagt hatte, hörte ich, wie er sein hinkendes Bein über den Teppich schleppte und dann die Tür aufmachte. Er nahm meine Hand und zog mich vorsichtig ins Zimmer. Wenn ich daran denke, brennt mir heute noch das Handgelenk. Als ob sich ein glühender Reifen darumlegte. Er nahm mir das Tablett ab und stellte es auf den Tisch. Dann drückte er mich auf einen Stuhl und setzte sich mir gegenüber. Ich fürchtete schon, gleich würde er mir auch noch den Tschādor vom Kopf ziehen. Aber nein, so unverschämt war er dann doch nicht. Gott verzeih ihm nicht! Der Tschādor war und blieb also auf meinem Kopf. Wie ich so dasaß – daran erinnere ich mich genau –, hielt ich ihn vor der Brust zusammengerafft; mein Gesicht und mein Hals waren aber zu sehen. Meine Backen glühten, und ich kann niemandem sagen, wie mir war, als er wieder anfing zu sprechen: »Fräulein, der liebe Gott selber hat's erlaubt.« Dann stand er auf, ging einmal um meinen Stuhl herum und setzte sich wieder hin. Mir war natürlich klar, warum er das tat. Mir wurde noch heißer, und ich wußte nichts zu sagen. Wenn ich jetzt dann nicht bald irgendwas sagte, müßte er doch annehmen, ich wäre stumm. Aber mir fiel einfach nichts ein, so sehr ich mein Gehirn auch anstrengte. Vierunddreißig Jahre lang hatte ich im Haus meines Vaters außer meinem Bruder kein männliches Wesen zu Gesicht bekommen. Vor allen anderen Männern ging ich verschleiert; auch mit Frauen, die ich nicht kannte, hatte ich höchstens mal im Badehaus oder beim Einkaufen gesprochen. Wie sollte ich da – plötzlich Auge in Auge mit einem fremden Mann – nicht ganz den Kopf verlieren? Ich bin keine dieser neumodischen Herumtreiberinnen, die zur Schule gegangen sind und schon mit Dutzenden von fremden Männern was zu tun hatten. Und das war zudem ein Fremder, der gekommen war, um um meine Hand anzuhalten. Kein Wort brachte ich heraus, so sehr ich mich auch bemühte, ich wußte nichts zu sagen. Da kam mir plötzlich der liebe Gott persönlich zu Hilfe. Ich hatte die Augen auf den Tisch geheftet, da fiel mir das Getränk ein. Schnell sagte ich: »Der Saft wird warm, mein Herr!« Aber schon das »Herr« brachte ich nicht mehr richtig heraus. Wie ein Kloß blieb mir das Wort im Halse stecken. Als er dann seine Hand nach dem Glas ausstreckte, wurde ich ganz mutig und fügte hinzu: »Vielleicht möchten Sie eine Zigarette rauchen?« Dann rannte ich schnell aus dem Zimmer. Nicht zu beschreiben, in was für einem Zustand ich war. Wenn mein Bruder nicht zu Hause gewesen wäre – Gott behüte und beschütze ihn, er ist wirklich ein lieber Bruder –, dann hätte ich ihm auch noch die Zigaretten bringen müssen. Was hätte ich nur ohne meinen Bruder getan?! Als der sah, wie's um mich stand, wie ich ganz verstört die Treppe runtergelaufen kam, fragte er bloß: »Was ist denn los, Schwester? Man könnte meinen, du wärst die erste, die heiratet.« Und er ging selber rauf und brachte ihm die Zigaretten. Das war das erstemal, daß ich ihn zu Gesicht bekam.

Gott sei mein Zeuge, da drin im Zimmer hatte ich nur den einen Wunsch, daß er merkt, ich trag 'ne Perücke. Aber ich konnt's ihm doch nicht gut sagen! Als ich mich wieder beruhigt hatte, hab ich's meiner Mutter erklärt. Sie sagte: »Schon gut, mein Liebes, dein Bruder bringt das in Ordnung.« Mir war klar, daß alles davon abhing, daß man ihm das jetzt gleich sagte. Er würde auf jeden Fall merken, daß ich 'ne Perücke trug. Warum sollte man's ihm also nicht sofort sagen? Wenn er erst später darauf kam, würde er mich bestimmt gleich wieder rausschmeißen. Aber was hat er denn jetzt anderes getan? Niemand weiß, wie mich das aufgeregt hat. Lieber Gott, selbst wenn du ihm verzeihst, ich verzeihe ihm nicht! Was hab ich denn nur verbrochen? Ich hab ihm doch nichts vorgemacht, daß er so mit mir umspringen konnte. Hätte er doch nur ein Jahr abgewartet! Ich wäre ja bereit gewesen, so lange seine Mutter und seine Schwester zu bedienen. Aber nein, er war nicht damit einverstanden.

Ich wußte, daß die Leute sagen würden: Nach vierzig Tagen hat er sie zu ihrem Vater zurückgeschickt. Wäre ich wenigstens ein Jahr bei ihm gewesen, das wäre schon was ganz anderes. Glauben Sie jetzt bloß nicht, ich hätte mein Herz an ihn verloren. Nein, bei Gott nicht! Der mit seiner scheußlichen Visage und dem lahmen Bein! Aber vielleicht wäre ich ja auch in andere Umstände gekommen. Nur Gott weiß, was in einem Jahr alles hätte passieren können. Zu allem wäre ich bereit gewesen, nur, um nicht mehr das Brot meines Vaters essen zu müssen. Ich hatte es einfach satt; vierunddreißig Jahre lang war ich immer unter demselben Dach aufgewacht, hatte jede Nacht im selben Haus verbracht. Und in was für einem Haus! Jahrelang war hier überhaupt nichts mehr passiert. Kein Besuch, keine Hochzeit, und – Gott mög' mir verzeihen – nicht mal ein Trauerfall. Nachdem mein Bruder mit allem Drum und Dran geheiratet hatte, war die einzige Ablenkung, die wir noch hatten, wenn bei Nacht das Wasser in unser Reservoir geleitet wurde. Das war wenigstens etwas – aber auch nur einmal im Monat. In unserer Gasse rief nicht mal ein Trödler seine Waren aus. Wer kann sich so was schon vorstellen? Ich will mich ja auch nicht darüber beklagen, daß es mir im Haus meines Vaters schlecht ergangen wäre. Wirklich nicht! Armer Vater! Aber ich hatte es einfach satt. Nichts zu machen, ich hatte es eben satt. Wollte sozusagen die Frau im eigenen Hause sein, die Dame des Hauses. Aber dann war seine Mutter die Dame des Hauses, und seine Schwester. Und doch wäre ich bereit gewesen, ein Jahr lang wie eine Dienstmagd für sie zu schuften, wenn er nur so lange abgewartet hätte. Aber dazu war er nicht bereit. Jetzt versteh ich auch, warum er mehr als die Hälfte meines Brautgeldes* gleich bar bezahlt hat. Mein Brautgeld betrug ganze siebenhundertfünfzig Tomān. Fünfhundert davon gab er in bar. Und wir haben für das ganze Geld eingekauft. Meine Mutter hat auch noch ein paar Stücke für die Aussteuer beigesteuert. Die restlichen zweihun-

* Im Ehevertrag festgelegte Summe, die der Mann seiner Frau – spätestens bei der Scheidung – zu bezahlen hat.

dertfünfzig Tomān hatte er sich verpflichtet zu zahlen, falls er mich wieder zurückschicken würde. Er hat gesagt, sobald die Wartezeit* vorbei ist, wird er's bezahlen. Jetzt erst versteh ich, wie blöd ich war. Glauben Sie, es hätte auch nur den kleinsten Streit zwischen uns gegeben? Daß ich ihm unverschämt gekommen wäre, und er Grund gehabt hätte, mich so zu behandeln? Niemals! Kein lautes Wort ist während der ganzen vierzig Tage zwischen uns gefallen. Aber mir schwante gleich von Anfang an nichts Gutes, gleich als ich merkte, daß ich bei seiner Mutter und seiner Schwester wohnen müßte. Sie verstehen schon, manchmal hat man so Vorahnungen. Mir war klar, daß das nicht gut gehen würde, aber wohl oder übel hielt ich mich sehr zurück. Sie behandelten mich wie 'n Stück Dreck, mit keinem Dienstmädchen hätten sie so umspringen dürfen. Vierunddreißig Jahre hatte ich angesehen und geachtet im Elternhaus verbracht – jetzt war ich zur Dienstmagd degradiert und mußte meiner Schwiegermutter und meiner Schwägerin jedes Glas Wasser nachtragen. Aber ganz egal, auch das war ich zufrieden. Zu unserer Hochzeit waren sie nicht erschienen. Die Mutter und die Schwester meine ich. Wir hatten sie zwar eingeladen, aber sie waren nicht gekommen. Ja, und da lag der Hase auch im Pfeffer: Mein Mann hatte alles selber erledigt und die beiden nicht gefragt. Er selber hatte gesagt, seine Mutter und seine Schwester würden ihre Nasen nicht in unsere Angelegenheiten stecken. Aber das war' ne Lüge. Gibt's denn überhaupt so was? Wie sollte sich eine Mutter um das Kind, das sie selbst genährt hat, nicht kümmern? Und so waren's schließlich – Gott sei mein Zeuge – gerade die Mutter und die Schwester, die mich in seinen Augen so runtersetzten. Unsere Hochzeit war sehr einfach und bescheiden: die Trauung und die Feier, alles am selben Tag. Mein Bruder hatte kurz davor meine Aussteuer zu denen geschafft und das Haus dort in Ordnung gebracht. Was heißt da überhaupt schon Haus? Er

* Nach der Scheidung (oder auch dem Tod des Mannes) muß eine Wartezeit von 3 Monaten und 10 Tagen eingehalten werden, ehe die Frau eine neue Ehe eingehen kann.

hatte nur zwei Zimmer. Eines davon hatten sie mit meinen Sachen eingerichtet. Nach dem Abendessen übergab mich mein Vater dem Bräutigam, und alle gingen noch ein Stück mit uns. Ach, ich hab keine Lust, an diesen Abend zurückzudenken. Zu kurz war das Glück. Nur daran erinnere ich mich: als die Trauung vorbei war, küßte er mich, und im Spiegel sah ich sein bebrilltes Gesicht. Da flüsterte er mir ins Ohr: »Als Hochzeitsgeschenk hab' ich für dich 'ne wunderschöne Perücke bestellt.« Ich kann nicht beschreiben, wie mir da zumute war. Eigentlich hätte ich doch glücklich sein sollen, glücklich darüber, daß er Bescheid wußte, sich das aber nicht hatte anmerken lassen und mich trotzdem genommen hatte. Aber mir war, als hätte ich einen Knüppel auf den Kopf gekriegt. Am liebsten hätte ich ihm die Glotzaugen hinter der Brille ausgekratzt. Mußte er mich gerade nach der Trauung an mein Unglück erinnern? Gott verdamm ihn! Beim Abendbrot kriegte ich keinen Bissen runter. Und wenn er das dann nicht unterwegs gesagt hätte, wer weiß, was geworden wäre. Ich war so richtig sauer, aber Gott war mit ihm – mit uns beiden. Als wir nämlich durch die Gassen nach Hause gingen, sagte er leise: »Ich möchte nicht, daß meine Mutter und meine Schwester davon erfahren. Du verstehst schon.« Am liebsten hätte ich ihn da geküßt. All der Widerwillen und der Haß, die mein Herz schwergemacht hatten, waren wie weggeblasen. Zum Teufel mit ihm! Jetzt schäme ich mich vor mir selbst, daß ich so auf ihn reingefallen bin. Wie glücklich hatten mich seine Worte doch gemacht. Zwar hatte ich gleich damals so 'ne Ahnung, aber ich ließ mir das nicht anmerken. Man kann doch nicht schlechten Gedanken nachhängen, wenn der Mann zufrieden ist. Und so nahm ich es nicht zu ernst. Doch schon am nächsten Morgen ging es los. Noch am selben Abend hatte ich seiner Mutter meine Aufwartung gemacht. Er selber hatte mir gesagt, ich sollte mich beschweren, daß sie nicht zu unserer Hochzeit gekommen war. Das tat ich dann auch. Mögen Sie nie so was erleben! Ganz ungeniert sagte sie zu ihrem Sohn und zu mir junger Braut: »Ich hab wirklich keine Lust, eine Schwiegertochter zu sehen, auf deren Hochzeit ich nicht war. Habt ihr verstanden? Bring mir bloß dieses Weibsstück nicht noch mal in mein Zimmer!« Genau das waren ihre Worte. Verrecken soll sie! Sehen Sie, von Anfang an war der Wurm drin. Die alte Hexe! Er aber war sehr lieb zu mir, hat mich getröstet, so daß ich das alles vergessen hab'. Und irgendwie ging diese Nacht vorbei. Überhaupt, die Nächte gingen immer irgendwie vorbei. Was zählte, waren die Tage. Tagsüber war mein Mann nicht zu Hause, und ich war mit den beiden Drachen allein. Mein Mann arbeitet in einem Notariat. Bis er mittags nach Hause kam und während seiner Abwesenheit nachmittags, war es für mich die Hölle. Ich wagte mich nicht in ihre Nähe. Mutterseelenallein tat ich meine Arbeit und vermied es, überhaupt rauszugehen. Ich brachte unsere beiden Zimmer in Ordnung, fegte den Hof und spülte das Geschirr. Er hatte mir verboten, zu meinen Eltern zu gehen, und ich dumme Kuh hatte das einfach hingenommen. Nach einer Woche hatte ich ihn dann nach vielem Bitten und Betteln soweit, daß wir alle vierzehn Tage am Donnerstag abend zu meinen Eltern zum Abendessen gingen – und schließlich war's dann nicht alle zwei Wochen, sondern jede Woche. Tagsüber aber wagte ich nicht, aus dem Haus zu gehen. Wozu auch? Nur einmal in der Woche mußte ich ins Badehaus. Ehe mein Mann morgens ins Büro ging, kaufte er alles Nötige ein. Wir hatten getrennte Haushalte. So besorgte er Fleisch, Gemüse und so weiter einmal für uns und extra auch für seine Mutter und seine Schwester. Ich freute mich immer schon, bis er mittags nach Hause kam, wie ich bald herausbekam, nie mit leeren Händen. Wenn er abends von der Arbeit zurückkam, schaute er geschwind bei der Mutter und der Schwester rein, um zu fragen, wie's ihnen ging. Und wenn sie gerade Tee bereit hatten, trank er auch schon eine Tasse mit ihnen. Dann kam er zu mir. Das Dumme war, daß das Haus ihr gehörte – der Mutter, mein' ich. Schon nach zwei Wochen zwangen sie mich, auch ihr Geschirr zu spülen. Ich war's zufrieden und blieb dabei stumm wie ein Fisch. Aber ihre Mäuler waren nicht zu stopfen. Wenn mein Mann nicht zu Hause war, meckerten sie ununterbrochen an mir herum, hatten Tausenderlei an mir auszusetzen. Sooft sie an meiner Tür vorbeigingen, machten sie spitze Bemerkungen, daß ich 'ne Perücke trage, mein Gesicht voller Pockennarben und ich selber schon vierzig wäre. Als ob ihr Sohn so 'ne Schönheit gewesen wäre! Die Sache mit der Perücke brachte dann das Faß zum Überlaufen. Wie hätte ich's auch vor ihnen geheimhalten können? Vor lauter Angst, daß sie's ja nicht merken sollten, war ich immer noch in das Bad in unserem alten Viertel gegangen. Aber eines Tages kam die Schwiegermutter dorthin und holte die Badefrau aus. Und auf was für 'ne gemeine Art: Sie tat so, als ob sie nichts von der Perücke wüßte und jammerte, daß ihr mein Mann leid täte, weil er 'ne alte, pockennarbige Frau gekriegt hat. Gott möge dieses Badeweib verfluchen! Sie hatte ihr wohl auch noch fünf Rial extra zugeschoben, und da hat sie ausgepackt und die Geschichte mit meiner Perücke erzählt und sich auch noch über mich lustig gemacht. Lieber Gott, verzeih ihnen nicht! Als ob ich mit denen was zu tun gehabt hätte, als ob mein unseliges Glück und dieser scheußliche Mann, den ich da abgekriegt hatte, ihnen abgegangen wären. Warum haben sie mir nicht mal das gegönnt? Gott weiß, was dieses Weib da alles zum besten gegeben hat. Tags drauf hat mir der Badewärter davon erzählt. Sogar nachgemacht hatte sie mich, wie ich die Perücke runternehme, sie übers Knie ziehe, wasche und dann auskämme. Natürlich bin ich nie mehr dorthin ins Bad gegangen. Hab' auch kein Wort über die Sache verloren. Jetzt wasch' ich mich immer selber – keinen Fuß hab ich mehr dorthin gesetzt. Wie hätte ich denen noch in die Augen sehen können? Auf jeden Fall hatte ich verspielt, und gerade das, was sie nie hätten merken dürfen, hatten sie rausgekriegt. Mein ganzes Leben war verpfuscht. An den darauffolgenden Abenden blieb mein Mann jedesmal ein bißchen länger bei ihnen im Zimmer. Einmal aß er auch dort zu Abend und kam erst dann rüber. Und wieder blieb ich ruhig. Wirklich, was war ich für ein Esel! Als ob ich etwas Böses getan hätte, als ob ich die Schuldige gewesen wäre und ihnen was vorgemacht hätte wegen der Perücke. Ich kam überhaupt nicht dazu, auch nur ein Wort mit ihm darüber zu sprechen. Aber das war noch gar nichts. Später hat er mich gezwungen, mit denen zusammen einen Haushalt zu führen und gemeinsam mit ihnen zu essen. Keinen Bissen hab' ich mehr runtergekriegt. Wirklich, wie blöde war ich doch! Alles schluckte ich wortlos runter. Hätte ich doch nur ein bißchen weitergedacht. Warum hab' ich meinen Mann nicht so lange bearbeitet, bis er sich von Mutter und Schwester getrennt hätte? Ich wäre bereit gewesen, in einem Stall zu leben – aber allein. Asche auf mein Haupt! Ich aber saß da, die Hände im Schoß gefaltet, und ließ alles über mich ergehen. Es ist nur meine eigene Schuld. Vierunddreißig Jahre hockte ich im Hause meines Vaters herum und hab nichts anderes gelernt, als ein bißchen kochen und ins Badehaus gehen. Warum habe ich mich in all diesen Jahren nicht bemüht, irgend etwas zu lernen? Lesen und Schreiben zum Beispiel. Ich hätte mir ja auch jeden Monat ein bißchen was zur Seite legen und wie meine Base Batul eine Nähmaschine auf Raten kaufen können und wenigstens für mich selber nähen. Die Nachbarstöchter sind in die Strumpfwirkerei gegangen, haben sich nach einem Jahr 'ne Strumpfstrickmaschine gekauft, und haben so nicht nur ihren eigenen Unterhalt verdient, sondern auch ihre Aussteuer angeschafft. Auf zehn großen Tabletts mußte man die bei der Hochzeit wegtragen. Immer lag mir mein Bruder in den Ohren, ich sollte doch lesen und schreiben lernen. Aber ich blöde Gans, ich dumme Kuh! An allem bin ich nur selber schuld. Jetzt seh ich das ein. Die letzten beiden Tage hab' ich immer nur darüber nachgedacht. Als mir all diese bösen Gedanken durch den Kopf gingen. Vierunddreißig Jahre lang hatte ich mich im Haus meines Vaters verkrochen und mich wegen der Perücke gegrämt. Hab' mich darüber gegrämt, daß ich häßlich bin, daß ich keinen Mann gekriegt hab'. Als ob all die anderen Frauen Schönheitsköniginnen wären! So viele tragen Perücken, was ist da schon Schlimmes dabei? Als ob nur ich allein pockennarbig wäre! Alles ist meine eigene Schuld. Da saß ich und hab mich von seiner Mutter und von seiner Schwester sekkieren lassen. Hab' zugelassen, daß er bei ihnen hockt und sie über mich herziehen. Bis er schließlich genug von mir hatte. Als er am letzten Abend aus dem Zimmer seiner Mutter kam, hat er sich erst gar nicht ausgezogen. Er stand da an der Tür und fragte: »Möchtest du nicht nach Hause zu deinen Eltern gehen?« Mir wurde ganz anders vor lauter Angst. Vor zwei Tagen erst, am Donnerstag, waren wir doch dort zum Abendessen gewesen. Plötzlich wurde mir klar, was da gespielt wurde. »Ganz wie du möchtest«, antwortete ich nur. Sonst sagte ich gar nichts. Saß bloß still da und stopfte seine Socken. Noch mal fragte er, und ich gab ihm noch mal dieselbe Antwort. Schließlich sagte er: »Steh schon auf! Wir wollen sehen, wie's ihnen geht.« Und ich Blödkopf hoffte immer noch, daß ich vielleicht doch nur Gespenster sah. Ich nahm meine Handtasche, warf mir den Schleier über, und wir machten uns auf den Weg. Unterwegs fiel kein Wort, keiner von uns sagte etwas. Wir hatten noch nicht zu Abend gegessen, das Essen stand auf dem Herd, ich hätte anrichten und es rüber ins Zimmer meiner Schwiegermutter bringen sollen, wo wir zusammen aßen. Aber da stand nun der Topf, und wir brachen auf. Ich ahnte schon, was auf mich zukam. Aber wieder ließ ich mir nichts anmerken. Als wir ankamen und ich an die Hoftür klopfte, da ging es mir genauso wie damals, als ich vor der Tür des Empfangszimmers stand, und er herauskam, um mich hineinzuziehen. Ich zitterte am ganzen Leib. Mein Bruder öffnete. Als ich ihn sah, vergaß ich all meinen Kummer. Vergaß ganz, was vorgefallen war. Mein Bruder ließ sich keine Verwunderung anmerken. Er grüßte, fragte, wie's uns ginge, und wir traten ein. Meine Schwägerin war im Hof, meine Mutter schaute oben zum Fenster raus, um zu sehen, wer da gekommen war. Er folgte mir auf dem Fuß. Mitten im Hof sagte der Saukerl ganz laut vor allen: »Da habt ihr eure Fātemeh! Ich hab sie euch zurückgebracht. Und daß sie mir ja nicht zurückkommt!« Und ehe ich rufen konnte: »Aber warum denn? Ich will nicht hierbleiben! So einfach kriegst du mich nicht los!«, war er trotz seines lahmen Beines schon im Vorhof verschwunden und hatte die Tür hinter sich zugeschlagen. Und während ich nun wirklich brüllte: »Warum denn nur? Ich will nicht hierbleiben! So einfach kriegst du mich nicht los!«, fing ich an zu heulen und hörte nicht mehr damit auf. Meine arme Mutter kam schnell zu mir gelaufen, holte mich rauf und wollte wissen, was geschehen war. Hätte ich sagen sollen, daß überhaupt nichts passiert war? Kein Streit, keine Rede und keine Widerrede, überhaupt nichts! Als ich endlich aufhörte zu heulen, behauptete ich, ich hätte mit ihnen Krach gemacht. Hätte seine Mutter, seine Schwester und ihn selbst beschimpft und mit ihnen eine Auseinandersetzung gehabt. Alles erstunken und erlogen. Kein Wort davon ist wahr. Aber wie konnte ich sagen, daß nichts, rein gar nichts vorgefallen war, und daß dieser dreckige Hundesohn mich genauso einfach, wie er mich genommen, wieder rausgeschmissen und zu meinem Vater zurückgeschickt hatte – und sich selbst davongemacht? Aber jetzt war es zu spät, war nichts mehr zu machen. Der Dreckskerl hatte sich für immer aus dem Staub gemacht. Tags darauf ist er zu meinem Bruder ins Büro gekommen und hat ihm klargemacht, daß er sich von mir hat scheiden lassen, und sobald die amtliche Wartezeit verstrichen wäre, würde er den Rest meines Kopfgeldes bezahlen. Und er hatte gesagt, jemand sollte kommen und die Habe von Fātemeh abholen. Verstehen Sie? Meine Mutter merkte natürlich, daß die ganze Geschichte nur von seiner Mutter und von seiner Schwester ausgekocht war. Hätte ich danach noch weiterhin in meinem Elternhaus bleiben können? Wie denn nur? Die zwei Tage, die ich's dort ausgehalten habe, war ich wie im Gefängnis. Ja, wäre ich doch nur im Gefängnis! Wenigstens brauchte ich dort nicht vor Scham vor den Eltern fast in den Boden zu versinken, hätte nicht vor dem Blick meiner Schwägerin die Augen niederschlagen müssen. Die Mauern dieses Hauses, das mir so viel bedeutet hatte, schienen mich zu erdrücken, die Decke wollte mir auf den Kopf fallen. Keinen Bissen, nicht mal einen Schluck Wasser konnte ich runterbringen. Arme Mutter! Es ist wirklich ein Wunder, daß sie vor lauter Kummer um mich nicht der Schlag getroffen hat. Und mein Bruder wird sich sicher schämen, meine Sachen abzuholen – und auch sonst nichts für mich unternehmen. Dieser scheußliche Dreckskerl arbeitet nicht umsonst in einem Notariat, er kennt alle Schliche. Der wird sich nicht selber in die Nesseln setzen. Wer weiß, vielleicht hat er's mit anderen Unglückswürmern genauso getrieben wie mit mir. Aber was red ich da nur! Selbst die blödeste Gans ist nicht so blöd wie ich. Ganz abgesehen davon, daß mir die Schwiegermutter ununterbrochen vorhielt, daß sie da und dort für ihren Sohn auf Brautschau gewesen war, welche Idiotin wäre schon dazu bereit gewesen, es bei diesen verfluchten Drachen auszuhalten? Außer mir dummer Kuh! Mit den Händen im Schoß hab' ich einfach dagesessen und hab' zugesehen, wie man mir auch dieses kleine Zipfelchen Glück wieder wegnahm ...

Der amerikanische Ehemann

Wodka? Nein, danke! Mag ich nicht. Wenn's Whisky wäre, ja dann ... Aber, nur einen Schluck! Vielen Dank! ... Nein, kein Wasser. Haben Sie kein Soda? Schade! Der Lump, der ist daran schuld. Der trank vielleicht Whisky! Solange ich bei meinen Eltern lebte, kannte ich keinen Alkohol. Selbst der Papi trinkt keinen Tropfen, in keiner Form. Nicht, daß Sie denken, er sei religiös, nein, er hält einfach nichts davon. Bei uns wurde eben kein Alkohol getrunken.

Das war das erste, was er mir beigebracht hat: wie man Whisky mit Soda mixt. Wenn er von der Arbeit nach Hause kam, mußte er als erstes ein Glas Whisky haben, noch bevor er seine Hände gewaschen hatte. Wenn er nicht da war, bekam ich manchmal Lust, von diesem Zeug zu trinken – damals war meine Tochter noch nicht geboren, und ich fühlte mich sehr allein, wohl war mir aber nicht dabei. Das Zeug brannte mir in der Kehle. Mein Mann versuchte zwar alles, daß ich mitmachte, aber es war umsonst. Nur als ich schwanger war, da war es anders. Da brachte er es tatsächlich fertig, mir das Biertrinken beizubringen. Er meinte, es sei gut für meine Milch. Aber Whisky – nein, niemals! Damit konnte ich mich nicht anfreunden. Nur an dem Tag, an dem ich von seinem Beruf erfuhr, da hab' ich den Whisky pur getrunken. Mit seiner Ex-Freundin zusammen. Da haben wir uns hingesetzt und richtig gesoffen. Und geweint haben wir. Natürlich, ich war ja immerhin ein Mädchen mit Abitur und sah gut aus, nicht wahr? Und kam aus einer guten Familie. Ich war nicht unbemittelt, konnte Englisch und hatte es nicht nötig, mich mit einem x-beliebigen Mann abzugeben. – Und dann so etwas! Es ist einfach unglaublich, es gibt so viele junge gebildete Menschen bei uns, so viele Doktoren und Ingenieure – und was machen sie? Die Dummköpfe! Heiraten fremde Mädchen! Die Briefträgerin von der nächsten Ecke, die Verkäuferin aus dem nächsten Kaufhaus oder die Zahnarztgehilfin, die ihnen mal 'n Stück Watte in die Zahnlücke gestopft hat! Und wie diese Weiber dann angeben! Meine Güte, als wären sie Susan Hayward, Shirley MacLaine oder Elizabeth Taylor!

Vorige Woche hab' ich so eine erlebt. Die ist seit zwei Monaten mit einem Iraner verheiratet und lebt seit zwei Wochen in Teheran. Man hat ihren Mann telegraphisch benachrichtigt, daß er ins Parlament gewählt worden sei und schnell zurückkommen solle. Ich war eingeladen, damit sich der liebe ausländische Gast nicht so allein fühlen sollte und sich mit jemand in seiner Sprache unterhalten konnte. Ich sage Ihnen, die hat 'ne Schau abgezogen mit ihrem texanischen Dialekt! Einfach unmöglich! Lachen Sie nicht! Ich mein's wirklich ernst. Aber was die für Grimassen machte, du heiliger Strohsack! Ihre Hände waren noch geschwollen vom vielen Geschirr, das sie bestimmt jeden Tag spülen mußte. Und was sie alles daherquatschte! So: »Was wollt ihr denn? Die Zivilisation habt ihr doch von uns. Wir haben euch beigebracht, wie man mit dem Gasofen und der Waschmaschine umgeht ...« Und lauter so dummes Zeug. Ihren Händen sah man es noch an, daß sie in Texas bis vor kurzem die Wäsche in der Schüssel gewaschen hat. Und da spielt sie sich so auf!

Sie war die Tochter eines Cowboys. Aber keine von der Sorte, bei denen man auf der Farm Öl entdeckt, nein, der war so'n einfacher Cowboy, der anderer Leute Kühe herumtreibt. Ich war die ganze Zeit still, aber da war noch so ein Typ, der wollte das nicht auf sich beruhen lassen und sagte ihr, in seinem gebrochenen Englisch: »Hören Sie mal, wenn das Zivilisation ist, wovon Sie sprechen, dann paßte sie jedenfalls gut zu der Firma, die mit ihren Waschmaschinen jetzt auch noch Sie zu uns geschickt hat, als wären Sie Gott weiß was!« Das hat sie aber nicht verstanden. Ich mein', das Englisch von dem Mann war ziemlich unverständlich. Ich habe dann die Äußerungen des Mannes ins Englische übersetzt. Aber statt darauf zu antworten, drehte sich diese Person zu mir und sagte: »Wer weiß, wahrscheinlich hast du deinen Mann schlecht behandelt oder ihn betrogen, daß er dir weggelaufen ist!« So eine Unverschämtheit! Na klar, ihr Mann war ja Abgeordneter! Wenn diese Schafsköpfe nicht solche Weiber heiraten würden, dann hätte ein Mädchen wie ich auch nicht alles riskieren müssen.

Nein, danke! Es reicht, sonst haut's mich um. Auf leeren Magen Whisky! Na ja, noch einen Schluck, aber dann ist Schluß. Ein Stück Käse wäre auch nicht schlecht ... Danke! Was, soll das vielleicht Käse sein! Warum ist er so weiß und so scharf! Wo kommt der her? – Aus Lighwān? Wo ist das? – Kenn' ich nicht. Bei holländischem und dänischem Käse kenn' ich mich aus, aber das da ...? Nein, ich bedanke mich! Dann nehm' ich lieber Pistazien dazu. Danke!

Wo war ich stehengeblieben? – Ich habe ihn im amerikanischen Club kennengelernt. Ich besuchte dort seit einem Jahr einen Sprachkurs. Ich meine, nach dem Abitur ließ ich mich für die Aufnahmeprüfung an der Universität einschreiben. Aber Sie wissen ja, bei zwanzig- oder dreißigtausend Anwärtern ist die Chance gleich null. Deshalb schlug mir mein Papi vor, einen Sprachkurs zu besuchen. So brauchte ich erstens meine Zeit nicht zu verplempern, und zweitens konnte ich eine Fremdsprache lernen. Und dieser Lump war mein Lehrer. Er war groß und schlank, und er hatte blondes Haar. Ein typischer Amerikaner. Und die langen Hände, mit denen konnte er ein ganzes Übungsheft umfassen! Na ja, wir haben aneinander Gefallen gefunden. Er war nett und höflich. Er lud mich gleich in eine Ausstellung ein, in diesem neuen Club in Abbāss-Ābād*. Da gab es lauter Bilder von diesen Kerlen, die nur Köpfe ohne Körper malen oder Kopfkissen zeichnen mit einer Schüssel darauf und zwei braunen Flecken mitten in einem zwei Meter großen Bild. Und das Ganze soll einen Menschen darstellen! Papi und Mami waren auch dabei, sie waren restlos glücklich. Nach der Ausstellung brachte er uns mit seinem Wagen nach Hause. Und diese Höflichkeit! Die Wagentür aufmachen und solche Mätzchen! Na, es war klar, daß wir von ihm begeistert waren. Dann lud er mich zu einem Ball ein. Es war irgendein Fest von denen. Es heißt »Thanksgiving«. Was, das kennen Sie nicht? Was wäre Amerika ohne »Thanksgiving«? Das heißt »Tag des Dankes«, und es ist der Tag, an dem Amerikaner die letzten Indianer ausgerottet haben. Papi hat mir für den Ball seine Erlaubnis gegeben, und warum auch nicht? Ich hatte doch niemand, mit dem ich Englisch sprechen konnte. Und wenn man eine Fremdsprache nicht übt, dann hat's ja sowieso keinen Sinn. Dafür sollte ich ihm Persisch beibringen. Allerdings nicht im Club. Einmal in der Woche kam er zu uns, um Persisch zu lernen.

Das war ein Ball, kann ich Ihnen sagen! Man hatte in einen Kürbis Löcher reingeschnitzt, wie Augen, Mund und Nase eines Menschen, und darin eine Lampe angemacht. Und die Tänze! Inzwischen konnte ich ja etwas Englisch und mußte nicht allein in einer Ecke stehen. Außerdem waren viele Iraner da. Und sogar an diesem Abend trank ich keinen Alkohol. Offenbar hat ihm das imponiert, denn er gratulierte meiner Mutter, als er mich nach Hause brachte, daß sie so eine brave Tochter habe. Was ich dann ins Persische übersetzte. Jetzt war ich selbst eine halbe Dolmetscherin.

* Stadtteil in Teheran.

So vergingen acht Monate. Wir gingen gemeinsam zum Rudern, ins Kino, ins Museum, zum Basar, nach Schemirān* und Schāh-abdol-Asim** und besuchten einen Haufen anderer Sehenswürdigkeiten, die ich ohne ihn vielleicht nie gesehen hätte.

An Silvester lud er mich zu sich ein. Meine Eltern waren auch dabei. Und Fefer auch. Was? Sie kennen ihn nicht? Das ist doch mein Bruder, Freydun. Man hatte meinem Freund zwei Gänse geschickt, direkt von Los Angeles. Was? Kennen Sie auch nicht? Meine Güte, was kennen Sie überhaupt? Das ist doch dort, wo Hollywood liegt ... Nein, nicht nur er allein, die anderen haben auch Gänse gekriegt. Damit sie an dem Abend kein Heimweh bekommen. Wenn man erst mal so 'nen Kerl hierher geschickt hat, dann muß man ja auch Gänse, Bier, Zigaretten, Whisky und Schokolade schicken! Glauben Sie mir, alles hätte er sein dürfen ... von mir aus ein Dieb, ein Gangster, ein Mörder – aber das? Nein!

Bitte, seien Sie so nett und schenken Sie mir etwas ein! Das ist aber kein amerikanischer Whisky. Die trinken »Bourbon«; schmeckt nach Erde! Stimmt, das ist »Scotch«, darum so derb. Wie die Briten selbst!

Wo war ich stehengeblieben? Ja, an demselben Abend hat er um meine Hand angehalten. Offiziell, beim Abendessen. Und ich mußte es selber übersetzen. Ist das nicht ulkig? Zuerst hat er die Gänse tranchiert und jedem von uns ein Stück auf den Teller gegeben. Dann machte er eine Flasche Sekt auf und schenkte Papi und Mami ein. Und nachher den anderen. Mami trank selbstverständlich nicht, aber Papi trank davon. Und ich probierte auch einen Schluck. Das Zeug war zuerst scharf, dann herb und schließlich süß. Mein Freund hat mich gebeten, meinem Papi zu sagen, daß er um meine Hand anhalten will. Er bestand darauf, daß ich ihn Wort für Wort übersetzte. Ich sollte sagen, daß er den Militärdienst geleistet habe, keine Steuern zu zahlen brauche, Blutgruppe B habe, nicht krank sei, jetzt 1500 und später in Amerika

* Ausflugsort in der Nähe von Teheran.
** Wallfahrtsort unweit von Teheran.

800 Dollar bekomme. Ich sollte außerdem erwähnen, daß er ein eigenes Haus in Washington besitze und keine Schulden habe und daß seine Eltern in Los Angeles wohnten und mit ihm wenig Kontakt hätten. Und vieles andere dazu. Papi war von Anfang an einverstanden mit dieser Verbindung. »Kind«, sagte er, »sei doch froh! Von hundert Mädchen hat keins so ein Glück. Das ist doch kein Pappenstiel! Ein amerikanischer Mann!« Und weiter: »Trotzdem, du mußt es selber wissen. Du bist die, die heiraten will. Er soll dir aber trotzdem eine Woche Bedenkzeit geben.« Das geschah auch. Aber die Sache war ja von Anfang an klar. Das wußte schon die ganze Familie. Dann gab es ein paar Einladungen von Verwandten, die ihre heiratsfähigen Töchter zur Schau stellen wollten. Und der Neid meiner Kusinen! Die haben danach lange kein Wort mit mir gewechselt. Papi hatte recht: Es war keine Kleinigkeit, viele Mädchen wünschten sich so einen Mann. Aber er wollte nur mich!

Nur meine Großmutter war dagegen und meckerte: »Wir haben in der Familie Kaschaner*, Isfahaner und sogar Buschehri**, und wir kennen sie auch gut. Aber Amerikaner hatten wir bis jetzt nicht! Was wissen wir denn, wer das ist? Und was ist das überhaupt für ein Bräutigam, mit dessen Familie man nicht verkehren kann und von dessen Nachbarn man nicht herausbekommen kann, was er treibt?«, und viele solche altmodischen Bemerkungen. Sie erschien auch nicht zu unserer Hochzeit; sie fuhr nach dem heiligen Mesched***.

Wir ließen einen bekannten Notar kommen. Die ganze Familie war anwesend; ein paar Amerikaner waren auch da. Und die Bilder, die man von der Hochzeitstafel machte! Aber diese Amerikaner! Du lieber Himmel! Sie wollten alles wissen. Und ich war doch Braut und hätte bei der Hochzeit nicht viel reden dürfen. Glauben Sie, daß die das eingesehen hätten? Keine Spur! Sie wollten wissen, wie die Dinge alle heißen; warum man den Zuk-

* Kaschan: Stadt, ca. 450 km südlich von Teheran.
** Buschehr: Hafenstadt am Persischen Golf.
*** Provinzhauptstadt von Chorāssān in Nordostiran.

kerstock über dem Kopf der Braut abreibt, was auf dem Brot geschrieben steht, woher das Räucherwerk stammt, und so weiter. Es ging aber doch alles gut. Als Brautgeld wurden hunderttausend Tomān vereinbart. Ach, wie er vor der Hochzeitstafel die Gebetsformel ausgesprochen hat! Und die Mühe, die er sich dabei gab! Wir haben uns gekugelt vor Lachen! Na ja, es sollte eben alles genau nach Vorschrift sein.

Sein Beruf? – Englischlehrer. Allerdings stand in der Heiratsurkunde später Rechtsanwalt. Zwei Angestellte der Botschaft waren seine Zeugen. Ich hätte ihn wegen dieser falschen Angabe anzeigen und von ihm Schmerzensgeld verlangen können. Oder ich hätte ihn dazu zwingen können, tausend Dollar Kindergeld zu zahlen statt vierhundert. Aber was soll's? Ich wollte ihn einfach nicht mehr sehen. Ich war nicht imstande, auch nur eine Stunde länger mit ihm zusammenzuleben. So war er auch bereit, mir das Kind zu überlassen; denn sonst hätte er nach amerikanischem Recht das Kind behalten können. Auch auf das Brautgeld habe ich verzichtet; ich wollte weder ihn noch sein lumpiges Geld.

Wenn Sie wüßten, womit er sein Geld verdiente! Das habe ich von seinem ehemaligen Girl erfahren; d. h. seine Freundin oder seine frühere Verlobte, was weiß ich. Ich habe sie ein einziges Mal gesehen. Sie war von Los Angeles nach Washington geflogen, hatte am Flughafen ein Taxi genommen und war gleich zu uns gefahren.

Die ganzen zwei Jahre, die ich in Washington lebte, hab' ich seine Familie nicht gesehen. Er sagte, die Entfernung sei zu groß und seine Verwandten seien viel zu beschäftigt. Für mich war es auch angenehm; ich hatte so keinen Ärger mit denen. Wir haben uns nur manchmal geschrieben. Nach der Geburt meiner Tochter schickte ich ihnen ein Foto von ihr und sie schickten kurz darauf ein Geburtstagsgeschenk. Nach einem Jahr schickte ich ein zweites Foto, aber diesmal kam kein Geschenk. Dann tauchte das Mädchen auf.

Ich war dabei, die Waschmaschine in Ordnung zu bringen, die gerade nicht funktionierte. Sie half mir. Wir brachten die Maschine wieder in Ordnung, stopften die

Wäsche hinein und setzten uns dann hin. Dann fing sie an: »Wir waren verlobt, als man ihn nach Korea an die Front schickte. Aber nach seiner Rückkehr kam er nicht mehr nach Los Angeles zurück, sondern blieb in Washington und arbeitete dort. Ich weiß nicht, was man im Korea-Krieg mit den Menschen getrieben hat, daß sie nach der Rückkehr solche Arbeiten machen wollten.«

Ich fragte sie: »Was für Arbeiten?«

»Was? Sie wissen nicht, was er macht? Seine Familie hat ja deswegen keinen Kontakt mit ihm.«

Ich war sehr aufgeregt und dachte insgeheim, er sei Henker oder habe vielleicht mit dem elektrischen Stuhl zu tun. Das hängt doch auch irgendwie mit Rechtsanwalt und Recht zusammen! Aber als sie mir seinen Beruf nannte, wurde mir direkt schwarz vor den Augen.

Sie stand also auf, holte die Whisky-Flasche aus der Hausbar, schenkte erst mir, dann sich ein und erzählte weiter: »Wissen Sie, er war schon der dritte Verlobte, den ich ziehen lassen mußte. Der erste ist im Korea-Krieg umgekommen; der zweite ist jetzt in Vietnam, und der dritte ... Na ja! Selbst wenn die zurückkommen, die sind entweder verdreht oder menschenfeindlich.«

Es überraschte sie, daß ich nicht wußte, welchen Beruf er hatte. Ich sei ja schließlich kein Dienstmädchen, meinte sie, oder keine ehrlose Frau. Ich sei aus gutem Hause, hätte Abitur und sähe gut aus.

Ach, das ist aber lieb, ja, schenken Sie mir noch einen ein! Meine Kehle ist ganz ausgedörrt! Sagen Sie, wo bleiben denn Ihre Gäste?

Ich muß sagen, sie hat mir irgendwie imponiert. Sie war auch sonst sehr selbstsicher. Dann standen wir auf, holten meine Tochter und fuhren zum Arbeitsplatz meines Mannes.

Es war ein schönes Büro. Man kam uns entgegen, hieß uns willkommen und stellte uns merkwürdige Fragen nach dem Maß, nach der Art der Riegel, der Handgriffe, des Holzes und des Tuches. Dann wollte man wissen, ob wir eine Kutsche (mit entsprechender Anzahl der Pferde) oder einen Wagen wünschten, was auch billiger war. Wir sollten das Baujahr des Wagens und die Zahl der Begleiter bestimmen. Dann nannten sie uns das Honorar für die Begleiter, das allerdings von der Intensität ihrer Anteilnahme an der Feierlichkeit, ihrer Aufmachung und der von ihnen darzustellenden Rolle abhing. Und überall Slogans wie »Ewige Ruhe in Samt« oder »Eine Ruhestätte wie im Paradies«.

Aber mir war hundeelend! Ich konnte nicht glauben, daß mein Mann einen solchen Beruf ausübte. Er hatte schließlich gesagt, er sei »Lawyer«! Es war mir zuviel: ich stellte mich vor und fragte nach meinem Mann. Dann gingen wir zu seinem Arbeitsplatz.

Ich versteckte mich hinter der Buchshecke und beobachtete ihn: Er hatte die Ärmel hochgekrempelt und maß die Wiese aus. Dann markierte er die Stelle, schaufelte die Erde und ging dann zum nächsten Platz. Es war der Zeitpunkt, wo man massenweise die Leichen der Soldaten aus Vietnam zurücktransportierte.

Wir gingen zurück; ich hatte die Nase voll.

Als mein Mann am Abend nach Hause kam, setzte ich mich zu ihm, und während wir uns gemeinsam betranken, machte ich ihm klar, daß ich nicht mehr in Amerika bleiben würde. Er wollte unbedingt wissen, woher ich meine Informationen hatte. Ich sagte aber kein Wort. Er dachte, daß irgendwer aus seiner Familie es mir verraten habe. Aber er kriegte nichts aus mir heraus. Ich stand dann auf, ging ins Zimmer meiner Tochter, schloß die Tür hinter mir zu und fiel wie ein Brett um. Ich war stockbetrunken. – Wie jetzt! Am nächsten Tag gingen wir zum Gericht.

Aber jetzt geben Sie mir einen Whisky! Und Ihre Gäste? Warum sind sie nicht da? ... Oh, du lieber Gott, seine Freundin wird mir doch keine Lügen erzählt haben ...?! Oder?

Mohammad-Ali Esslāmi-Noduschan
Die Braut

Gleich nachdem die Lampe verlöscht war und sie sich niedergelegt hatten, rückte das Mädchen zur Seite und beschwor ihn: »Rühr mich heute nacht nicht an!« Der Mann zog sie zunächst einmal an sich und küßte sie, als er aber sah, daß sie weinte, ließ er von ihr ab. Das Mädchen hatte die Knie an den Bauch gepreßt und sich in einer Ecke des Bettes zusammengekauert. Ihr Kopf schmerzte. Die Hand, die ihr der Mann auf die Hüfte gelegt hatte, stieß sie weg. Auf seine Fragen antwortete sie unter Schluchzen nur mit einem kurzen »ja« oder »nein«. Sie zitterte am ganzen Leib und konnte sich einfach nicht beruhigen. Das neue Kleid störte sie: Schon bei der leisesten Bewegung raschelte der baumwollene, gestärkte Stoff. Die Augen brannten unter der Schminke. Alles empfand sie als fremd und störend, zuerst die Düfte im Bad und den Geruch der Henna, und jetzt den Geruch nach Stärke, der den neuen Bettüchern und ihrem Kleid anhaftete. Wie in einem Käfig kam sie sich vor. Undurchdringlicher denn je erschien ihr die Dunkelheit der Nacht. Die dumpfe Luft im Zimmer benahm ihr den Atem. Mücken summten um ihren Kopf. Ganz still war es, nur ab und zu hörte man weit weg in den Gärten einen Hund oder einen Schakal heulen. Eine unerträgliche Nacht! Sonst war sie abends immer todmüde einfach irgendwo umgesunken und bis zum nächsten Morgen nicht mehr zu sich gekommen. Tief und erfrischend war ihr Schlaf gewesen. An diesem Abend jedoch war ihr ganz seltsam zumute. Sie sehnte sich nach frischer Luft, nach kühlem Wasser und vor allem danach, allein zu sein. Am liebsten hätte sie sich dieses lästige Kleid vom Leib gerissen, ihren Kopf in Wasser gesteckt, ihre nackten Brüste der kühlen Brise dargeboten und sich ins feuchte Gras gelegt.

Der Mann merkte, daß sie sich nicht wohl fühlte. Er wandte sich von ihr ab und zündete sich eine Zigarette an.

Allmählich versiegten die Tränen des Mädchens. Sie

fragte sich selbst, warum sie denn eigentlich weinte. Der Hals war ihr wie zugeschnürt.

Langsam, wie in einem Film, sah sie Bilder aus ihrer Vergangenheit vorbeiziehen; das vermehrte noch ihre Qual. Sie erinnerte sich daran, daß sie sich nichts so sehr ersehnt hatte als eine Braut zu sein. Ihr größter Wunsch war es immer gewesen, einen guten Mann zu finden. Aber nun, da sie im Brautbett lag, der Bräutigam neben ihr, war nichts mehr von all diesen verlockenden Träumen übriggeblieben. Das war doch der Mann, den sie sich in ihrer Phantasie vorgestellt hatte! Sie dachte daran zurück, wie Allāhjār sie das erste Mal an der Quelle angesprochen und gefragt hatte: »Wem gehörst du denn?« Sie hatte ihm zwar nicht geantwortet, doch die Haltung ihres Kopfes und die Art, wie sie, den Krug unterm Arm, mit wiegenden Hüften schnell davongegangen war, hatten ihm ihre Zustimmung deutlich gemacht. Als er ein paar Tage später einen Brautwerber schickte, platzte sie fast vor Stolz, daß er sie erwählt und sie solch einen Mann gefunden hatte. War sie doch fest davon überzeugt, daß es ein ganz besonderes Glück und eine große Auszeichnung sei, die Frau eines Gendarmen zu werden, eines Gendarmen, der ein Brnoer Gewehr sein eigen nannte und ein Pferd, und den die Leute fürchteten. Wie würde sie sich vor ihren Altersgenossinnen brüsten! Niemand würde es mehr wagen, sich mit ihr anzulegen, keine könnte ihr das Wasser reichen. Finge jemand mit ihr Streit an, dann hätte sie eine wirksame Unterstützung: Ihr Mann würde den Übeltäter auspeitschen lassen und ihn einsperren. Seine gelbe Uniform und sein glänzendes Gewehr schüchterten alle ein. Er, ein Diener des Staates, trug eine wunderschöne Uniform: Stoffschuhe aus Schiras, eine Koppel und Tressen, eine Schirmmütze und Messingknöpfe hoch bis unters Kinn. Wenn sie Allāhjār mit ihrem Vetter verglich, schnitt der dabei ganz schlecht ab. Der Vetter trug weite Pluderhosen, kaputte Schuhe und einen Rock aus grobem Baumwollstoff. Nicht mal Locken hatte er. Überallhin mußte er zu Fuß gehen, niemand achtete ihn. Keiner grüßte ihn zuerst, er mußte allen den Gruß entbieten. Hatte er mit irgend jemandem

Streit, so war bestimmt er derjenige, der Prügel bezog. Allāhjār dagegen saß hoch zu Roß, rauchte Zigaretten und redete in einem ihr fremden Dialekt. Er hatte eine laute Stimme, und keiner wagte ihm zu widersprechen. Sie hatte ihn zuvor schon einmal von weitem bei einer Gebetsversammlung gesehen, aber nie hätte sie sich träumen lassen, seine Frau zu werden. Immer hatte sie geglaubt, seine Frau müsse eine feine Dame sein. Es war wie ein Traum! Abgesehen davon würde Allāhjār sie vor diesem ärmlichen, beschwerlichen Dasein erretten. Wie mühselig war es doch für sie, für das tägliche Brot zu sorgen.

Die Eltern, sie selbst und sogar die kleinen Schwestern mußten sich abplagen, und trotzdem kam es häufig vor, daß sie sich hungrig schlafen legten. Drohend stand stets das Morgen vor ihnen. Sie konnte sich nicht daran erinnern, daß sie je irgendwelche Vorräte im Hause gehabt hätten. Meist gab es keinen Zucker, und sie tranken ihren Tee ungesüßt. Im Hause des Gendarmen aber würde es Nüsse geben, Fleisch und vielerlei Eßbares mehr, wovon sie bisher vielleicht nicht einmal den Namen gehört hatte. Man würde ihr Geschenke bringen. Und sie frei! Niemand dürfte ihr vorhalten, daß sie ihre Locken abgeschnitten habe und ein rotes Kleid trage. Sie würde Hände und Füße mit Henna behandeln, ihre Augen schminken, die Augenbrauen zupfen, und weil sie die Frau des Gendarmen wäre, würden alle um ihre Gunst buhlen und sie beneiden. Sie würde richtige Schuhe tragen, die nicht hinten heruntergetreten waren, und wie eine Dame einherschreiten. Vielleicht würde er sie auch von hier wegführen. Konnte ihr was Besseres passieren? Hier war alles so armselig. Wohin er ginge, würde er sie natürlich mitnehmen. Auch die Stadt mit all ihren Sehenswürdigkeiten würde sie kennenlernen: Läden, Verkehr, Autos, Fahrräder und fremde Menschen, die richtige Anzüge trügen. Die große Stadt, in der man alles kaufen könnte. Bei ihrem Abschied würden ihr alle Mädchen des Dorfes das Geleit geben, würden wünschen, an ihrer Stelle zu sein. Voll stolzer Liebe würde ihre Mutter sie weinend umarmen und küssen. Sie würde sich zu Allāhjār aufs Pferd schwingen und davongaloppieren. Die

Freundinnen würden sie in einer Wolke von Staub verschwinden sehen, würden zurückbleiben, während sie in die Ferne zog. Später würde sie ihrer Mutter einen Brief schreiben, würde berichten, wie gut es ihr erginge, wie gut sie sich mit ihrem Mann verstünde. Was sie alles angeschafft und was sie alles gesehen hätte. All das würde sie schreiben. Von Hand zu Hand ginge ihr Brief, alle würden sich wundern, und die Mädchen sie beneiden. Und den kleinen Schwestern würde sie Geschenke kaufen und schicken.

Wenn sie solchen Gedanken nachhing, die ihr eine glückliche Zukunft vorgaukelten, geriet sie zusehends in Erregung, und ihre Augen füllten sich mit Tränen. Aber etwas ließ sie nicht zur Ruhe kommen. Was sollte sie da nur tun? Diese Schande! Wohl oder übel würde Allāhjār es in der ersten Nacht merken. Wie würde er wohl reagieren? Sie verlassen, ein Theater machen und sie verprügeln, oder sie vielleicht sogar mit einer Kugel aus dem Brnoer Gewehr umbringen? Solche entsetzlichen Überlegungen hatten sie gequält. Zu ihrem Trost hatte sie sich selbst eingeredet, vielleicht werde er ihr verzeihen, oder vielleicht werde es ihn auch gar nicht kümmern. Sie hatte sich vorgenommen, sich ihm in der Hochzeitsnacht, ehe sie miteinander schliefen, zu Füßen zu werfen, und ihm unter Tränen alles zu beichten. Vergangenes sollte der Vergangenheit angehören. Sie würde schwören, nie mehr so etwas zu tun und ihm eine gute Frau zu sein, würde behaupten, nichtsahnend betrogen worden zu sein, sich nur aus Furcht und widerstrebend hingegeben zu haben. Sie sah keinen anderen Ausweg, und sie hatte sich überlegt, das alles selber zu gestehen, ehe es zu spät war. In ihrem kindlichen, naiven Gemüt glaubte sie, ein solches Geständnis würde ihrer Sünde das Gewicht nehmen. Sicher würde Allāhjār sich ihrer erbarmen und ihr verzeihen. Abgesehen davon hatte sie beabsichtigt, ihm im Bett zuerst das Versprechen abzunehmen, ihr zu vergeben, und dann all das, was sie sich vorher zurechtgelegt hatte, mit leiser Stimme zu berichten. Tränen würden ihr ihre Aufgabe erleichtern. Sie fühlte keine Reue, daß sie log und die ganze Schuld ihrem Vetter in die Schuhe schob.

Käme sie nur mit heiler Haut davon, dann wäre schon nicht zu befürchten, daß er in Schwierigkeiten geriete. Vor allem, da er ein einfältiger, furchtsamer Junge war, der niemals wagen würde, die Wahrheit zu sagen. Außerdem liebte er sie, und sie könnte ihn anflehen, die ganze Schuld auf sich zu nehmen. Und hätte ihr Allāhjār erst großmütig verziehen, dann würde sie ihn bitten, auch den Jungen in Ruhe zu lassen – sicherlich würde er ihr doch diesen Wunsch erfüllen. Noch besser wäre es natürlich, wenn ihr Vetter von hier verschwände. Dann gäbe es nichts mehr zu befürchten. Hatte er nicht zu ihr gesagt: »Wenn du nicht meine Frau wirst, gehe ich von hier weg und bringe mich um. Gehe in die Wüste, daß ich dort elendiglich umkomme«. Vielleicht würde er das wirklich tun, dann könnte niemand mehr von der ganzen Geschichte erfahren. Nur sie wüßte davon und ihr Mann. Ihr Mann, das wäre halb so schlimm, denn der würde es allmählich vergessen.

Mit solchen Überlegungen hatte sie sich getröstet. Aber obwohl sie die Vorstellung erleichterte, daß sie Allāhjār alles gestehen und ihr Gewissen von diesem entsetzlichen Geheimnis befreien würde, so wichen doch ihre Ängste nicht ganz. Der Gedanke an die erste gemeinsame Nacht, daran, ihrem Mann gegenübertreten und all das sagen zu müssen, ließ sie erzittern. Wie sollte sie beginnen? Würde er ihr überhaupt die Möglichkeit geben, zu Ende zu reden? Ihr zuhören? Was würde er antworten? Würde er ihr wohl Glauben schenken? Wie hatte sie nur annehmen können, die Geschichte lasse sich so einfach aus der Welt schaffen?!

All das kam ihr jetzt wieder in den Sinn. Aber warum brachte sie es nicht fertig zu sprechen? Warum blieb sie stumm? Richtig, sie hatte geweint. Aber nicht etwa, um das Herz ihres Mannes zu erweichen und um seine Verzeihung zu erlangen. Ihr war einfach übel. Als ob ein böser Geist in sie gefahren wäre. Wo war sie überhaupt? Was tat sie hier? Warum trug sie dieses Kleid? Wessen Atemzüge hörte sie da neben sich? Sie konnte das alles fühlen, aber nicht begreifen, so fremd war es für sie. Ihr Magen drehte sich um, ihre Gedanken waren in Aufruhr.

Kurz bevor man sie in das Brautgemach gebracht und dem Bräutigam übergeben hatte, hatte sie bemerkt, daß Allāhjār alt war. Die beiden Male, die sie ihn vorher gesehen hatte, war ihr das überhaupt nicht aufgefallen. Auch ihre Eltern hatten nichts dergleichen erwähnt, denn sie waren nur zu interessiert daran, daß der Handel zustande kam. Zwar hatte ihre Tante mal gesagt, er sei zu alt für sie, aber sie hatte geglaubt, daß sie das nur aus Neid sagte, weil sie sie gerne zur Schwiegertochter gehabt hätte. Allāhjār erschien ihr nun über ein erträgliches Maß hinaus alt und verbraucht. Er mochte ungefähr fünfzig Jahre alt sein. Seine langen Haare, die er mit Henna färbte, glänzten rot. Sein mageres, sonnenverbranntes Gesicht war von Falten durchfurcht. Wenn er schluckte, bewegte sich sein hervorstehender Adamsapfel auf und ab. Er hatte sich Watte in die Ohren gestopft, da sie eiterten, und er kratzte unentwegt daran. Weil seine Füße immer in Schuhen staken, waren die Zehen übereinandergeschoben und fest aneinandergepreßt; sie waren lang und schmal wie Adlerklauen und rochen nach Schweiß. Beim Abendessen brachte das Mädchen keinen Bissen hinunter. Der Mann aber machte sich über die Speisen her und schlang große Happen gierig hinunter. Als er die Wasserschale zum Munde führte, sah sie, daß seine Hände zitterten. Nach dem Essen steckte er sich eine Zigarette an und blies den Rauch in dicken Ringen in die Luft. Als er vor dem Schlafengehen seine Jacke auszog, schauderte ihr vor seinem mageren, welken Körper, und als er die Lampe ausgeblasen hatte und sie zu sich aufs Bett zog, hatte sie das Gefühl, die Hand eines Toten habe sie berührt. Die Kälte seines Körpers schien auf sie überzugehen, und ein unheildrohender Schauer überlief sie von Kopf bis Fuß.

Im Zimmer war es erstickend heiß. Schweißgebadet schlug sie die Decke zurück und knöpfte ihr Kleid auf. Sang da nicht jemand draußen auf der Gasse: »Gott bitte ich ...«? Sie hätte nicht mit Sicherheit sagen können, wem diese Stimme gehörte. Vielleicht gab es da auch gar nichts zu hören, und sie bildete sich das nur ein. Unwillkürlich fiel ihr der Vetter ein. Als er vor zwei Tagen zu ihnen gekommen war, hatte sie ihn zum letztenmal getroffen. »Warum hat er sich eigentlich seit vorgestern nicht mehr sehen lassen?« fragte sie sich jetzt voll Schrekken. Und sie erinnerte sich an die Szene, die sich da abgespielt hatte: Es war nachmittags gewesen. Sie war gerade dabei, mit Dornen ein Feuer anzufachen, als der Jüngling über die Mauer gesprungen kam. Das war so eine Angewohnheit von ihm, er benutzte nie die Tür. Als sie ihn hörte, drehte sie sich schnell um: »Ach, du bist's! Du hast mich zu Tode erschreckt.« Der Jüngling kam wortlos näher und setzte sich auf einen steinernen Mörser, der neben der Estrade stand. Schließlich fragte er: »Wo ist deine Mutter?« »Sie holt Wasser«, antwortete sie. Dann fügte sie mit einem listigen Lächeln hinzu: »Weißt du, daß mein Vater fort ist und den Ehevertrag aufsetzen will?« Er warf ihr einen wütenden Blick zu, antwortete aber nichts. »Glaubst du vielleicht, ich bin daran schuld?« fragte sie jetzt. Der Jüngling sprang auf und wandte sich zum Gehen. Vielleicht wollte er auch wirklich die Haustür abschließen, so wie das Mädchen dachte. Sie stellte sich ihm jedenfalls in den Weg: »Nein, meine Mutter kommt gleich zurück und sieht uns. Du mußt mich jetzt in Ruhe lassen!« Und als er versuchte, sich von ihr loszumachen, setzte sie sich auf den Boden, umschlang seine Knie mit ihren Armen und sagte: »Nein, das gibt es nicht, das ist vorbei. Du bist für mich verboten, ich hab' jetzt einen Mann.« Ohne ein Wort zu verlieren, setzte sich der Jüngling wieder auf den Mörser. Sein Gesicht hatte sich gerötet. Sie schob mit einem angekohlten Stück Holz die Dornen übereinander. »Bist du sehr traurig? Schließlich warst du ja der erste«, sagte sie und schaute ihn an. »Bei Gott«, fuhr sie fort, »meine Schuld ist's nicht. Ich wollte nicht, aber meine Eltern. Ich wär' sogar mit dir davongelaufen. Wir wären irgendwohin gegangen und hätten dort zusammen gelebt. Im Notfall in einer Höhle im Gebirge, halt irgendwo, wo niemand unser Geheimnis kennt.« Der Jüngling schaute sie nur stumm an.

Das alles hatte sie nur gesagt, um ihn ein wenig zu trösten, denn sie wollte nichts mehr mit ihm zu tun haben. Damals, als sie ihm zu Willen war und Wert auf ihn gelegt hatte, hatte sie ihn gebraucht. Aber jetzt brauchte sie ihn doch nicht mehr. Ihr Mann würde sie viel besser befriedigen können. Nur aus Mitleid hatte sie dann noch gesagt: »Ja, wir hätten ins Gebirge gehen können. Zuerst hätten wir unseren Mundvorrat aufgegessen und dann wären wir mit Gottes Hilfe auf die Jagd gegangen. Überallhin wäre ich dir gefolgt. Aber du selber warst ja zu feig dazu, was bleibt mir also anderes übrig?« Als ihr Blick den seinen traf, mußte sie lachen. »Du bist wirklich raffiniert«, sagte da der Jüngling, »meine Schuld, daß ich auf dich reingefallen bin. Lauter Lügen.« »Wie du meinst«, entgegnete sie. »Ja, ich hab dich an der Nase rumgeführt. Du hast ganz recht. Wohin willst du denn jetzt gehen? Du hast doch behauptet, daß du von hier weggehst.« »Ich geh' nach Teheran oder nach Isfahan«, antwortete er. »Du wirst schon sehen, in diese Gegend hier komme ich nicht wieder.« Herausfordernd fragte das Mädchen: »Nimmst mich nicht mit?« Jetzt wurde er richtig böse: »Hast ja recht. Hast Geld gerochen, dein Mann kriegt Gehalt vom Staat, und du wirst eine feine Dame.« »Ja, mein Lieber, ganz wie du meinst! Dann bin ich eben verliebt in ihn.« Die Augen des Mannes blitzten wild. Seine übereinandergeschlagenen Beine zitterten. Er murmelte: »Ich bring mich um!« »Toll!« antwortete das Mädchen. »Dich bring ich auch um, uns beide, wirst schon sehen.« Und sie sagte: »Ganz zu deinen Diensten. Wann? Sag mir's, daß ich vorher ins Bad gehen und mein neues Kleid anziehen kann. Aber nein, das traust du dich doch nicht, du bist ein Feigling. Du bleibst hier und siehst zu, wie ich mein Glück genieße. Ach, jedesmal, wenn ich dich sehe, muß ich mich ärgern.« Diese Unterhaltung hatte sie ganz traurig gemacht. Sie nahm den Topf, goß Tee auf und begann leise vor sich hin zu singen: »Gott bitte ich ... Dieses Lied hast du doch gern? – Gott bitte ich, er schicke dir ein schwarzes Schlänglein übern Weg ... Schau mich doch an! Oder hast du etwa Angst davor? Ich sing für dich! ... ein schwarzes Schlänglein übern Weg! Das beiß erst mich, hab doch mein Herz an dich verloren, dann beiß es dich, du Ungetreuer, den ich auserkoren, – dann beiß es dich, du Ungetreuer, den ich auserkoren!«

Das alles kam ihr jetzt wieder in den Sinn. Ihre eigenen Worte klangen ihr in den Ohren. Bitterlich bereute sie, was sie da vor zwei Tagen zu ihrem Vetter gesagt hatte. Was hatte er ihr denn nur angetan? Für einen Augenblick bildete sie sich sogar ein, daß da neben ihr der Vetter schlafe. Es war ungefähr vor fünf Monaten gewesen, als sie sich das erstenmal ganz müde aus seiner Umarmung gelöst hatte. Doch hatte sie das Gefühl, es sei erst gerade jetzt gewesen. Noch spürte sie die süße Mattigkeit in allen Gliedern, schmeckte seine Küsse noch auf ihren Lippen.

Damals hatte sie sich eines Nachmittags mit der Mutter gezankt. Die Mutter hatte ihr gedroht, sie zu verstoßen, sie aus dem Haus zu werfen, und sie hatte geantwortet, daß sie sich in einen Brunnen stürzen wolle. Später war sie zu ihrer Tante gegangen. Immer wenn sie Kummer hatte, ging sie dorthin, um ihr Herz auszuschütten. Doch außer ihrem Vetter, der draußen an der Blumenrabatte saß, war niemand zu Haus. Sie setzte sich zu ihm und sagte seufzend: »Heute hat's wieder mal Krach mit meiner Mutter gegeben.« Der Vetter antwortete: »Wann kommst du denn endlich hierher zu uns, daß du deine Ruhe vor denen hast?« Das Mädchen verstand sehr wohl, was er damit sagen wollte. Der Hals war ihr wie zugeschnürt. Am liebsten hätte sie ihm den Kopf in den Schoß gelegt und geweint. Noch nie hatte sie ihn so sehr gebraucht. Immer schon hatte sie in ihm etwas Besonderes gesehen und gefühlt, daß sie dieses Etwas an sich reißen müsse. Sie sehnte sich mit ihrem Körper und mit ihrer ganzen Seele nach diesem unsichtbaren Etwas. Der Kummer, der ihr das Herz zusammenpreßte, machte sie noch anfälliger dafür. »Wo ist deine Mutter«? fragte sie den Jüngling. »Sie ist im Garten und mäht Luzerne. Ich wollte auch gerade dorthin und das Futter holen.« Er warf sich einen großen Sack über die Schulter, und beide verließen das Haus. Schon fast am Garten trafen sie die Mutter, die mit ihrer Arbeit fertig und auf dem Weg nach Hause war. »Trag die Luzerne zusammen und bring sie!« bat sie ihren Sohn. Das Mädchen begleitete ihn, um ihm zu helfen.

Sie betraten das Grundstück. Es begann schon zu dämmern. Der Boden, der erst am Tag zuvor bewässert worden war, war angenehm weich und gab unter ihren Tritten nach. Der Jüngling trug das Grün auf einen Haufen zusammen, um es dann zu binden. Das Mädchen stand neben ihm. Der frischen, feuchten Luzerne entströmte ein betörender Duft. Von der abendlichen Dämmerung, dem scharfen Geruch der Luzerne und dem nassen Boden ging eine lähmende Wirkung aus. Die unendliche, melancholische Tiefe des Abends und die Einsamkeit des Gartens übten eine unwiderstehliche Anziehungskraft aus. Ganz verwirrt war das Mädchen. Sie beugte sich zu dem Jüngling, ihre Kleider berührten sich. Während sie ihm half, das Bündel zusammenzuknoten, näherten sich ihre Gesichter, sie konnte seinen Atem spüren. Ihr Herz klopfte wild, und ihr wurde ganz weich in den Knien, wie jemandem, der sich in einen reißenden Fluß stürzen will. Ganz unbewußt griff sie nach den Armen des Jünglings, deren kraftvolle Härte in ihr ein seltsames Vertrauen erweckte. Der Jüngling wandte ihr sein Gesicht zu. Ihre Wangen streiften sich. Jetzt wußte sie nicht mehr, was sie tat. Sie setzte sich nieder und zog ihn zu sich herab. Ganz verstört fragte er: »Was machst du denn?« »Liebster, schließlich gehören wir doch zusammen, wir werden Mann und Frau.« Jetzt zögerte der Jüngling nicht mehr. Er riß sie in seine Arme, drückte die Lippen auf ihren Hals. Nochmals hob er den Kopf und fragte: »Was wird, wenn sie's merken?« Doch das Mädchen antwortete nur: »Denk nicht dran! Ich liebe dich.« ... Alles hatte sie vergessen: die Mutter, das Elternhaus, ihr Leben, ihre Vergangenheit und ihre Zukunft. Erst nach Stunden lösten sie sich aus ihrer Umarmung. Immer noch fühlte das Mädchen das Gewicht seines Körpers auf ihrer Brust. Ein herrlicher Schmerz liebkoste ihr Fleisch. Sie blieb noch eine Weile liegen, als ob sie fürchtete, die Wonne, die noch immer wie tausend Fischlein in ihren Adern schwamm und die sie festhalten wollte, würde sich verflüchtigen, sobald sie aufstand.

Sie sah ein, daß sie nicht würde schlafen können. Es war eine Qual, noch länger liegen zu bleiben. Die Mücken stachen sie, sie hatte einen bitteren Geschmack im Mund, und ihr Kopf schmerzte unerträglich. Der Bräutigam schlief fest, manchmal atmete er schwer, es klang wie ein Seufzen. Die Braut erhob sich, griff nach dem Krug und trank ein paar Schluck Wasser. Sie wollte ein bißchen an die frische Luft gehen. Die Tür war von innen verriegelt. Sie öffnete sie und trat hinaus. Es war fast Mitternacht. Überall war es dunkel und still. Vor dem Haus floß ein Bächlein vorbei, dorthin wollte sie gehen, um sich das Gesicht mit Wasser zu benetzen. Ihre kleinen Schwestern schliefen im Hof. Die Hände an die Mauer gestützt, ging sie vorsichtig an ihnen vorbei. Ganz entgegen ihrer Erwartung fand sie die Hoftür an diesem Abend verschlossen. Sie schob leise den Riegel zurück, setzte sich an den Rand des Baches, zog die Schuhe aus und steckte die Füße ins Wasser. Sie kühlte ihr Gesicht mit dem erfrischenden Naß und rieb sich mit ihren feuchten Händen über Hals und Brust. Eine frische Brise umschmeichelte ihren Körper und belebte sie ein wenig. Das Bächlein murmelte leise und einschläfernd und tröstete sie in ihrer Verlassenheit. Kurze Zeit war verstrichen, als sie plötzlich sah, daß sich jemand vom Dach ihres Hauses herunterhangelte und herabsprang. Voll Schrecken fragte sie: »Wer ist da?« Leise hörte sie antworten: »Sei still, ich bin's!« Sie erkannte die Stimme ihres Vetters. Er trat aus der Dunkelheit hervor: »Sag um Gottes Willen nichts! Ich möchte dich nur noch einmal sehen. Ich verschwinde von hier; vielleicht treffen wir uns nie wieder.« »Was suchst du hier?« fragte das Mädchen. Doch er antwortete nur: »Warum bist du rausgekommen?« Das Mädchen zog die Füße aus dem Wasser, nahm die Schuhe in die Hand und flehte: »Nimm mich in die Arme! Laß uns von hier weggehen!« Der Jüngling schloß sie wie ein krankes Kind in die Arme und hob sie hoch. »Geh in den Garten!« sagte sie. Bis dorthin waren es ungefähr zweitausend Schritt. Das Türchen war verschlossen. Der Jüngling stieß es mit dem Knie auf und trat ein. Tief im Garten legte er sie auf einen Haufen Luzernen nieder und setzte sich neben sie. »Jetzt sag mir erst mal, was du da draußen gesucht hast. Warum hast du deinen Mann allein gelassen?« »Ich wollte es eben«, antwortete sie. »Sag nichts, komm!« Sie legte die Arme um ihn und zog ihn an sich. »Nein«, antwortete der Jüngling, »zuerst erklär mir, warum du rausgekommen bist.« Beschwörend, fast klagend sagte das Mädchen: »Quäl mich nicht! Ich bin zu dir gekommen, daß wir zusammen weglaufen. Komm, Liebster! Ich gehöre dir, hab immer nur dir gehört. Nimm mich fest in deine Arme!«

Tief dunkel war die Nacht. Die saftigen, hochstieligen Luzernen hatten einander ihre Köpfchen zugeneigt und schienen in seliger Umarmung zu schlafen. Feierliche Stille lag über dem Land. Und da sollte man nicht bedauern, daß auch eine solche Nacht zu Ende gehen und einem neuen Morgen weichen muß!

SSIMIN DĀNESCHWAR

Die Schwestern

Gegen Abend kam Akram, die ältere Schwester, aus ihrer Praxis im Süden der Stadt müde nach Hause. Sie stellte ihre Tasche auf dem Tisch im Flur ab. Mahin, die am Tisch saß und einen Brief schrieb, hob den Kopf, und als sie bemerkte, wie verdrossen das staubbedeckte Gesicht ihrer Schwester aussah, sagte sie: »Gleich bin ich fertig, dann gehen wir spazieren.« Die Zand-Allee, die Bummelstraße, lag südlich ihres Hauses.

Es war gegen Ende des Krieges.* Der Vater der beiden Schwestern war vor kurzem gestorben. Mahin, die in Teheran studierte, war beim Tod des Vaters nicht zugegen gewesen. Nun war sie nach Schiras gekommen, um ihre Familie zu besuchen und bei ihr Trost zu finden. Außerdem hatte sie Angst in Teheran. Die Stadt war voller Soldaten, die mit offenen Kragen herumlungerten und ihre Habseligkeiten in Blechkanistern mit sich führten.

Die Schwestern spazierten in Richtung Zand-Platz. Ihrem Haus gegenüber lag das Gebäude des Generalstabes, in dem Licht brannte.

»Arbeiten die noch so spät am Abend?« fragte Mahin.

»Hier ist zur Zeit nichts normal«, antwortete Akram und fügte hinzu: »Hoffentlich kommt unser Bruder bald nach Hause; heutzutage ist es nicht gut, ohne Mann im Haus so weit weg von der Stadt zu wohnen.«

Der Zand-Platz lag im Dunkeln; die einzige Straßenlampe erhellte nur einen Teil des Platzes. Mahin beobachtete schweigend ihre Schwester, die sich bemühte, ihre Müdigkeit zu verbergen.

»Fragst du nicht, wie es mir geht?« sagte Akram.

»Doch – wie geht es dir?« Und sie dachte im stillen:

* Gemeint ist der Zweite Weltkrieg. Im August 1941 marschierten die alliierten Truppen in Iran ein und zwangen Resā Schah (1925–1941), der mit dem Naziregime in Deutschland sympathisierte, zum Abdanken.

Wer weiß, vielleicht hast du dich verliebt, Schwesterchen! Mit zweiundzwanzig wäre es ja Zeit dafür!

Akram ahnte nichts von den Gedanken ihrer Schwester. Sie sagte: »Weißt du, seitdem ich aus Teheran zurück bin, arbeite ich wie ein Pferd. Und das schon seit einem Jahr. Ich weiß nicht, ob es richtig war, daß ich Geburtshilfe gelernt habe.«

Mahin gab zurück: »Wenn man müde ist, hat man alles satt. Ich glaube, du sollst mal Urlaub machen.«

Die Schwestern kehrten um.

Vor dem Gebäude des Generalstabes sahen sie einen Mann auf einem Pferd sitzen. Sie erkannten ihren Bruder, der sie ebenfalls bemerkte und ihnen etwas zurief. Sie liefen zu ihm hin. Er hatte einen Turban auf und trug eine Militärdecke um die Schultern. Mahin brach in Lachen aus: »Sag mal, wie siehst du denn aus? Du kommst wohl direkt von den Nomaden! Hast du dich etwa verkleidet, damit man dich nicht erkennt?«

Sie hatten ihn seit drei Jahren nicht gesehen.

»Erzählt ja keinem, daß ihr mich hier gesehen habt! In Firusabad* habe ich mir die Malaria geholt. Ich habe gerade einen Fieberanfall, mein Kopf tut schrecklich weh. Die Soldaten habe ich einem Unteroffizier anvertraut und mich dann auf den Weg gemacht. Das arme Pferd ist ganz naßgeschwitzt.« Dann beugte er sich vor und drückte dem Pferd einen Kuß auf den Hals.

»Ich erstatte jetzt Bericht beim Generalstab und komme dann nach Hause.«

Die Schwestern eilten heimwärts. Er rief ihnen nach: »Sagt Mutter bloß nicht, daß ich krank bin!« Und dabei warf er Mahin seinen Turban zu. Sie wickelte ihn auf, es war eine Pyjamahose!

»Faß sie nicht an«, sagte Akram, »sie ist sicher voller Läuse. Ich vermute, womöglich hat er sich Typhus geholt.«

Mahin war noch nicht eingeschlafen, als an das Haustor geklopft wurde. Erst klingelte es, dann wurde mit dem

* Kleine Stadt, ca. 100 km südlich von Schiras.

Türklopfer gegen das Tor gehämmert, und schließlich klingelte, klopfte und hämmerte es durcheinander. Und das Bellen des Haushundes mischte sich in den Lärm.

Mahin nahm den Tschādor ihrer Mutter, der neben deren Bett lag, warf ihn über den Kopf und rannte los. Die Mutter richtete sich im Bett auf und sagte: »Laß mich doch gehen, Mädchen; warum mußt du das alles machen?«

Mahin kam gleichzeitig mit dem Hund am Tor an. Das Pferd ihres Bruders war neben dem Haustor angepflockt. Eine Schüssel voll Gerste stand vor ihm, daneben eine zweite, mit Wasser gefüllt. Als Mahin vorbeirannte, stampfte das Pferd.

Mahin hatte das Tor noch nicht ganz geöffnet, da drängte sich ein Mann herein.

»Rühren Sie sich nicht vom Fleck«, warnte Mahin, »sonst zerreißt Sie der Hund!«

Das Licht über dem Tor fiel auf den Mann, einen riesengroßen, vierschrötigen Kerl! Er trug eine Filzkappe und eine weite schwarze Hose, auf der eine weiße Kordel hin und her pendelte. Bevor Mahin nach dem Anliegen des Mannes fragen konnte, kam eine verschleierte Frau angestürzt und begann zu jammern:

»Ich will Frau Doktor sprechen. Ich flehe Sie an! Meine Tochter liegt im Sterben. Seit drei Tagen schon liegt sie in den Wehen. Die Dorfhebamme hat getan, was sie konnte, aber ohne Erfolg. Man sieht auch schon das Händchen des Kindes.«

Die Familie wurde inzwischen wach. Im Garten brannten die Lampen, und Akram war dabei, die Lockenwickel aus dem Haar zu nehmen.

»Willst du wirklich gehen?« fragte Mahin sie.

»Mir bleibt nichts anderes übrig.«

Die Mutter beschwor sie: »Es ist zehn Uhr abends, Ausgangssperre noch dazu, wo willst du denn hin? Warte doch bis morgen! Ich werde vor Angst sterben, bis du zurück bist.«

»Mutter, ich muß gehen!«

Mahin kleidete sich ebenfalls an.

Mit der verschleierten Frau und dem Riesen machten

sie sich auf den Weg. Die Mondsichel stand am Himmel, und die Nacht war sternklar. Mahin, mit der Arzttasche ihrer Schwester in der Hand, eilte den anderen auf der sandigen Straße nach. Außer ihren Schritten war nichts zu hören. Kein Vogel rührte sich, keine Menschenseele kam vorbei, obwohl die Ausgangssperre erst ab Mitternacht galt. Mahin wunderte sich, daß sie in Richtung Norden gingen. Hinter ihrem eigenen Haus kamen erst einige Gärten und dann freies Land, das sich bis hin zu den Bergen erstreckte. Mahin rief ihrer Schwester etwas zu, und alle drei hielten inne und drehten sich um. »Wo ist denn das Haus?« fragte sie. »Kurz vor der Werdi-Brücke«, gab die Frau zurück. Mahin meinte: »Hoffentlich kriegen wir keine Schwierigkeiten wegen der Ausgangssperre!« »Bitte, haben Sie noch etwas Geduld!« entgegnete die Frau. »Wir sind gleich da . . . Die Frau Doktor hat so geschickte Hände; sie drückt ein bißchen – und schon ist das Kind da! Anschließend werden wir Sie wieder nach Hause bringen!«

Atemlos kamen sie endlich an. Sie schlugen einen Vorhang aus Sackleinen zurück und traten in ein kleines Zimmer, das eher einem Stall ähnelte. Der Raum war dunkel und vom Rauch geschwärzt. Mahin sah so viele Frauen im Zimmer, daß sie nicht gleich wußte, welche von ihnen es war, die das Kind bekommen sollte. Die Hälfte des Fußbodens war nackt, die andere Hälfte mit Bastmatten bedeckt. Dort erblickte Akram die Kreißende. Sie war quittengelb; ihr Kopf war auf die Seite gesunken, ihr Mund halb geöffnet. Offensichtlich konnte sie sich nicht mehr aufrecht halten und kippte immer zur Seite. Aber zwei Frauen hielten sie an den Schultern fest, stützten ihr den Rücken und wiederholten immer wieder: »Sag: o Ali, hilf!« Aber sie sagte nichts; sie hatte keine Kraft mehr.

Vor ihr auf der Bastmatte stand ein Tonklumpen, der zu einem Gesicht geformt war. Mit Holzkohle waren ihm Augen und Augenbrauen aufgemalt und rote Wülste bildeten Nase und Lippen. Das Puppengesicht sollte das Kind locken, auf die Welt zu kommen.

Neben der Tonmasse stand ein Becken mit glühenden Holzkohlen, auf dem man Räucherwerk verbrannt hatte.

Eine Frau hockte der Gebärenden mit ausgestreckten Armen gegenüber, so als wolle sie das Kind auffangen. Mahin betrachtete die Frau genauer: Ihre Hände waren grob und schmutzig, ihre Arme, mit merkwürdigen Tätowierungen, die Eidechsen und Skorpionen ähnelten, bis zu den Ellbogen entblößt. Ihre Nägel waren mit Henna rotgefärbt, am Ringfinger trug sie einen Achatring, und um den Kopf hatte sie sich ein schwarzes Seidentuch mit grünem Rand gebunden. Und mit lauter Stimme rief sie die Heiligen an, der werdenden Mutter zu helfen. Das war die einzige Anstrengung, die sie unternahm, um dem Kind auf die Welt zu helfen. Aber das ließ auf sich warten. Einer der Anwesenden, vielleicht der Bruder oder die Schwester des ungeborenen Kindes, war, vom langen Warten ermüdet, eingeschlafen und lag auf der Matte hinter der Kreißenden. Die anderen standen herum und schauten nur zu.

In einer Zimmerecke stand eine Holztruhe, auf der eine Öllampe mit hohem Fuß flackerte. Ihr Glaszylinder war zerbrochen und mit Zeitungspapier zusammengeflickt. In der einzigen Wandnische des Zimmers standen ein rußiger Kochtopf und ein Wasserkrug mit angeschlagenem Rand. Die Wände waren aus Lehm, die Decke bestand aus Holzbalken mit Flechtwerk, das teilweise defekt war.

Mahin sah, wie ihre Schwester die Hand der Gebärenden losließ und sagte: »Sie hat gräßliche Schmerzen.« Dann wandte sie sich an die Frauen und befahl ihnen, aus dem Zimmer zu gehen und den Samowar anzumachen. Sie setzten sich in Bewegung, gingen aber nicht hinaus. Mahin wußte nicht, aus welcher Ecke die Frau hervorgekommen war, die einen Koran auf dem Kopf trug. Sie ging auf Akram zu und sagte:

»Meine Liebe, wir haben doch keinen Samowar.«

Mahin nahm den Wasserkrug aus der Nische. Akram holte Seife aus ihrer Tasche. Sie öffneten die Zimmertür: Die Stimme eines psalmodierenden Beters drang aus dem Hof. Akram warf das Kohlenbecken und die Tonmasse aus dem Zimmer; dann wusch sie sich mit dem Wasser aus dem Krug, das Mahin ihr über die Hände goß. Und nachdem sie sich abgetrocknet hatte, wandte sie sich an die Frau mit dem Koran auf dem Kopf, die laut vor sich hinbetete, und befahl ihr: »Los, trag dieses schlafende Kind von hier fort!« Die Frau warf einen Blick auf das Kind und meinte: »Das Kind schläft dann nicht mehr ein.« Eine der Frauen nahm die Öllampe von der Truhe weg, und Mahin legte das Kind darauf.

Im Zimmer konnte man alle möglichen Gerüche wahrnehmen. Aber weder der Geruch nach verfaultem Fleisch noch der Gestank des Räucherwerks, weder die Ausdünstungen der Kreißenden noch der Tabaks- und Misthaufendunst verursachten Mahin Übelkeit, sondern allein ein widerlicher Geruch nach Lauge, von dem sie nicht wußte, woher er kam.

Akram legte die Kreißende auf die Matte. Die Dorfhebamme war immer noch zu vernehmen, wie sie die Heiligen um Hilfe anflehte. Mahin war übel. Um sich abzulenken, versuchte sie, die Balken in der Decke zu zählen. Aber es war zu dunkel dazu. Auf ein Zeichen von Akram hin holte Mahin die Taschenlampe aus der Arzttasche und richtete ihr Licht auf die Kreißende. Akram hatte sich Gummihandschuhe übergezogen. Die Dorfhebamme war inzwischen aufgestanden und lehnte an der Wand. Als Mahin sich wieder abwandte, um sich nicht übergeben zu müssen, begegneten ihr die im Dunkeln funkelnden Augen der Frau. Was für ein Blick! Es war kein Blick von alt auf jung, auch nicht der einer Unwissenden auf eine Aufgeklärte. Es war der Blick eines Wolfes, der ein junges Lamm fixiert.

Akram rann der Schweiß herab. Sie gab der Gebärenden eine Injektion und legte ihr dann die Hand auf den Leib. Sie drückte darauf, und der Bauch der Frau zitterte unter ihrer Hand. Akram kauerte zwischen den geöffneten Beinen der Kreißenden. Sie trug einen weißen Kittel. Mahin hatte gar nicht gemerkt, wann sie ihn angezogen hatte.

Mahins Aufgabe war es, die Lampe zu halten. Eine kleine blutige Hand ragte aus dem dunklen Schoß. Mahin begann sich zu fürchten. Die Frauen flüsterten. Und noch immer rief die Dorfhebamme die Heiligen an. Mahin hatte Angst, daß das Kind nicht kommen würde und sie bis zum Morgen dort bleiben müßten. Sie merkte nicht, wie ihre Schwester das Kind drehte. Sie sah, wie sie das Händchen hineinschob und zurückdrängte, aber sie bemühte sich, nicht hinzuschauen, während alle anderen Frauen zusahen. Sogar die Frau, die den Koran auf dem Kopf hielt. Mahin merkte nicht genau, was ihre Schwester anstellte – aber auf einmal wurde ein schwarzer Schopf sichtbar. Dann legte Akram der Frau die Hand wieder auf den Leib und drückte. Und sie befahl: »Pressen! Keine Angst! Pressen!« Aber die Frau hatte keine Kraft und sagte nur: »O Mutter der Gläubigen, hilf!«

»Wenn du nicht preßt«, mahnte Akram, »erstickt es.« Und die Frau biß sich auf die Lippen. Sie hatte braune, gestopfte Strümpfe an, die bis zu den Knöcheln heruntergerollt waren. Und plötzlich zog Akram etwas heraus: Ein längliches, rotes Stück Fleisch, das sie auf dem Leib der Mutter schüttelte. Sie ergriff es an den Füßen. Die Mutter hob mühsam den Kopf von der Matte und schaute das Kind an. Als es den ersten Schrei ausstieß, legte Akram es auf den Bauch der Mutter zurück, die nun selig lächelte.

Akram erhob sich. Ihr weißer Kittel war blutüberströmt. Sogar auf Mahins schwarzem Kleid waren Blutspritzer. Die Frau, die den Koran trug, trat vor und küßte Akrams blutige Hände. Mahin stand auf und nahm den Krug in die Hand. Es war aber kein Tropfen Wasser darin.

»Wo können wir uns die Hände waschen?« fragte Akram, aber keiner kümmerte sich um sie. Der Mann, der sie geholt hatte, war ins Zimmer getreten, und man hatte ihm den Säugling in die Arme gelegt. Er lächelte ihn an.

Die Frauen hatten sich aneinandergedrängt und steckten die Köpfe zusammen. Mahin war sicher, daß sie über das Honorar ihrer Schwester verhandelten. Es sah aus, als holten sie sich Rat bei der Dorfhebamme, die mit ihren Händen abweisende Gebärden ausführte, als sagte sie: »Sie darf das nicht bekommen; ich lasse es nicht zu.«

Schließlich wandte sich die Frau mit dem Koran an die Schwestern und sagte ihnen, daß sie sich die Hände in dem Rinnsal waschen könnten, das am Haus vorbeifloß. Sie hatte mittlerweile den Koran nicht mehr auf dem Kopf.

Die beiden Schwestern traten aus dem Häuschen. Sie konnten sich kaum mehr auf den Beinen halten. Als sie sich frisch gemacht hatten, fühlten sie sich etwas wohler. Sie mochten sich nicht von dem kühlen Wasser trennen und blieben eine Weile dort sitzen, allein in der fremden Umgebung. Akram wurde auf einmal fröhlich und lachte. Mahin betrachtete die Berge, die wie Ungeheuer aussahen, und den Himmel, der sie umarmte.

Laut sagte sie zu Akram, die ihre Füße ins Wasser hielt:

»Hast du die Liebe nun gesehen?«

»Ja.«

»Und wie sah sie aus?«

»Sie war wie das Kohlenbecken voll Räucherwerk und wie das Tongesicht vor der Gebärenden!«

Mahin erhob sich: »Ach, das sagst du nur so, weil du müde bist. Ich habe in diesem schmutzigen Stall viel Liebe erlebt; Liebe im Lächeln der Mutter, als du ihr das Kindchen auf den Leib gelegt hast und Liebe im Lächeln des Mannes.«

Als sie schließlich wieder in das Häuschen zurückkehren wollten, fanden sie die Tür verschlossen. Sie klopften, doch keiner antwortete. Sie klopften wieder, aber sie hörten kein Geräusch; das Haus war wie ausgestorben. Kein Laut war zu hören, kein Licht zu sehen. Sie schlugen mit einem Stein gegen die Tür, aber keiner öffnete. Sie wurden von Angst ergriffen. Akram rief: »Gebt mir wenigstens meine Tasche zurück!« und als keine Antwort kam: »Ihr könnt doch nichts damit anfangen.« Dann bat sie flehentlich: »Der Passierschein ist in der Tasche; gebt den wenigstens her!« Aber alles blieb still. Lediglich ihr Klopfen hallte in der Nacht. Es hallte durch Berg und Tal. Nur das Klopfen. Niemand kam. Mahin schrie: »Sie hat der Frau das Leben gerettet; gebt ihre Tasche her!« Dann brach sie in Tränen aus.

Akram legte ihr den Arm um die Schultern und sagte sanft: »Laß sie doch, das sind arme Leute. Hast du nicht gesehen, in welch alte, zerrissene Lumpen wir das Kind gewickelt haben?« Und dann machten sie sich auf den Weg.

M. A. Behāsin
Das Amulett

Golnār saß auf der Terrasse in der Sonne. Neben ihr lagen Schminke, Pinsel und ein Puderdöschen. In der Hand hielt sie einen Kupferspiegel, wie ihn sonst die Frauen ins Badehaus mitnehmen; völlig unbeschwert schminkte sie sich, denn sie hatte die Hausarbeit erledigt, und ihr Mann war im Geschäft. Den Frühstückstisch hatte sie abgeräumt, Teekanne, Tablett, Tassen und Untertassen im Becken abgespült. Danach hatte sie das Zimmer gefegt und ein paar Stück Wäsche gewaschen. Jetzt war Golnār bis zur Abenddämmerung, der Stunde der Heimkehr ihres Mannes, allein und untätig zu Hause. Dann brachte er ihr meist in einem karierten Tuch eingewickelt Brot mit, Obst, Halwa und etwas zum Knabbern.

Sie und ihr Mann waren allein in dieser Stadt und hatten auch keine Verwandten. Ihr kleines Häuschen war so eng wie ein Vogelnest: zwei Zimmer nach Süden gelegen mit einem winzigen gepflasterten Hof, von dem aus eine Treppe zum Wasserreservoir hinunterführte.

Ihre Ehe war kinderlos. In den letzten dreieinhalb Jahren, seitdem sie mit Meister Dscha'far vom Dorf gekommen war, hatte sie nie ein Kind austragen können. Die Ratschläge der Badefrauen und die Heilversuche der Hebammen des Viertels waren alle umsonst gewesen. Golnār blieben Mutterfreuden versagt. Ihren Mann, der sich in den besten Jahren befand, beunruhigte das nicht. Seine Frau war ja jung, neunzehn, höchstens zwanzig Jahre alt, und wenn Gott wollte, war noch viel Zeit! Aber Golnār wünschte sich einen Zeitvertreib. Sie sehnte sich nach einer Ablenkung, wollte das leere Haus mit Leben erfüllt haben. Aber das Schicksal läßt sich nicht ändern. Golnār hielt in dem kleinen Hof ein paar Hühner. Auch die Kanarienvögel, die ihr Meister Dscha'far gekauft hatte, waren die Gefährten ihrer einsamen Tage. Niemand besuchte sie. Sie selbst pflegte auch keinen Kontakt mit den Nachbarinnen, denn sie hatte keine Lust, sich von ihnen, weil sie so jung war, sagen lassen zu müssen, was sie kochen, wohin sie gehen und was sie anziehen sollte. Sie wollte mit niemandem was zu tun haben. Eines wußte Golnār: Sie war jung und hübsch, und ihr Mann, der Schuster im Basar, begehrte sie. Was wollte sie mehr?

Golnār also saß auf der Terrasse und schminkte sich. Sie lächelte ihrem Spiegelbild zu. Sie biß sich in die Lippen und erfreute sich an der lebhaften Farbe. Sie blickte kokett in den Spiegel, zog die Augenbrauen überheblich hoch und guckte sich selbstzufrieden an. Dann grinste sie hämisch, spielte die Beleidigte, bat um Küsse, schnalzte mit der Zunge und sang einen frivolen Schlager, der gerade modern war. Dabei imitierte sie die Sängerin und wiegte sich im Takt hin und her. Doch plötzlich erschrak sie vor dem Klang ihrer eigenen Stimme: »Hei Maschdi Hassan, eine Maus!«

Erschrocken verstummte sie und schaute verschämt zum Dach des Nachbarhauses hinüber, von wo sie manchmal die Kinder neugierig beobachteten. Zum Glück war niemand da. Golnār, auf deren Oberlippe der Schweiß perlte, atmete erleichtert auf. Da fiel ihr Blick auf eine Mauerecke: Eine lange rotbraune Schlange mit hellem Bauch glitt vom Dach herab. Golnār war wie hypnotisiert von den wellenartigen sanften Bewegungen. Der Blick aus den Schlangenaugen traf sie wie ein Blitz. Ihr blieb das Herz stehen. Sie stieß einen Schrei aus und starrte erschrocken die Schlange an. Plötzlich fiel klirrend eine Münze auf den gepflasterten Boden. Die Schlange schlängelte sich zurück zur Mauerecke und verschwand. Nachdem Golnār sich etwas beruhigt hatte, erhob sie sich; suchend ließ sie ihre Augen im Hof umherwandern. Es war unglaublich, aber in einer Rille zwischen zwei Ziegeln blinkte eine Goldmünze! Golnār drehte sie mit einem dünnen Stock vorsichtig um. Die Münze sah aus, als ob sie gerade aus der Prägerei des Kaisers gekommen wäre. Doch die junge Frau fürchtete sich, sie anzufassen. Hoffentlich war keine Zauberei im Spiel! Gott verhüte! Dabei murmelte sie Gebete vor sich hin, die ihr gerade in den Sinn kamen, und blies das Goldstück abergläubisch an. In der Tat: die golden glänzende Münze lächelte sie fröhlich an. Golnār streckte die Hand aus, bereute es aber gleich. Sie begoß die Münze dreimal mit Wasser, damit sie ihr kein Unheil brächte. Die Münze blitzte in der Sonne. Ihr Herz quoll über vor Freude. Dieses unerwartete Glück verscheuchte vorläufig alle Ängste. Lächelnd ließ Golnār die Münze über die Ziegel rollen und brachte sie so zum Klingen. Ja, welche Zusammenhänge mag es wohl geben zwischen der Münze und der Schlange? Hatte sie sich etwa getäuscht? War da überhaupt eine Schlange im Spiel? Ganz sicher war sie nicht. Vielleicht war es nur reine Einbildung. Was sollte dann aber diese Goldmünze? Vielleicht hatte sie jemand beim Spielen in den Hof fallen lassen. Warum hatte sich aber dann niemand gemeldet? Besorgt drückte sie die Münze in ihrer Faust, öffnete die Haustür einen Spalt breit und spähte verstohlen nach allen Seiten. Still und menschenleer war die Gasse. Ein Hund schlief an der Mauer, den Kopf auf beide Pfoten gelegt. Am anderen Ende spielten zwei Kinder im Schmutz. Golnār schloß beruhigt die Haustür und kehrte zur Terrasse zurück. Obwohl ihr die Augen im Spiegel entgegenlachten, fiel ein Schatten auf ihr fröhliches Gesicht. Flüchtig puderte sie sich und wickelte dann die Goldmünze mit ihren Schminksachen ein, um sie in der Truhe aufzubewahren. Sie wußte nicht, was tun. Für eine kleine Weile erfreute sie sich an dem Gesang der Kanarienvögel, deren Käfig auf dem Balkon hing. Dann ging sie zum Nest, um nachzusehen, ob vielleicht die Hennen Eier gelegt hätten. Wieder im Zimmer nahm Golnār den Flickkorb und besserte die Unterwäsche ihres Mannes aus. Beim Nähen kreisten ihre Gedanken immer wieder um die Goldmünze. In ihrer Phantasie stellte sie sich jetzt Ohrringe, Armbänder oder Ketten vor, Wünsche, die, Gott weiß wann, nur ihr Mann erfüllen konnte.

Der Tag war sehr langsam vergangen. Als Meister Dscha'far am Abend heimkam, fragte sie freundlich wie immer gleich an der Tür, aber doch mit etwas erregter Stimme: »Schon da, Meister? Was hast du denn mitgebracht?«

Ohne eine Antwort abzuwarten, nahm sie ihm das Brot und die Eßpakete aus der Hand.

An diesem Abend liebkoste Golnār ihren Mann besonders zärtlich, umarmte ihn und drückte ihn fest an sich, und er erwiderte leidenschaftlich ihre Küsse. Sie schwätzte, lachte und erkundigte sich nach seiner Arbeit, um ja nicht ihr Geheimnis preiszugeben.

Nach einem erquickenden Schlaf brach wieder ein neuer Tag an, als ob sich in ihrem Leben nichts geändert hätte. Meister Dscha'far ging zur Arbeit, und Golnār räumte lustlos das Zimmer auf. Die Sonne schien auf die Terrasse, als sie die Hausarbeit schon erledigt hatte, und wie jeden Tag begann sie sich zu schminken. Hie und da aber schweifte ihr Blick zum Dach. Nein, Golnār wollte sich keinen trügerischen Hoffnungen hingeben. Aber während sie mit dem Lidstift über ihre Augen strich, sah sie im Spiegel, wie von der Mauer eine Krähe laut krächzend aufflog. Vor Schreck erstarrte sie: dieselbe Schlange wie am Vortag wand sich gleich einer Feuerflamme im Schatten der Mauer. Vor Angst stieß Golnār einen Schrei aus und wollte sofort aufstehen. Da aber die Schlange zurückgekrochen war, wischte sie sich aufatmend den kalten Schweiß von der Stirn ab. Da klirrte wieder eine Münze auf den gepflasterten Boden. Ihr Herz schlug heftig. Feuer ergriff ihren Körper. Und doch: Ein Schauer der Angst durchfuhr sie. War es etwa ein böser Geist, eine gute Fee oder ein Zauberspiel? Sie suchte Zuflucht bei Gott, murmelte ein Gebet und blies sich abergläubisch an. Aber leise regte sich in ihrem Herzen eine Hoffnung: »O Gott! Wieder eine Goldmünze? Also sind es zwei, jetzt kann ich mir zwei Ohrringe daraus machen lassen!«

Die junge Frau stand überglücklich auf und begoß die Münze dreimal mit Wasser. Dann betrachtete sie sie: Genau wie die Goldmünze vom Vortag sah sie aus! Lächelnd ging sie zur Terrasse, wickelte die erste Münze aus, ließ sie in der Sonne blitzen und auf ihrer Hand aneinander klirren.

Wie hell die Münzen doch glänzten! Golnār schwebte in Träumen, aber etwas trübte ihre Freude: Wie sollte sie ihrem Mann erzählen, was sich in den beiden letzten Tagen zugetragen hatte? Sollte sie's überhaupt tun? Würde er ihr Glauben schenken? Würde es nicht eher zu Mißverständnissen, Beschimpfungen und Streitereien führen? Wie sollte sie ihn dann wieder versöhnen? Sollte sie etwa mit ihm auf die Schlange warten, damit er sie mit eigenen Augen sehen könne? Gut, aber wenn sie nicht erschiene, was dann? Das wäre natürlich eine Blamage und alle würden dann auch ihrem Mann recht geben. Ja, fremder Schmerz geht nicht ans Herz. Also wird wohl am besten sein zu schweigen.

Draußen dunkelte es. Der Mann kam nach Hause zurück; ahnungslos verbrachte er noch einen schönen Abend mit seiner Frau und ging am Morgen wieder zur Arbeit. Nachdem Golnār die Tür hinter ihm geschlossen hatte, öffnete sie die Truhe, nahm die Münzen, die in ihrer Hand hell aufklirrten, lachte dabei, schnippte im Tanze mit den Fingern und sang leise eine Melodie vor sich hin:

»Ach . . . schlafe Frau!
die Nacht ist lau,
das Mäuschen beißt,
Gott alles weiß!«

Leichten Herzens wandte sie sich der Hausarbeit zu. Dann breitete sie die Kosmetiksachen aus, schminkte und frisierte sich. Die Schlange kam unerwartet um die Mauerecke und züngelte. Als die Frau sie erblickte, sprang sie auf und schrie, und die Schlange kroch wie üblich zurück; klirrend fiel eine Goldmünze auf den roten Ziegelboden. Doch Golnārs Schreie waren jetzt viel sanfter. Selbst die Schlange, die anfangs nur zögernd und vorsichtig herangeglitten war, näherte sich jetzt jeden Tag mehr und schlängelte sich dann langsamer zurück. Hie und da verharrte sie, streckte den Kopf nach oben und entfernte sich mit wellenartigen Bewegungen.

Trotz aller Vorsicht kroch die Schlange eines Tages, während Golnār sich schminkte, unbemerkt auf ihr Kleid, das über den Boden ausgebreitet war. Plötzlich erklang ein Ton, gleich dem Zischen des Wassers, das aus einem halbgeöffneten Wasserhahn herausfließt. Eine unverständliche leise Stimme schien ihr etwas sagen zu wollen. Golnār hielt den Atem an und spitzte die Ohren! Sie wollte aber lieber glauben, daß es nur das Geräusch des Windes war, der über die Weidenzweigen im Nachbargarten blies oder das leise Rascheln der Katze. Plötzlich fiel eine Münze, die größer und schöner war als die sieben anderen, die sie in einem Säckchen aus purpurnem Atlas aufbewahrte, auf den kleinen Teppich, auf dem sie saß, und rollte von dort klirrend über den Ziegelboden. Golnār starrte mit weitgeöffneten Augen vor sich hin. Schnell legte sie den runden Kupferspiegel und den Lidstift beiseite und hob die Münze auf, und dabei fühlte sie, wie ihre Hand etwas Weiches und Schlüpfriges berührte. Sie beobachtete die Schlange, die sich langsam wegschlängelte und freundlich den Kopf hob. Lächelte sie nicht sogar? Die durchdringend feurig glänzenden kleinen Augen waren auf die Frau geheftet. Golnār hörte oder glaubte zu hören: »Hab keine Angst, du schöne, weiße Lilie!«

Eigenartig, Golnār hatte keine Angst mehr! Der ewige Fluch, der seit der Vertreibung Adam und Evas aus dem Paradies auf uns Menschen lastet, schien in der Schlange nicht mehr verkörpert zu sein. Es war, als hätten sie sich schon immer gekannt. Doch Golnār war sprachlos. Bewegungslos saß sie da und blickte die Schlange an. Still und ruhig war es um sie. Die Kanarienvögel im Käfig zwitscherten nicht. Die Hühner im Garten gackerten nicht. Selbst die Straßenverkäufer und Bettler hörte man nicht. Kein Rabe krächzte und kein Hund bellte. Freundschaftlich rollte sich die Schlange neben Golnār zusammen, hie und da schob sie den Kopf nach vorne, und gleich einer züngelnden Flamme bewegte sie die spitze Zunge hin und her. Bei diesem Anblick fühlte sich Golnār plötzlich wie verwandelt. Ganz schlaff und schläfrig wurde sie. Sie legte sich auf den Teppich hin. Die Mittagssonne hatte ihre Wangen gerötet, und auf der Oberlippe glitzerten ein paar Tropfen Schweiß. Liebevoll streichelte sie den Kopf der Schlange und dachte fast schuldbewußt: »Wenn das mein Mann wüßte!«

Im blassen fahlen Licht schwebte verschwommen vor ihren Augen ein zauberhaft blühender Garten. Schneeweiße, zarte Seerosen mit dunklen, weit ausgebreiteten Blättern glitten wie Blumen ohne Wurzeln auf dem ruhigen Wasser eines Teiches. Licht und Schatten lösten sich ab, und der leichte Wind war voll des süßen Duftes. Im grauen Schatten der Ulme lag Golnār in schillernder Seide auf einer Sänfte aus Elfenbein und Ebenholz. Einen schlanken, schöngewachsenen Jüngling hielt sie in ihren Armen. Bis dahin ein Fremder, der aber nun ihr das Liebste war. Brennende Leidenschaft entflammte den Jüngling, und stürmisch warf er sich an ihre Brust. Eine bis dahin noch nie empfundene, unendlich süße Müdigkeit ließ Golnār ihr ganzes Leben vergessen. Alles floß ineinander: Farben, Düfte und Klänge. Oh, welch bezaubernde Liebesspiele! Halb entblößt, in leichte Seide gehüllt, entglitt sie ihm und ging schwebenden Schrittes über Gartenwege. Sie verbarg sich hinter Rosenblüten und Jasminsträuchern, sang wie eine Nachtigall, brach Äpfel und Pfirsiche von den Ästen und biß hinein. Den Jüngling trieb die Sehnsucht zur Geliebten, und einem Rehkitz gleich, floh sie vor ihm, lief lachend weg, bis sie schließlich in die Arme ihres Liebsten fiel.

Die Zeit verstrich. Der Garten erglühte in der reifen Farbenpracht des Herbstes, der Wind schüttelte von den Bäumen kleine Blättchen ab, in der Luft lag der bittere Erdgeruch, und am Himmel ballten sich graue und runde Wolken zusammen. Kahl ragten die Bäume und die welken Seerosen trieben auf dem toten Wasser. Der Himmel weinte, und es war kalt. Immer fester drückte Golnār den Geliebten an ihre Brust, aber die Kälte kroch in ihren Körper. Sie zitterte. Die Augen fielen ihr zu. Die Umarmung löste sich. Der Kuß erfror auf ihren Lippen. Sie war tief eingeschlafen.

Am Abend mußte Golnārs Mann über das Nachbardach steigen. Sie war auf der Terrasse eingeschlafen. Der Kupferspiegel, die Puderdose, der Lidstift und das kleine Säckchen mit den sieben Münzen lagen neben ihr; und auch eine große Goldmünze, die ihrer Hand entglitten war. Auf ihrer kalten Brust hatte sich eine Schlange zusammengerollt. Beim Geräusch der Tritte ihres Mannes und einiger Nachbarinnen eilte die Schlange schnell übers

Dach und verschwand. Während der Mann die Münzen genau betrachtet, gezählt und sie wieder in das Säckchen zurückgelegt hatte, fielen die scharfen Augen der jungen Nachbarin auf zwei milchige reiskornförmige Gebilde in der Einbuchtung zwischen den Brüsten Golnārs. Sie wußte, was das war: mit gierigen Händen griff sie danach, wickelte sie in ein Tuch und steckte sie in ihren Ausschnitt.

Jetzt war sie sicher, daß das Herz ihres Mannes ihr für immer gehören würde.

Zu Besuch

Sie war meine Spielgefährtin; wir wuchsen zusammen auf. Sie hatte Augen grün wie die See, blonde Haare und eine helle Hautfarbe.

Ich hörte, sie sei meine Braut; ich wußte zwar nicht, was damit gemeint war, aber es gefiel mir trotzdem! Ich war stolz darauf; ich wollte ein Mann sein, nicht der kleine Junge, dem man alles vorschreibt. Ich benahm mich wie ein Erwachsener; ich war fleißig in der Schule, ich wollte zu meiner Braut passen.

Eines Tages kam ich zu Besuch zu ihr. Es waren auch andere Kinder aus der Familie da. Oh, wie glücklich war ich doch an diesem Tag! Ich weiß nicht, warum ich ihr Haus so gern mochte: weil zwischen Pflastersteinen vielerlei verschiedenfarbige Blümchen wuchsen, oder weil ich das Gesicht des kleinen Mädchens mit den dortigen Apfelblüten vergleichen konnte, so zart war es.

Nach dem Mittagessen saßen wir unter der Aufsicht ihrer Mutter im Kreis herum, blätterten in unseren Büchern, sahen Fotos an, gaben uns gegenseitig Rätsel auf und sagten Verse auf. Bei alldem war ich bemüht, mich neben sie zu setzen, mich mit ihr zu unterhalten und ihre

Aufmerksamkeit auf mich zu lenken. Aber auch die anderen Jungs taten das, bewußt oder unbewußt, und sie nahmen keine Rücksicht darauf, daß sie meine Braut war! Ich hatte es da nicht leicht.

Als ihre Mutter sich endlich in ihr Zimmer zurückzog, fühlten wir uns freier, ungezwungener. Das Versteckspiel bot eine gute Gelegenheit, ihr nachzulaufen, sie zu suchen und anzufassen, ihren schnellen Atem zu hören, den Geruch ihrer verschwitzten, hinter die Ohren zurückgesteckten Haare einzusaugen und den Schlag ihres Herzens zu spüren.

Aber da erschien plötzlich mitten in unserem herrlichen Spiel ihre Amme, eine alte Frau, deren Äußeres mich an die Kupplerin in dem Märchenbuch ›Vierzig Papageien‹ erinnerte! Genauso sah sie aus mit ihrer finsteren Miene, ihren vielen Falten und ihrer wuchtigen Adlernase. Wir bekamen Angst und verstummten gleich; wir erwarteten, daß nun der Ruf des Schicksals von den welken Lippen der alten Frau ertönen würde. Ihre finsteren Blikke schweiften umher, und dann sagte sie im Gilāner* Dialekt etwa folgendes: »Kinder, ihr habt euer Mittagessen bekommen, eure Braut gesehen, haut schon schnell ab!« Und sie warf uns hochkant hinaus.

Warum nur fallen mir immer die Worte der Alten ein, wann immer ich an den Tod denke?

* Gilān: Waldreiche iranische Provinz am Südwestufer des Kaspischen Meeres.

MAHMUD KIĀNUSCH
Die Brautwerbung

Das mittelgroße, schlanke Mädchen zog seinen weißgeblümten, zurückgerutschten Schleier vom Scheitel bis fast zu den Augenbrauen herunter. Nur ungern verbarg Gouhar ihren nußbraunen Haarschopf, aber vom Hof her war rauhes Husten zu vernehmen.

»Papa kommt, Papa kommt!« rief sie mit weicher Stimme.

Ihre großen, blaugrünen Augen blitzten vor Freude und Aufregung, und sie konnte es nicht hindern, daß ihr die Schamröte ins Gesicht stieg, die sie zugleich schöner und unschuldiger erscheinen ließ. Ihr Blick, ihre Bewegungen drückten sowohl Koketterie und Hoffnung als auch Aufregung und Besorgnis aus. Zögernd machte sie zwei Schritt auf die Tür zu und fragte mit gedämpfter Stimme:

»Was machen wir jetzt, Mutter? Sagen wir's ihm?«

Die bejahrte, magere Frau, die unter dem Kaminsims vor dem Samowar saß, richtete sich auf und antwortete in ruhigem, aber dennoch gebieterischem Ton, in dem ein leiser Vorwurf nicht zu überhören war:

»Ich sagte doch schon, daß ich es ihm beibringen werde. Hörst du jetzt endlich auf, mir damit in den Ohren zu liegen?«

»Aber wenn sie merken ...« Sie konnte den Satz nicht zu Ende sprechen; ein alter Mann von kleiner, ausgemergelter Gestalt trat hustend ins Zimmer. Die Frau murmelte vor sich hin: »Daß die Mädchen heute kein bißchen Anstand besitzen! Komisch! Was sind das nur für Zeiten?«

Der Mann zog aus der Tasche seines langen geschlitzten Obergewandes ein schmuddeliges Seidentuch hervor und wischte sich damit den Mund. Dann fragte er mit tiefer, grober Stimme: »Was ist denn los, was murmelst du da?«

Die Frau drehte den Hahn des Samowars auf und antwortete, während sie das Glas mit brodelndheißem Wasser füllte, mit gespielter Gelassenheit: »Gar nichts. Komm, setz dich und trink ein wenig heißes Wasser; das lockert deinen Husten.«

Der Mann setzte sich auf ein kleines, an der Wand liegendes Sitzpolster, lehnte sich an ein mit Bettzeug gefülltes Bündel und hustete wieder ein paarmal. Seine Frau stellte das Glas und eine kristallene Zuckerdose vor ihn hin. Bevor der alte Mann seinen Hustenanfall überwunden hatte und etwas sagen konnte, erzählte sie ihm:

»Na, hast du's gehört? Maschdi Gholām, der Sohn des Seifenhändlers, hat auch 'ne Pilgerfahrt nach Kerbela gemacht. Gestern war ein toller Betrieb bei denen. Alles war herbeigeschwärmt und bekam Datteln, Siegelsteine und Rosenkränze geschenkt. Sogar ein Hammel wurde geschlachtet. Mein lieber Mann, das war vielleicht ein Aufwand!«

Der Mann tat ein paar Stücke Würfelzucker in sein Glas, räusperte sich und fuhr, die Worte seiner Frau nicht beachtend, seine Tochter an: »Warum stehst du hier herum? Entweder setz dich hin oder geh und tu was!«

Ein leichtes Lächeln huschte über die Lippen der Frau.

»Ja, Mädchen«, sagte sie dann, »hol einen Nähbeutel und mach deine Stickerei fertig. Keine Spur von dem Fleiß, den wir früher hatten. Morgens setzten wir uns hin, schnitten einen Rock zu und abends legten wir ihn, fix und fertig genäht, beiseite!«

Gouhar gab sich Mühe, den Blick der Mutter auf sich zu ziehen. Endlich gelang es ihr, ihr zuzublinzeln; dann ging sie aus dem Zimmer. Der Vater trank einen Schluck Wasser, schob das Glas zurück und bemerkte mürrisch: »Mir kommt es vor, als ob das Wasser schlecht schmeckt.«

Rasch schnitt ihm die Frau das Wort ab: »Gut, schon gut, es riecht also! So ein Unsinn! Du suchst doch bloß einen Vorwand zum Nörgeln. Ich selber habe die Gläser zweimal gespült. Den Samowar hat Gouhar blitzblank geschrubbt.«

Der Mann fuhr sich, als hätte er nichts gehört, mit der Hand durch seinen üppigen kurzgeschnittenen, graumelierten Bart. Verletzter Stolz flammte in seinen schwarzen, tiefliegenden Augen auf. Bedächtig den Kopf hin und her wiegend, erzählte er:

»Zu unserer Zeit schlüpfte unsereiner in seine Schuhe und wanderte mutterseelenallein zum Heiligengrab. Und das zu einer Zeit, in der jedem, der nur das Wort Reise hörte, die Haare zu Berge standen. Ich sage dir, es hat oft Räuber gegeben mit Dolchen, Flinten und Patronengürteln, und die sind über die Pilger hergefallen. Dem einen wurden die Kleider vom Leib gerissen, dem anderen der Hals durchgeschnitten und dem dritten der Bauch aufgeschlitzt. Und so zog man viele Monate hindurch von Dorf zu Dorf. Ja, ja, so sah damals eine Wallfahrt aus!«

Widerwillig trank der alte Mann noch einen Schluck, wischte sich mit dem Taschentuch die feuchten Augen und sagte weiter: »Wenn der Heilige jemanden zu sich ruft, sei's auch vom Sterbebett, muß er aufstehen und sich auf den Weg machen!« Dabei glitzerten Tränen in seinen Augen.

Gouhar trat, noch aufgeregter als zuvor, mit einem großen, weißen, zerknitterten Beutel in der Hand ins Zimmer und setzte sich so unauffällig zu ihrer Mutter, daß der Vater sie nicht bemerkte. Sie nahm Nadel und Faden zur Hand und tat beschäftigt. Kaum daß sie Platz genommen hatte, stieß sie ihre Mutter sanft in die Seite. Ihre Augen schienen zu fragen: Hast du's schon gesagt? Die Frau sprach ganz leise: »Wenn sie da sind, kommst du gemessenen Schrittes ins Gästezimmer und setzt dich betont langsam hin. Später holst du dann den Tee herein.« Darauf setzte sie eine gewichtige Miene auf und sagte laut:

»Nicht wahr, in einer halben Stunde werden sie hier sein.«

»Wer?« fragte der Mann erstaunt.

»Gestern hab ich's dir doch schon gesagt!« gab die Frau zurück.

Der Mann schwieg. Etwas enttäuscht, fuhr die Frau fort: »Ich habe dir doch gesagt, daß Frau Rasawi, die Mutter von Manutschehr, heute zu uns kommt. Sie möchte Gouhar kennenlernen und auch mit uns sprechen. Vielleicht kommt auch der junge Mann ...«

Unvermittelt brach sie im Satz ab, legte der Tochter die Hand auf die Schulter und sagte hastig: »Steh auf, mach schon, geh ins Nebenzimmer! Hock nicht hier herum und spitz die Ohren! Bei Gott, über die Mädchen von heute kann man sich bloß wundern. Zu meiner Zeit war das ganz anders; wenn das Wort ›Brautwerber‹ fiel, verkrochen wir uns wie die Mäuse!«

Schnell knüllte Gouhar den Beutel zusammen und verließ das Zimmer. Eine Weile blieb es still, nur das rasche anheimelnd wirkende Glucksen des Samowars war zu hören. Schließlich gab der Mann nach: »Was sollen sie denn mit mir reden? Genügt es nicht, daß du da bist?« Die Frau ärgerte sich: »Gott behüte, der Vater bist doch du. Wenn du den Ehevertrag mit deinem Fingerabdruck nicht beglaubigst, ist die Ehe doch nicht gültig. Ist dir das klar?«

»Aber du hast mich ja noch gar nicht gefragt, ob ich einverstanden bin.«

»Fängst du schon wieder an zu knurren? Soll deine Tochter vielleicht versauern? Schau doch mal ihre Brüste an! Die sehen bald wie zwei Wassermelonen aus! Die ist doch wild auf einen Mann. Verstehst du das nicht? Soll sie vielleicht solange warten, bis sie nicht einmal mehr einen Lastträger kriegt?«

Der Mann behielt seine finstere Miene bei, lenkte jedoch ein: »Aber Frau, wie kannst du nur deine Tochter einem wildfremden Mann geben? Außerdem sind die nicht unser Kaliber!«

Halb zustimmend antwortete die Frau: »Richtig, ich kenn' die Leute nicht, aber du hättest einmal die Fātemeh hören sollen, die Badewärterin. Die geht nämlich seit Jahren bei denen ein und aus, kennt ihre Lebensverhältnisse ganz genau. Du kannst dir nicht vorstellen, mit welcher Begeisterung sie von dem jungen Mann spricht.«

»Hast du nicht gesagt«, fragte der Mann, »daß der Bursche Lehrer ist?«

»Was heißt Lehrer?« korrigierte die Frau schnell, »Mittelschullehrer ist er! Ein anständiger, ordentlicher, gescheiter Mann, dem deine Neffen nicht das Wasser reichen können!« Der Mann zuckte zusammen und sagte mit unterdrücktem Groll: »Versteh' ich nicht, jetzt sind die Söhne meines Bruders für dich ein Dreck, was?«

Nun konnte die Frau nicht mehr an sich halten und wurde zornig. Heftig nahm sie die Teekanne vom Samowar herunter und hielt sie unter den Hahn. Aber in ihrer Wut vergaß sie, ihn aufzudrehen.

»Wann kommen sie denn?« fragte der Mann nun in einem etwas friedfertigerem Ton.

»Ich habe doch gesagt, daß sie bald hier sind.«

»Und über was soll ich mit denen sprechen? Ich kenn' die Leute ja überhaupt nicht.«

»Ja und? Ich kenne die auch nicht. Allen anderen gegenüber bist du wie ein harmloses Lamm, mir gegenüber aber wie ein grimmiger Löwe! Sag irgend etwas, sprich über dieses und jenes, bloß ... bloß ...«

»Bloß was? Was willst du denn sagen, Frau?«

»Gar nichts!«

»Na los, red' schon, hab' dich doch nicht so!«

»Wenn ich was sage, dann braust du wieder auf.«

Der Mann ärgerte sich und sagte nichts.

»Du weißt doch«, fuhr die Frau nach einer kurzen Weile fort, »wie sehr mir Gouhar zusetzt ...«

Seiner Stimme einen gleichgültigen Ton gebend, fragte der Mann: »Und was will sie von dir?«

Zögernd antwortete die Frau: »Hör mal, Gouhar will nicht, daß die Leute merken, daß ...«

Den Rest verschluckte sie. Der Alte aber war neugierig geworden. Plötzlich machte die Frau, die dem Weinen nahe war, ihrem Herzen Luft: »Kurz und gut, daß du kein ungereimtes Zeug daherredest, das uns blamieren könnte. Hüte deine Zunge! Wir Alten wissen nicht, was der Jugend von heute gefällt. Am besten, wir sagen nichts, oder wir drehen vorher jedes Wort zweimal im Mund herum.«

»Ich verstehe dich nicht«, erwiderte wütend der Mann, »mal sagst du, sie kommen her, um mit mir zu sprechen, dann wieder, es ist besser, gar nichts zu sagen! Warum redest du eigentlich so einen Unsinn? So weit ist es also schon gekommen, daß ich vor einem hungerleidenden Geck oder seiner Mutter mit über der Brust gekreuzten Händen dasitzen und den Mund halten muß, um mir anzuhören, was die Menschen von heute zu sagen haben!«

Um ihren Mann zu beruhigen, wollte die Frau etwas entgegnen. Bevor sie jedoch den Mund öffnen konnte, fuhr der Mann sie an: »Also, damit du Bescheid weißt: Wer sich wegen mir schämt, soll hingehen, wo der Pfeffer wächst!«

Es wurde an die Haustür geklopft. Die Frau sprang auf, legte sich schnell den Schleier um und rief: »Sie kommen, sie kommen! Mann, denk bloß daran, daß sie nicht merken dürfen, was du von Beruf bist. Beiß die Zähne zusammen!«

Sie verließ hastig das Zimmer. Im Hof rief sie mit beklommener Stimme: »Aber doch nicht du, Mädchen! Geh sofort zurück!«

Gouhar, die klopfenden Herzens losgelaufen war, die Tür zu öffnen, kehrte, dem Befehl der Mutter folgend, ins Haus zurück.

Das Gästezimmer war kleiner als das Wohnzimmer; es hatte eine Flügeltür und ein Fenster. Der Fußboden war mit drei verschieden großen Teppichen bedeckt. Neben dem Fenster und zu beiden Seiten des Kaminsimses hingen weinrote Atlasvorhänge. An der einen Wand war ein silbergerahmtes Porträt von Ali und ein mit Goldbuchstaben geschriebener Koranvers zur Abwendung des bösen Blickes angebracht. In einer Nische stand ein runder Schwenkspiegel; der ganze Raum lag im Halbdunkel.

Gouhar hielt mit gerötetem Gesicht und zitternden Händen das Tablett mit Teegläsern der unverschleierten, herausgeputzten Frau hin, die an der Stirnseite des Zimmers hinter einem kleinen Tisch auf dem Sessel saß. Mit verstohlenem Lächeln, das zugleich Ergebenheit ausdrückte, bemühte sich das Mädchen, die Aufmerksamkeit der Frau auf sich zu lenken. Die Besucherin warf ihr einen prüfenden Blick zu, nahm ein Teeglas vom Tablett und bedankte sich bei ihr.

Gouhar schwieg und ließ, etwas mutiger geworden, das gleiche spitzbübische Lächeln auf ihren Lippen erscheinen. Doch ihre Augen drückten ihre Aufregung aus. Froh darüber, den Tee nicht verschüttet oder sonst irgendeine Ungeschicklichkeit begangen zu haben, atmete sie auf und verließ das Zimmer.

Der Vater räusperte sich und sagte: »Wie ist das, wird in der Schule Ihres Sohnes den Kindern auch der Koran beigebracht?«

»Mein Sohn ist Mittelschullehrer«, erklärte die Frau lächelnd, »der Koran wird nur in der Grundschule gelehrt.«

»Was unterrichtet denn also Ihr Herr Sohn?« fragte der Alte weiter.

»Mathematik.«

Leise wiederholte der Alte: »Mathematik!« Seinem Ton war anzumerken, daß ihm die Bedeutung des Wortes unbekannt war. Nach einem kurzen Seufzer fuhr er fort: »Nein, so was! Wie haben sich doch die Zeiten geändert! Diese teuflischen Wissenschaftler haben den Glauben der Menschen kaputt gemacht!«

Gouhars Mutter mischte sich ein: »Ach, was soll's! Die Kinder gehen schließlich nicht in die Schule, um nur den Koran zu lernen.« Die Frau bestätigte ihre Worte mit einem Lächeln und schwieg. Sie war etwa fünfundvierzig Jahre alt, mittelgroß, mit rundem, bräunlichem Gesicht und glatt gekämmtem, schwarzem Haar. Ihr Kleid war aus feiner Kaschmirseide, das ihre glänzenden, vollen Beine freiließ.

Der Mann hatte sich inzwischen auf einen Sessel gesetzt und rutschte ständig hin und her; dabei strengte er sich an, den Blick von den nackten Beinen der Brautwerberin abzuwenden, und machte ein gespielt nachdenkliches Gesicht. Seine Frau erhob sich und sagte mit etwas müdem Lächeln: »Entschuldigen Sie, meine Dame, Ihr Tee wird kalt. Ich bin gleich wieder zurück, ich muß nur eben nach dem Abendessen sehen und Wasser nachgießen.«

Die Dame wollte aufstehen, überlegte es sich aber und blieb sitzen. Die Mutter eilte indessen ins Wohnzimmer zur Tochter, die vor dem Spiegel stand und sich zulächelte. Als sie die Mutter kommen hörte, drehte sie sich um und setzte sich an den Samowar. Die Mutter beugte sich zu ihr hinunter und flüsterte ihr ins Ohr: »Gouhar ...« Rasch fragte das Mädchen: »Hast du's ihm gesagt? Hast du ihn darauf vorbereitet?« Ungeduldig antwortete die Mutter: »Ja doch, hab' ich, und dir sage ich, daß du dich ein bißchen gesitteter betragen solltest. Weder hat es einen Sinn zu lachen, noch ein finsteres Gesicht zu machen. Benimm dich so, als wär' keine Brautwerberin da. Wenn sie nur eine Spur von Ungeschicklichkeit bei dir entdeckt, dann hast du das Spiel verloren. Ist dir das klar?«

»Schon gut, Mutter«, antwortete das Mädchen barsch und fuhr, nachdem sie den Samowar angeheizt hatte, fort: »Soll ich mich vielleicht vor sie hinstellen und tanzen? Tja, wenn es der Sohn selber wäre ...«

Die Mutter überhörte diese Bemerkung, sie sprach weiter: »Was ich dir noch sagen wollte: Du weißt, die Sessel gehören nicht uns; du selber hast sie heute morgen von Frau Mahin ausgeliehen. Wenn du Tee oder sonst etwas darauf verschüttest, macht sie uns die Hölle heiß. Sei also vorsichtig!«

»Na schön«, entgegnete Gouhar ungeduldig, »was nörgelst du herum, Mutter? Denkst du vielleicht, ich würde den Tee absichtlich verschütten? Immer hast du was an mir auszusetzen.«

Die Frau schwieg und ging zur Tür hinaus, jedoch nicht in die Küche. Ihrem Gesicht einen heiteren Ausdruck gebend, betrat sie das Gästezimmer. Die Brautwerberin gab sich unwillkürlich einen Ruck und stand aus Höflichkeit halb auf. »Um Himmels willen«, sagte Gouhars Mutter schnell, »bleiben Sie sitzen, machen Sie es sich bequem!«

Gouhars Vater nutzte die Gelegenheit, um vom Sessel aufzustehen und sich auf den Teppich zu setzen. Seine Frau blickte ihn grimmig an, sagte aber nichts, sondern setzte ein gezwungenes Lächeln auf. Ihr Mann, der von ihrem scharfen Blick verlegen geworden war, hustete ein paarmal und sagte dann: »Auf dem Teppich sitze ich bequemer, Gewohnheitssache. Den Leuten genügte früher eine Kissenrolle und eine kleine, weiche Matratze. Wo gab's denn so etwas? Das ist doch alles nur fauler Zauber. Die Menschen von heute sind nur auf gutes Essen und Luxus aus.«

»Schon gut, Freundchen«, wandte seine Frau schnell ein, »das gehört aber jetzt nicht hierher.«

Die Brautwerberin rutschte auf ihrem Sessel hin und her und warf den beiden einen Blick zu, um ihn dann unvermittelt auf die Zimmertür zu heften. Dann wandte sie sich dem Alten zu und sagte:

»Sie mögen recht haben, aber heutzutage kann man nicht mehr wie früher leben; die Zeiten haben sich geändert. Doch lassen wir das und kommen lieber zur Sache!« Ein gezwungenes Lächeln erhellte ihr Gesicht, und sie fuhr fort: »Eigentlich wollte mein Sohn mitkommen, ich hielt es aber für besser, Sie vorerst allein zu besuchen. Ich glaube, wir sollten erst einmal allein miteinander sprechen. Wenn wir eine Übereinkunft getroffen haben, würde er sich natürlich gerne mit Ihrem Fräulein Tochter unterhalten. Selbstverständlich auch mit Ihnen.«

»Tja«, sagte der Mann lächelnd und fuhr sich mit der Hand durch den Bart, »vielleicht haben Sie recht: Wenn der Mensch seine Suppe zu schnell hinunterschluckt, verbrennt er sich die Kehle! Sehen Sie, liebe Dame, die Sache gleicht einem Wollknäuel: Will man den Anfang schnell finden, kann es leicht passieren, daß sich das Ganze verheddert.«

»Nun reicht's aber!« fuhr ihn ungehalten seine Frau an. »Du mit deinen albernen Sprichwörtern!« Dann wandte sie sich lächelnd der Brautwerberin zu: »Meine Dame, mein Mann und ich, das heißt eigentlich unsere ganze Familie, sind der Meinung, daß das Mädchen ins Haus des Ehemannes im Schleier hineingehen und es im Leichentuch verlassen soll.«

Das Wort »Leichentuch« erzeugte ein Gefühl des Unbehagens in der Brautwerberin. Langsam stellte sie das geleerte Teeglas auf den Tisch, warf abermals einen Blick auf die Zimmertür und sagte: »Ja, das meinen aber alle. Welche Eltern wünschen sich nicht, daß ihre Kinder glücklich werden? Wichtig aber ist, daß die jungen Leute sich verstehen und mit den heutigen Lebensformen vertraut sind.«

Gouhars Mutter wollte etwas einwenden, als sie den auf die Tür gerichteten Blick der Besucherin bemerkte. Für einige Minuten herrschte beklommenes Schweigen im Zimmer. Dann rief die Gastgeberin mit lauter Stimme: »Gouhar, Gouhar, wo steckst du denn? Wo bleibt der Tee?«

Wie ein Blitz erschien Gouhar in der Tür. Das abweisende Lächeln der Brautwerberin, der wütende Blick der Mutter und die Teilnahmslosigkeit des Vaters bereiteten ihr einen nicht sehr freundlichen Empfang. Doch das machte ihr nichts aus. Als müsse sie ihren Schleier in Ordnung bringen, schlug sie ihn zurück und ließ ihre Figur sehen, um sich dann wieder fest in ihn einzuhüllen. Mit dem gleichen verstohlenen, zaghaften Lächeln nahm sie das Tablett vom Tisch. Sofort sagte die Brautwerberin: »Nein, danke schön, bringen Sie mir keinen Tee mehr, Fräulein! Kommen Sie, setzen Sie sich zu mir!«

Gouhar stellte das Tablett wieder auf den Tisch und setzte sich neben ihre Mutter. Die Mutter wandte sich ihr mit einem vorwurfsvollen Blick zu und sagte: »Aber Mädchen, warum hüllst du dich so fest in deinen Schleier ein? Hier ist doch kein Fremder! Außerdem: weißt du nicht, was sich gehört? Wenn die Dame auch ablehnt, mußt du dann nicht doch Tee bringen?« Dann wandte sie sich dem Gast zu und meinte: »Ach, trinken Sie doch noch einen Tee, er ist frisch aufgebrüht.«

»Nein, danke, gewöhnlich trinke ich zu dieser Stunde keinen Tee.«

Da setzte sich Gouhar, die sich vorher halb aufgerichtet hatte, wieder hin. Der Mann, der eine Weile geschwiegen hatte, scharrte mit den Füßen, holte tief Atem und bemerkte: »Wir haben ein Sprichwort, das besagt . . .«

Scharf fuhr ihn seine Frau an: »Sag mal, hast du vor, die Angelegenheit zu besprechen oder willst du uns deine Sprichwörter hersagen? Die Dame hat kein Interesse, dein albernes Gerede anzuhören! Du wolltest doch ins . . . ins Geschäft gehen, oder?«

Die Stimmung war gereizt. Gouhar warf dem Vater

einen bösen Blick zu, sprang wie von der Tarantel gestochen auf und verließ das Zimmer. Die Brautwerberin verzog das Gesicht, die Züge des Vaters verkrampften sich, und seine Frau wußte vor Aufregung nicht, was sie sagen sollte. Sie sah blaß aus und wartete nur darauf, daß der Gast gleich aufstehen und das Zimmer verlassen werde. Der Mann konnte all diese Beleidigungen und Zurechtweisungen nicht mehr ertragen und platzte plötzlich heraus: »Was ist denn los? Was habe ich denn gesagt?«

Seine Frau warf der Brautwerberin einen flüchtigen, beschämten Blick zu und sagte dann zu ihrem Mann: »Nein, du hast nichts Ungehöriges gesagt. Aber was soll das ganze Gerede? Es kommt doch nichts dabei heraus.«

Der Mann hockte sich auf die Knie nieder und brauste auf: »Frau, was redest du da? Wollen wir das Mädchen loswerden oder einander Lügen an den Kopf werfen?«

Die Frau war vor Aufregung einem Schlaganfall nahe. Sie war wie gelähmt und brachte keinen Ton heraus. Der Mann stand auf, hustete ein paarmal, holte sein Taschentuch hervor und ging auf die Zimmertür zu. Nahe der Schwelle blieb er stehen, drehte sich um, ließ seinen Blick umherschweifen und faßte sich, voller Wut, ein Herz:

»Ich wußte es von Anfang an, 's hat alles keinen Sinn. Ich bin halt kein Schwindler. Mit Lügen hab' ich nichts zu schaffen. Tut mir leid, für mich gibt's nichts Besseres als Wahrheit und Aufrichtigkeit. Ja, es stimmt, ich bin altmodisch und kann nicht so gescheit reden, aber ich bin ein ehrlicher Mensch. Und ein Geschäft hab' ich nicht im Basar. Ich bin stolz darauf, daß ich sechzig Jahre meines Lebens in Ehren gelebt habe. Weder habe ich jemandem was weggenommen noch gebettelt. Und damit alle Bescheid wissen: Meine Tochter geb' ich nur dem, der sie in Ehren hält. Und damit basta!« Damit wandte er sich um und verließ hustend das Zimmer.

Die Brautwerberin erhob sich, blieb aber noch, verblüfft und verwirrt, auf ihrem Platz stehen. Auch Gouhars Mutter stand auf. »Meine Dame«, sagte sie entschuldigend, »bitte verzeihen Sie vielmals! Mein Gott, diese Schande . . . Ich möchte am liebsten . . . am liebsten in die Erde versinken. Sehen Sie, mein Mann ist ein bißchen . . .

Wie soll ich sagen, er regt sich schnell auf ... Ich weiß nicht, was plötzlich in ihn gefahren ist.«

»Ach, das macht nichts«, entgegnete die Frau, »er hat sich halt aufgeregt. Es ist besser, wenn ich jetzt gehe. Heute kommt doch nicht viel heraus. Entschuldigen Sie bitte die Störung!«

Gouhars Mutter begleitete sie zur Haustür und sagte: »Verzeihen Sie bitte nochmals! Hören Sie nicht auf das, was er sagt; er ist alt und senil. Würden Sie uns wieder beehren?«

»Ich weiß nicht«, erwiderte die Frau, »wir werden sehen. Vielleicht komme ich mal mit meinem Sohn vorbei. Auf Wiedersehen, grüßen Sie bitte Ihren Mann von mir!«

»Gerne, und Sie Ihren Sohn und Herrn Rasawi!«

Sie schloß die Tür hinter dem Gast und kehrte ins Wohnzimmer zurück. Gouhar saß zusammengekauert in einer Ecke und weinte. Als sie ihre Mutter sah, schrie sie sie an: »Der Teufel soll euch holen, ihr Verrückten! Die kommen nie wieder ... nie wieder!«

»Ach, was soll's, Mädchen«, versuchte die Mutter sie zu beruhigen, »das ist doch nicht so schlimm, Männer gibt's wie Sand am Meer! Steh auf, hör auf zu flennen! Geh, schau mal nach der Fleischbrühe! Los, mach schon!«

Und sie verließ das Zimmer.

EBRĀHIM GOLESSTĀN
Das Ende der Reise

Zitternd betrat sie den Vorhof. Seitdem sie aufgebrochen war, nein, eigentlich seit jener unglückseligen Nacht, da besonders viele Kunden gekommen waren, sie sich aber müde und elend fühlte und zu nichts mehr fähig war, hatte sie gezittert. Sie hatte gezittert, als es zu Handgreiflichkeiten kam, als sie Prügel einstecken mußte und dann zornig, schluchzend und von schrecklichen Kopfschmerzen geplagt auf den Gedanken verfiel, wegzulaufen und Buße zu tun. Unterwegs hatte sie gezittert; eine erwartungsvolle Spannung hatte ihr fast den Atem geraubt, bis sie endlich ankam. Und nun war sie angekommen und stand bebend im Vorhof. Sie war voller Unruhe, aller Mut hatte sie verlassen. In vornehmer Würde lag der Hof, und drinnen im Heiligtum, im Herzen der schwarzverhängten Gruft, leuchtete das Licht des vielgerühmten Fürsprechers. Voller Unruhe war sie, hatte ganz vergessen, daß sie jemanden nach der richtigen Art und Weise, Buße zu tun, hatte fragen wollen. Sie bestieg die Estrade, warf sich, ihrer selbst nicht mehr mächtig, auf der Schwelle der geweihten Stätte nieder und brach in Tränen aus.

Als sie den Kopf wieder hob, hatten sich ihre Augen an die Helligkeit im Innern des Heiligtums gewöhnt. Alles war reingewaschen, weggefegt, nichts mehr existierte außer ihr. Die Menschenmenge, die unter der hohen Kuppel in ständigem Hin und Her begriffen war, schien sie in ihrer Abgeschiedenheit nicht zu stören. Ihr war, als hätte noch niemand die Schwelle überschritten, noch kein Auge die Tiefe des Heiligtums ausgemessen, als wäre die Gruft stets makellos geblieben, keinem Einfluß zugänglich, unberührt. Und nun war sie gekommen, und niemanden gab es mehr außer ihr. Nur sie war da und diese unmittelbare Verbindung mit dem Dasein, mit dieser Umfriedung, diesem Mittelpunkt der Verehrung. Und sie weinte.

Dies In-sich-Gekehrtsein nahm all den vergangenen Jahren die Gültigkeit. Als ob das in einem anderen Leben gewesen wäre, als ob sie wieder zu den Wurzeln ihres Daseins zurückgekehrt wäre, zurückversetzt in einen Zustand sicherer Gewißheit, noch nie von jemandem geliebt worden zu sein und auch selbst noch nie jemanden geliebt zu haben, nie, niemals! Die Hand hatte sie in das stählerne Gitter geschoben und umklammerte die harten, polierten Stäbe. Prüfend wischte sie mit den Fingern über die Rückseite des Gitters, hoffend, dort noch ein wenig Staub vorzufinden. Dann bestrich sie sich damit die Lider*. Sie preßte die Lippen auf die Stäbe; ihr drängender Kuß wandelte sich in ein begieriges Aufsaugen und In-sich-Aufnehmen alles Göttlichen.

»Mögen deine Bitten Erhörung finden, Schwester!«

Sie wandte sich um und gewahrte einen stattlichen, gutaussehenden Sseyjed mit breiten, zusammengewachsenen Augenbrauen, roten Wangen, einem schwarzen Bart und samtenen Augen, der sie ernst und voll Mitgefühl anschaute.

»Diese deine Tränen sind edle Perlen«, fuhr der Sseyjed fort. Die Frau strich sich mit der Hand über die Augen, wischte sich die Tränen von den Wangen und gab den Gruß des Sseyjed geschmeichelt und verwirrt zurück.

Der Sseyjed, Gebete vor sich hinmurmelnd, hatte den Blick würdevoll auf seine Handrücken gesenkt, betrachtete das Siegel seines Achatrings und sagte leise: »Dein Tschādor ist heruntergerutscht, Schwester.«

Nachdem er ihr Zeit gelassen hatte, den Schleier wieder über den Kopf zu ziehen, meinte er: »Laß dein gottgefälliges Tun in jeder Beziehung vollkommen sein. Erlaube mir, zu Ehren des Imam Resā**, zu Ehren deiner aus tief betrübtem Herzen kommenden Tränen für dich die Heiligen anzurufen!« Und er begann mit seiner warmen Baßstimme gemessen zu psalmodieren.

In dem nämlichen Augenblick, da sie den Fuß auf die

* Dem Staub vom Schrein des Heiligen wird von Gläubigen heilsame Wirkung zugesprochen.

** Der 8. Imam (gest. 818), der in Mesched (Nordostiran) begraben liegt.

Schwelle des Vorhofs gesetzt hatte, war für sie die Welt versunken, vergangen; kein Name, kein Gesicht, keine Erinnerung an Vergangenes, kein Gedanke an Zukünftiges, nichts existierte mehr in ihrem Bewußtsein außer der Verzückung darüber, angekommen zu sein. Die Stimme des Sseyjed ließ die Welt wieder aufstehen, eine Welt aber, in der das Gewesene keinen Platz mehr hatte. Entschwunden waren die Nächte in jenem Haus, verflüchtigt hatte sich der Dunst von Fusel, ausgelöscht war jener grauenhafte Blutfleck am Ende der Pein, verraucht die Trunkenheit, verflogen alle Unruhe. Vergessen war der Mann, der schwer nach Atem rang, der Mann, dessen Gewicht bleiern drückte, der Kerl, der nach Mist roch, der, dessen Männlichkeit unter dem voluminösen, runden, harten aufgedunsenen Bauch wirkte wie des Herbstes letztes Blatt an einem abgeschlagenen, morschen, verlassenen Baumstumpf, der keuchte in eitler Erwartung der Lust, und dessen Geschlecht die Frau doch nicht erreichte; der Mann, der ein Messer zwischen den Schulterblättern stecken hatte, die Tür mit einem einzigen Fußtritt aus den Angeln hob, hereinkam, ihren Namen brüllte und der, nachdem der schlappe Kerl, der auf ihr gelegen hatte, erschrocken aufgesprungen und kopflos zur Tür hinaus geflohen war, blutüberströmt auf sie fiel, mit seinen rotverschmierten Händen über ihr Gesicht tastete, ihr seine Lippen auf Hals und Brüste drückte und tief aufstöhnte. Wie gelähmt war sie gewesen – und hatte erst da bemerkt, daß ein Messer bis zum Heft in seinem Rücken steckte und aus der Stichwunde Blut über ihre Brüste rann. Wie gelähmt war sie gewesen – dann gab der Mann seinen Geist auf. Wie gelähmt war sie gewesen, und unter dem Erdolchten hatte der Schlaf sie übermannt.

Die Frau brach in Tränen aus. Die Stimme des Rezitators war eingebettet in einen Duft von Rosenwasser, und heiße Röte stieg ihr in die Wangen. Sie stand zwischen dem Sseyjed und dem Grabgitter, hinter dessen Öffnungen die eigentliche Gruft lag. Sie schloß die Augen und flehte still im Herzen: »O Imam, verzeih mir meine Sünden!«

Zwischen den Gebeten sagte der Sseyjed: »Gott möge dir deine Tränen vergelten! Amen! Bei dem Fürsten der Gerechtigkeit, bei der Ehrwürdigkeit dieser heiligen Schwelle.«

»O du mein Gott«, sprach die Frau und wischte sich mit dem Schleier die Wangen ab. Und sie küßte das Metall.

»Bist du mit den Sitten und Gebräuchen dieses Heiligtums vertraut?« wollte der Sseyjed wissen.

»Wie? Was?« fragte die Frau und wandte ihm das Gesicht zu. Der Sseyjed hatte samtige, zärtlich und sanft blickende Augen. Die Kuppel war erfüllt von dem Gemurmel inständigen Flehens; unter Wehklagen, voll Furcht und Hoffnung machten die Leute ihren Rundgang im Heiligtum.

Bestimmt und liebevoll meinte der Sseyjed: »Alles hat seine bestimmten Regeln. Das hier ist eine ehrwürdige Stätte. Man muß die speziellen Vorschriften, die bei einer Wallfahrt zu beachten sind, kennen. Kennst du sie?«

»Nein«, sagte die Frau, und sie fürchtete, etwas falsch gemacht zu haben.

»Das solltest du aber. Warum hast du niemanden gefragt?«

Beschämt antwortete die Frau: »Ich ... ich bin erst heute hier angekommen. 's ist das erste Mal, daß ich wallfahren gehe.«

»Gott möge dich erhören! Woher kommst du?«

»Von überall und nirgends. Ich Arme gehöre nirgendwohin.«

»Aber, aber, so etwas darfst du nicht sagen. Deine Tränen zeugen von der Reinheit deines Herzens. Hat dich die Erfüllung eines Gelübdes hierhergeführt?«

»Nein«.

»Nein? Nun gut, du kannst auch jetzt noch was opfern. Dir zum Heile, deinen Kindern zum Heile. Ein Almosen geben ...«

»Kinder? Was für Kinder? Ich hab' niemanden, bin ganz allein.«

»Allein? Mit wem bist du dann hierhergekommen?«

»Mit niemandem. Allein!«

»Allein ist Gott. Eine Frau sollte niemals allein reisen. Vor allem nicht, um dem Heiligen ihre Aufwartung zu machen.«

Die Frau senkte den Kopf. Dann sagte sie: »Ich bin eben allein. Was soll ich denn machen, ich bin allein.« Und leise fügte sie hinzu: »Mir war, als ob er mich persönlich zu sich gerufen hätte.« Ganz ruhig war sie, war sicher, hier eine Zuflucht gefunden zu haben. Und der Duft von Rosenwasser lag in der Luft.

»Das Glück muß dir hold sein«, meinte der Sseyjed liebenswürdig, »wenn dich der Heilige zu sich geladen hat.«

In der Nähe der beiden starrte eine Frau in die Höhe der Kuppel hinauf, den Rücken dem Grab zugewandt. Leise sagte der Sseyjed: »Jetzt muß du um den Schrein herumgehen.« Er setzte sich in Bewegung und schob die Frau vor sich her. Sie umklammerte die Stäbe der Gitteröffnungen einen nach dem andern, und während sie so inmitten des Pilgerstroms, das Gesicht zum Grab, den Schrein umschritt, hörte sie die psalmodierende Stimme des Sseyjed, der ihr auf dem Fuße folgte. Er unterbrach sein Gebet und flüsterte: »Du bist dem Heiligen zu Dank verpflichtet und schuldest ihm etwas. Du mußt ihm seine Fürsprache vergelten.«

Als die Frau um die Ecke des Schreins bog, fragte sie: »Wie kann ich Unwürdige das tun?«

»Laß dich im Schatten des Heiligen nieder. An seiner Schwelle zu dienen, ist voll Verdienst.«

»Was soll ich also machen?«

»Ich selber werd' dir sagen, was. Im Schatten des Heiligen. Hierher kommen Pilger. Bleiben ein paar Tage, einen Tag, zwei Tage, ein paar Tage eben ...« Sie bogen um die nächste Ecke. »... sie haben Bedürfnisse, brauchen jemanden, der für sie Näharbeiten macht, der sie pflegt. Du könntest dir was zusammensparen, könntest deinen Lebensunterhalt bestreiten, und wenn's dir schwer ums Herz ist, das Heiligtum besuchen. Das wäre ein gutes Geschäft, ein Gott wohlgefälliges Werk und eine Wallfahrt – alles in einem.«

An der nächsten Ecke fragte die Frau: »Was soll ich also tun?«

»Bleib bei mir! Gleich dort hinten, im Schatten des Heiligen, ist mein Haus, meine armselige Hütte. Du wirst da auch noch ein paar Schwestern im Glauben antreffen. Dorthin kommen die Pilger. Pilger, Theologiestudenten, andere Gläubige. Sie haben Bedürfnisse.«

Sie umschritten die letzte Ecke des Schreins und hatten den Kreis geschlossen. Der Sseyjed fügte hinzu: »Damit du auch gemäß der religiösen Vorschrift bequem deinen Dienst versehen kannst ... soll dir der Ehevertrag geschlossen werden.« Und er blieb stehen.

Auch die Frau verhielt ihre Schritte. In der sanften Liebkosung seiner samtigen Augen sah sie das Aufleuchten eines Zeichens dafür, daß ihre Gebete erhört worden waren. Sie sah die Unstetigkeit der Wanderjahre zu Ende gehen, sah sich im Schoße der Geborgenheit aufgenommen. Freundlich und bestimmt sagte der Sseyjed: »Ich selbst werde für alles sorgen.«

Neben ihnen seufzte eine Frau vor dem Grabgitter. Als sie hinaustraten in den Hof, war es Mittag geworden. Über dem Flügelschlagen der Tauben erhob sich der reine, weithin schallende Ruf des Muezzin: »Hayja alal falāh!«*

* Arabischer Gebetsruf: Macht Euch bereit, die Erlösung ist nah!

Huschang Golschiri
Hinter den dünnen Schilfhalmen

Ich ging die Treppe hinauf, und da sah ich ihn neben dem Waschbecken auf dem Bauch liegen.

»Wo ist sie denn?«

Dann sah ich auch sie. Sie hatte sich in ihren Schleier gehüllt und kauerte in einer Zimmerecke.

Er hatte seine Füße in der Luft und hielt sich eine Hand vor das Gesicht. Ich ging näher und stellte die Schnapsflasche neben ihn hin. Die Wurstbrote behielt ich in der Hand.

»Was ist los mit dir?«

Er hielt eine Illustrierte in den Händen und betrachtete das Bild einer nackten Blondine, die hinter Schilfhalmen stand. Nur ihr Kopf, eine Brust, eine Hand und ein Oberschenkel waren sichtbar; der Rest verschwamm hinter den dünnen Schilfhalmen.

»Hörst du endlich auf?« fuhr ich ihn an. »Wozu noch das Bild, wenn du doch eine richtige hast?«

Da sprang er auf, stürzte ans Waschbecken und übergab sich.

Ich warf einen Blick auf die Frau, auf ihre schwarzen, starren Augen und auf die Locken, die über ihre blasse Stirn gefallen waren. Dann schaute ich ihn an, er erbrach immer noch. Ich faßte ihn an den Schultern:

»Wieviel hast du denn getrunken?«

»Ach was!« wehrte er ab und würgte von neuem, ohne sich zu übergeben. Er stemmte die Hände gegen die Wand und beugte den Kopf über das Waschbecken. Strähniges Haar bedeckte seine Stirn.

»Aber wovon denn sonst?«

Er zeigte auf die Frau, die in der Ecke saß und uns unentwegt anstarrte. Sein Kopf sank noch tiefer über das Waschbecken. Das Kleid der Frau lag auf dem Bett; man sah nur ihre Augen hinter dem Schleier.

»Ihr Mund . . .«, ekelte er sich. »Ihr Mund . . .«

»Riecht übel, was? Das ist nicht so schlimm; du hättest ihr eben einen Kaugummi geben sollen.«

»Nein«, widersprach er, »das ist doch nicht alles! Ihr Mund ist schief und häßlich. Selbst wenn sie nicht lacht, schauen drei Zähne raus.«

Ich blickte nicht zu der Frau hinüber. Ich wußte, daß sie uns noch immer anschaute mit ihren schwarzen, stechenden Augen. Er sah zu mir hinauf: sein kleines, knabenhaftes Gesicht war gerötet. Das Haar fiel ihm über die Augen; seine Lippen bebten.

»Du hast sie ja selber ausgesucht; du hast selber gesagt, daß ihre Augen dir gefallen.«

»Aber wie hätte ich wissen können, daß unter dem Schleier ...«

»Du hättest eben nicht auf ihren Mund sehen sollen.«

Er beugte sich über das Waschbecken und übergab sich wieder, diesmal so heftig, daß es ihn dabei schüttelte. Ich drückte seinen Kopf ins Waschbecken hinein und drehte den Wasserhahn auf.

»Ich habe sie ausgezogen«, klagte er leise.

»So wie die auf dem Bild, was?«

Er richtete sich auf: sein Gesicht war noch stärker gerötet, seine Lippen bebten noch immer.

»Was hätte ich denn machen sollen? Man konnte ihr ja nicht ins Gesicht sehen.«

»Und dann?«

Er deutete auf die Frau: »Geh hin und schau sie dir an! Sie ist noch nackt unter ihrem Scheißschleier.«

Ich sah die Frau an: Sie saß noch immer unbeweglich in der Ecke, genauso wie vor einer Stunde im Schatten der Bäume am Straßenrand. Nur ihre schwarzen Augen waren zu sehen.

Ich nahm seine Hand: sie war ganz kalt. Er zitterte immer noch. »Du mußt einen Schluck trinken, sonst schaffst du's nicht.«

»Nein, ich kann es nicht.«

»Was, du kannst es nicht? Du alter Säufer?«

»Ich mein' doch nicht den Schnaps!«

Ich faßte ihn an der Hand und führte ihn in die Mitte

des Zimmers. Mit einem Messer öffnete ich die Flasche, füllte die Gläser und fragte die Frau: »Trinkst du?«

»Sie ist taubstumm«, sagte er und leerte das Glas in einem Zug.

Die Frau streckte ihre Hand aus dem Schleier hervor, nahm das Glas, zog ihre Hand wieder ein, trank den Schnaps und wischte sich unter dem Schleier ihren Mund. Wieder streckte sie die Hand aus, diesmal bis zum Handgelenk. Ich fragte: »Noch eins?«

»Ich hab' dir doch gesagt, daß sie taubstumm ist.« Ich füllte die Gläser und packte die Wurstbrote aus. Jeder nahm sich eines. Sie aß ihres unter dem Schleier und sah uns dabei mit ihren schwarzen Augen unverwandt an.

Er stand wieder auf, ging ans Waschbecken und übergab sich erneut. »Dein Magen ist sicher leer gewesen, was?« fragte ich ihn besorgt.

»Bitte«, sagte er, »laß sie gehen! Ich bitte dich!«

»Wenn du sie nicht willst, das ist deine Sache.« Und ich warf ihm die Illustrierte hin.

»Bitte, gib ihr das Geld und laß sie gehen! Das Geld ist in meiner Jackentasche.«

Er drehte den Wasserhahn auf. Die Frau erhob sich, ging ans Bett und nahm ihr Kleid. Ich konnte nur ihr Handgelenk sehen. Sie stand mit dem Rücken zu uns, und ihre knochigen Füße schauten unter dem Schleier hervor: sie waren sonderbar weiß.

»Du brauchst nicht zu gehen«, sagte ich zu ihr, »wenn er nicht will, ist das seine Sache.«

Er flehte mich an: »Bitte, gib ihr das Geld und laß sie gehen!«

Die Frau drehte sich um: nur ihre Augen waren zu sehen.

Er sagte: »Sie hat einen Ausschlag am ganzen Körper. Sie ist krank, glaub' mir!«

Dann holte er seine Jacke, kramte ein paar 10-Tomān-Scheine hervor und hielt sie ihr hin. Sie nahm zwei Scheine und ging zur Tür hinaus. Dort nahm sie ihre Schuhe in die Hand und ging leise die Treppe hinunter. Dann hörte ich sie nicht mehr.

Als die Tür unten ins Schloß fiel, schlug er erneut die

Illustrierte auf und fand nach kurzem Blättern das Bild: die Frau trug eine Halskette aus Muscheln.

»Schenk ein!« sagte er.

Ich füllte die Gläser und schaute auf die Umrisse der Blondine hinter den dünnen Schilfhalmen.

»Schön, nicht wahr?« ermunterte er mich augenzwinkernd.

»Prost!« sagten wir beide zugleich, und er lachte erleichtert.

Amin Faghiri
Ābi und ihre Liebe

Nachdem er mich richtig neugierig gemacht hatte, sagte er es mir. Ich war wie vor den Kopf geschlagen. Das war eine glatte Lüge, eine echte Verleumdung. Doch den Leuten kann man ja nicht den Mund verbieten. Und er schwor, daß er das mit eigenen Ohren gehört hatte.

Mahmud war Diener in der Schule, und da sein Nebenverdienst aus den Trinkgeldern bestand, die ich für ihn jeden Monat sammelte, war er mir gut gesinnt. Er unterhielt sich oft mit mir und lüftete dabei nicht selten die Geheimnisse der Dorfbewohner. Und er sprach gerne über ihre Schulden, ihre Geschäfte und ihre Verhältnisse zueinander. Doch diesmal war ich selbst an der Reihe! Mahmud erzählte mir etwas, wovon ich keine Ahnung hatte.

»Man sagt im Dorf«, verriet er, »Sie hätten ein Verhältnis mit Ābi.«

Das hat er von seiner Mutter gehört und sie von den anderen Frauen. Und je mehr er, so beteuerte er, seine Mutter von der Falschheit des Gerüchtes überzeugen wollte, desto weniger hatte er Erfolg. Ich war sehr verblüfft und wußte nicht, was ich da sagen sollte. Ich hörte zum erstenmal den Namen Ābi. Ich vereinbarte mit Mahmud, daß er sie mir zeigte. Manchmal wird man gezwungen, Schritte zu unternehmen, die man selber nicht für richtig hält.

Von da an dachte ich ziemlich oft an sie! »Ābi, was für ein schöner Name!« sagte ich mir. Meine Neugierde war geweckt, ich wollte sie sehen. War sie hübsch? Lohnte es sich, ihretwegen verleumdet zu werden?

In dem kleinen Dorf war es nicht schwierig, Ābi zu finden.

Ich war gewohnt, nachmittags in den Gartenalleen des Dorfes spazierenzugehen; dabei sah ich gerne die Bäume, das Tal, den Fluß, der durch die Ortschaft floß, und den Berg, hinter dem die Sonne unterging. Anschließend ging ich zu dem Dorfplatz und beobachtete die heimkehrenden Bauern, die dort aus dem Bus ausstiegen und nach Hause gingen. Dort erkundigte ich mich auch nach den Neuigkeiten in der Stadt und bekam die eine oder die andere Zeitung oder Illustrierte, die mir der Busfahrer mitbrachte.

Einige Tage nach dem Gespräch mit Mahmud ging ich in Richtung auf den Brunnen spazieren, von dem die Frauen Wasser holten. Als zwei Bäuerinnen an mir vorbeigingen, hörte ich die eine zu der anderen sagen: »Langsam, Ābi, da ist der Herr Schulleiter!« Ābi drehte sich um: sie sah mich lächelnd an und grüßte mich höflich. Und während sie sich entfernte, hatte ich Gelegenheit, sie abzuschätzen. Sie hatte ihre Haare, die bis zu ihrer Taille reichten, in fünf Zöpfen geflochten; auch ansonsten sah sie in ihrem langen, weiten und farbenprächtigen Kleid sehr anmutig aus.

Auch am nächsten Tag sah ich sie, und wieder gab es ein leichtes Lächeln und einen sanften Gruß. Sie hatte verträumte Blicke und einen geschmeidigen Gang.

Von der Schulterrasse aus konnte man zu ihrem Haus hinübersehen; es war etwa fünfzig Meter entfernt. Solange ich mich im Klassenzimmer aufhielt, ging sie von ihrem Fenster nicht weg. Warum ich so oft zu ihr hinüberblickte, wußte ich selber nicht. Vielleicht war sie froh, daß der Herr Schulleiter sie beobachtete und sich nach ihr erkundigte. Ich hatte das Gefühl, daß ich mir durch mein Verhalten neue Probleme schaffen würde. Aber es war mir gleichgültig. Warum sollte ich, der ich mit meinen Gedanken oft in der Vergangenheit lebte, jetzt nicht an etwas anderes denken, an etwas, was nun da war? Warum sollte ich nicht an eine hübsche, liebevolle und anmutige Frau denken, zu der ich mich hingezogen fühlte?

Der Duft der Blumen, der Geruch des Grases und der Anblick der vorbeiziehenden Herden stimmten die Dorfbewohner froh. Der Weizen war gewachsen und wehte im Wind. Die Frauen gingen zur Arbeit aufs Feld; sie sahen mit ihren weiten, bunten und gefältelten Röcken wie wilde Anemonen aus, die sich im Wind hin und her bewegten. Oft setzte ich mich, etwas entfernt von ihnen, auf den Boden und beobachtete sie bei der Arbeit. Aber Ābi war etwas Besonderes; sie war von weitem zu erkennen. Ich hatte das Gefühl, daß sie sich, wenn sie mich in ihrer Nähe sah, sehr wohl fühlte. Sie scherzte mit den Frauen, sie lief ihnen nach und schien vom Duft der Mehlbeeren berauscht zu sein. Sie hatte eine klare, klangvolle Stimme, und während sie arbeitete, sang sie oft Volkslieder wie:

»Ich mag dich, ich mag dich,
obwohl du klein bist und dicklich;
du brauchst mich nur zu erwägen,
ich komm dir schnell entgegen!«

Ihre Stimme wirkte wie eine Brise; sie weckte Sehnsüchte in mir. Dann mußte ich aber an ihr Kind und an ihren Mann denken, der als Tagelöhner arbeitete und keine Äkker besaß. Ihnen ging es wirtschaftlich nicht gut. Doch Ābi war eine fleißige Frau; sogar Männerarbeiten machte sie. Sie schulterte das Gras und brachte es nach Hause; sie breitete es dort auf dem Dach aus und ließ es trocknen. Im Winter verkaufte sie es. Wenn ich an diese Dinge dachte, wurde ich traurig, schämte mich vor mir selber und kehrte gleich in die Schule zurück.

Eines Tages kamen die Bauern zu mir und baten mich, ihren Söhnen nachmittags für die Feldarbeit freizugeben. Ich war gezwungen, nur vormittags zu unterrichten. Wenn die Jungs zur Arbeit gingen, ruhte ich mich aus und stand erst am späten Nachmittag auf. Zuerst erfrischte ich mich, dann ging ich auf die Schulterrasse und sah zum Haus von Ābi hinüber. Sie saß meistens allein am Fenster. Wenn sie mich aber erblickte, freute sie sich sichtlich und begann, mit ihrem Kind tolle Spiele zu treiben, es zu streicheln und zu küssen. Und wenn ich dann verärgert die Schule verließ, lief sie mir entgegen und grüßte mich! Und ich bekam immer dieselbe Antwort, wenn ich sie nach ihrem Befinden fragte: »Ich bin Ihre Sklavin, Herr Schulleiter!« Sie blieb kurz stehen und ging dann weg. Sie wartete offensichtlich darauf, daß ich zu ihr was sagte. Aber was hätte ich ihr denn sagen können?

Im Dorf gab es Spannungen, Konflikte und sogar Feindseligkeiten. Das alles jedoch beschäftigte mich nicht. Ich dachte weder an die Bauern noch an das Leben in der Stadt; mein einziger Gedanke war Ābi, und wenn ich an sie dachte, überkam mich eine tiefe Traurigkeit. Ābi war liebenswürdig, aber leider verheiratet!

Die Hitze war unangenehm. Ich hatte mich so lange im Bett herumgewälzt, bis mir schließlich die Augen zufielen. Als ich wieder aufwachte, sah ich Ābi auf dem Boden sitzen und mich beobachten. Wie zart war sie doch in diesem Augenblick! Sie grüßte mich und sagte: »Ich habe Ihnen Eier mitgebracht, Herr Direktor!«

Die Situation war mir peinlich: »Denkst du auch an mein Ansehen, Ābi? Warum bist du in die Schule gekommen?«

Sie sah mich verlegen an, sagte aber nichts.

»Du sollst gehen, Ābi!«

Ihr kamen die Tränen. Ich schämte mich, ihr in die Augen zu sehen. Sie war still. Als ich sie zum zweitenmal bat zu gehen, stand sie widerstandslos auf. Sie hatte einen neuen, farbenprächtigen Rock an, und sie sah darin wunderschön aus. Sie tat mir leid. Doch bis ich mich umsehen konnte, war sie weg. Ich dachte, die Bauern stünden mit Messern und Knüppeln in der Hand hinter dem Schultor und würden mich gleich umbringen. Warum war Ābi an diesem heißen Tag zu mir gekommen? Warum mochte ich sie? War sie tatsächlich verliebt oder suchte sie nur ein Abenteuer?

Am späten Nachmittag saß ich auf der Terrasse und schaute zu ihrem Fenster, aber sie war nicht da. Auch am Abend, als ich in den Dorfgassen umherschlenderte, traf ich sie nicht. Ich war verzweifelt.

Am nächsten Tag schlachtete Ābis Mann ein Schaf. Mahmud kam zu mir und sagte: »Ich gehe Fleisch holen.« »Nein«, erwiderte ich, »ich gehe selbst.« Vor der Tür versperrte mir der Hund von Ābi den Weg und begann zu bellen. Ich stand unbeholfen da. Das Haus war voll. »Herr Direktor, Herr Direktor!« rief Ābi und lief mir entgegen. Sie beruhigte den Hund und bat mich einzutreten. Die Männer drängten sich zusammen, die Frauen starrten mich an. Nāsli, der Mann von Ābi, hockte neben dem geschlachteten Tier und hielt ein blutbeschmiertes Messer in der Hand; er grüßte nicht. Der Vater von Ābi empfing mich und brachte mir einen Tee. Ābi setzte ihr Kind auf den Boden und ging die Tassen abspülen. Als sie wieder zurückkam, setzte sie sich vor mich hin und steckte ihre schöngeformte Brust in den Mund des Kindes. Sie versuchte aber, mich nicht anzuschauen. Das war jedoch umsonst. Als ich ihren Blick doch einmal erwischte und sie dabei anlächelte, lächelte sie sofort zurück. Wir hatten uns wieder versöhnt! Ich fühlte mich sehr glücklich. Doch meine Freude dauerte nicht lange: als ich zu dem Mann von Ābi hinüberblickte, war die ganze Freude verschwunden, und als ich wieder zu dem Kind schaute, fühlte ich mich beschämt. »Was will sie eigentlich von mir? Was habe ich denn mit ihr vor?« Aber ich wußte da keine Antwort. Beim Abschied begleitete mich Ābi mit ihren Augen, und ich fühlte ihre bohrenden Blicke und ihr drängendes Verlangen.

Am nächsten Tag kam Nāsli in die Schule und verlangte eiskalt von mir Geld, als hätte er ein Anrecht darauf gehabt. Ich gab es ihm. Er nahm das Geld und ging, ohne sich zu bedanken. Ich fuhr in die Stadt und kaufte Ābi ein paar kleine Goldmünzen. Als sie wieder in die Schule kam, um offensichtlich über Geldangelegenheiten zu sprechen, gab ich sie ihr und fragte: »Wann hängst du sie an dein Stirnband?« »Wenn Nāsli stirbt! Wenn ich sehe, wie seine Leiche weggetragen wird!« Ich war verblüfft.

»Nāsli weiß alles; er wird Ihnen das Geld nicht zurückzahlen.«

»Ich habe es ihm nur deinetwegen gegeben. – Was weiß er überhaupt von der Sache?«

Sie rückte näher und sah mir in die Augen: »Er weiß, daß ich in die Schule komme, daß ich zu Ihnen komme. Er sagt, Sie seien ein schlechter Mensch!« Dann ging sie.

Ich legte meinen Kopf gegen die Sessellehne und dachte nach. Ich kam mir sehr gemein vor. Wäre es nicht ehrenvoller gewesen, wenn Nāsli selber gekommen wäre und mir seine Meinung ins Gesicht gesagt hätte?

Im Dorf herrschte große Spannung. Es hatte schon im

letzten Winter begonnen. Wie eine Geschwulst wuchs die Unruhe; es ging um die Wasserverteilung, deretwegen sich die Bauern immer wieder in die Haare gerieten.

Eines Tages kamen die Schüler alle mit Steinen und Schleudern in die Schule! Die Männer waren schon am Tag vorher zum Fluß gegangen, hatten ihre Esel mit Steinen beladen und waren damit ins Dorf zurückgekehrt. Die Frauen warfen die Steine auf die Dächer ihrer Häuser, und ihre Männer sammelten sie in einer Ecke.

Es war gegen zehn Uhr, als es losging. Die Frauen schrien, die Männer schimpften. Es versammelte sich alles auf den Dächern, die miteinander verbunden waren. Die Schule war leer, die Kinder waren verschwunden. Während der Steinschlacht lief ich von einem Dach zum anderen und flehte die Kontrahenten an, sich zu beruhigen. Es war aber umsonst. Ich war müde, ich konnte nicht mehr umherrennen. Die Schleudern waren gefährlich, die Steine zischten umher. Es war die Hölle los.

Die Schlacht dauerte bis zum späten Nachmittag. Mahmud erzählte mir, daß fünf Leute gefährlich verletzt seien, darunter zwei Frauen. Eine nannte er beim Namen, die andere nicht. Ich war beunruhigt, ich dachte sofort an Ābi. Beim Sonnenuntergang stellte ich mich vor das Schultor und wartete. Ich war nervös und ungehalten. Endlich kam die Schwester von Ābi vorbei und berichtete: »Ābi hat 'nen Stein abbekommen; sie ist am Kopf verletzt, schwer verletzt. Sie ruft dauernd Ihren Namen!« Und sie heulte dann. Ich war erschüttert. Ich dachte an Ābi, wenn sie bei der Begrüßung sagte: »Ich bin Ihre Sklavin, Herr Direktor!« Ich dachte an ihre liebevolle Art und an ihre Reaktion, als ich sie einmal auf die Augen küßte. Nein, ich konnte nicht glauben, daß sie schwer verletzt war. Ich wollte zu Ābi, aber ich mußte bis zur Dunkelheit warten. Es wäre nicht ratsam gewesen, bei Tageslicht hinzugehen.

Der Mond war klein und blaß; das Licht der Taschenlampe erhellte den Weg nur einige Schritte weit. Als ich an Ābis Haustür klopfte, begann der Hund zu bellen. Dann erschien Nāsli in der Tür, mit einer Windlampe in der Hand. Als er mich sah, verzog er die Miene. Ich dachte, er würde mich gleich angreifen, aber er war ruhig, seltsam ruhig. »Ābi ist tot«, sagte er und fügte hinzu: »Auch für Sie wäre es besser, wenn Sie sich mehr den Schülern widmen würden!«

Er hatte recht! Ich kehrte zurück.

Die Nacht lastete wie ein Alpdruck auf dem Dorf, und hier und dort drang lautes Schluchzen aus den Häusern. Der Wind wirbelte in den Bäumen und beängstigte mich; das Quaken der Frösche machte mich nervös. Es war alles dunkel um mich, und ich fühlte mich leer und einsam. Doch ich konnte nicht weinen.

Ich tat die Nacht kaum ein Auge zu. Als die Schüler am nächsten Morgen in der Schule erschienen, ließ ich sie in das Klassenzimmer gehen und kam selber hinaus. Vor dem Schultor traf ich die Schwester von Ābi; sie fragte mich weinend, warum ich gestern abend nicht zu Ābi gegangen sei.

»Ich war ja dort«, antwortete ich, »aber Nāsli sagte, Ābi sei tot.«

»Nein, das war gelogen, Herr Direktor, sie ist erst heute früh gestorben.«

Ich setzte mich an der Wasserrinne hin. Die Frösche sprangen aus dem Wasser und starrten mich an. Sie waren häßlich und frech. Ich hatte eine Wut, eine grenzenlose Wut. Ich warf einen Stein in die Wasserrinne: das Wasser wurde trübe, und die Frösche verschwanden. Es war, als hätte es sie nie gegeben.

Mahschid Amir-Schāhi
Das Labyrinth

Ist es nicht lächerlich, daß ich an die Kratzwunden am Hals denke, die schon längst verheilt sind, und daran, daß ich meine Perlenkette noch nicht aufgefädelt habe? Wahrscheinlich sind ein paar Perlen davon verlorengegangen. Denn als ich mich damals auszog, waren einige an den Kleidern hängengeblieben und zu Boden gefallen. Mahlaghā, das Dienstmädchen, hatte sie am Morgen darauf aufgehoben und mir lächelnd erzählt, daß sie eine Perle fast weggefegt hätte.

»Na, und! Es ist doch nicht so schlimm, sie ist halt runtergerollt.«

Warum fällt es mir jetzt ein? Wie komme ich auf solche Gedanken? Ich muß doch an das Heute denken, daran, was heute geschehen ist.

Damals unterdrückte Mahlaghā ihr Lachen und ließ ihren prüfenden Blick auf meinem zornigen Gesicht ruhen. Es war mir gar nicht recht, daß sie mich anschaute. Wie konnte ich mit einem blauen Auge und einer geschwollenen Oberlippe eine wütende Miene ziehen?

»Wollen gnädige Frau keinen Arzt rufen?« fragte Mahlaghā.

»Ach, laß mich in Ruhe, ich will schlafen!«

Mahlaghā verließ das Zimmer, wann weiß ich nicht. Ich hatte die Decke so lange über mein Gesicht gezogen, bis ich vor Schweiß und Tränen fast erstickt wäre. Den ganzen Tag über blieb ich im Bett, die Schmerzen plagten mich, und ich sah so häßlich aus, daß ich am liebsten gestorben wäre.

Solche Gedanken lassen mich nicht los, obwohl alles schon längst vergangen ist. Warum rede ich jetzt darüber, in diesem mir so fremden Zimmer?

Mahlaghā bewegte sich den ganzen Tag nur auf Fußspitzen, und hie und da streckte sie den Kopf ins Zimmer herein. Als sie einmal sah, daß ich die Augen auf hatte, sagte sie: »Gnädige Frau, ich flehe Sie an, rufen

Sie den Arzt, es geht Ihnen nicht gut. Sie sehen so krank aus!«

Dann steckte ich den Kopf wieder unter die Decke, um nicht vor ihr zu weinen. Bei jedem Wort hätte ich heulen können, und dabei tat mir alles weh. Meine Oberlippe blutete, und das Nasenbein schmerzte.

Zum erstenmal hatte sie mich gesehen, als ich sie aufweckte, um mir einen heißen Umschlag für die Kratzwunden zu machen. Da schlug sie sich mit beiden Händen an den Kopf und rief aus: »Um Gottes willen, was ist denn passiert?«

»Ein Unfall, mach schon!«

»Du lieber Gott, war denn Herr Essfandiār nicht mit im Auto?«

»Stell nicht so dumme Fragen! Geh dann gleich wieder schlafen und öffne niemandem die Tür, verstanden?«

Essfandiār würde sich nicht blicken lassen, das wußte ich.

Mahlaghā schlug die Decke zurück, und ihr Körpergeruch stieg mir in die Nase. Als ich sie zuhielt, fing die Lippe wieder an zu bluten, und der Schmerz ...

»Soll ich den Arzt rufen?«

»Kümmere dich lieber um den Umschlag!«

Ich ging ins Zimmer und wartete. Da fiel mein Blick in den Spiegel: Mein linkes Auge war ganz blutunterlaufen und verschwollen, die Nase oben breiter als unten. Das Gesicht brannte mir vor lauter Weinen, besonders die wunden Stellen an den Mundwinkeln, von den Lippen selbst ganz zu schweigen. Warum spreche ich überhaupt darüber, warum verfolgen mich diese Gedanken, warum jetzt und nicht an jenem Abend? Wie gelähmt war ich. Auch jetzt glaube ich, tot zu sein. Sie haben mich in diesem fremden Zimmer begraben, denn nur im Grab kann man so fühlen. Sie haben mich hierher gebracht, damit ich nicht allein bleibe, und doch fühle ich mich hier unendlich allein. Nur denken kann ich noch, aber all das, woran es sich lohnt zu denken, ist sinnlos geworden.

Erst nach Alis Anruf machte ich mir Gedanken über den Vorfall. Als er anrief, am Tag darauf, gegen Abend, da klang meine Stimme schon heiser, ich brachte kein

Wort heraus, konnte den Mund nicht öffnen, so angeschwollen waren die Lippen.

»Bist du etwa erkältet?« fragte Ali erstaunt.

»Nein, ich hatte einen Unfall und bringe den Mund nicht auf.«

»Unfall? Warst du am Steuer? War noch jemand ...?«

»Ich saß nicht am Steuer. Doch einer ist dabei ums Leben gekommen.«

»Du liebe Zeit, Essi?«

»Ja, Essi ist tot.«

Sogar da hatte ich Essfandiār noch Essi genannt. Ali war sprachlos.

»Totenhemd und Begräbnis sind überflüssig ... ich weiß nicht, wo er ist ... nachdem ...«

»Warum redest du so wirres Zeug, was ist los mit dir? Phantasierst du? Essi ...«

»Zum Teufel mit ihm, nenne nicht seinen Namen.«

Am liebsten hätte ich gebrüllt. Ali schwieg.

»Ali, ich kann nicht reden. Bei der kleinsten Bewegung ist mein Mund voller Blut. Falls es dich interessiert, ist Essi für Ärzte noch am Leben. Sein Herz schlägt, sein Magen arbeitet, aber für mich ist er tot, verstehst du, tot ist er!«

Ich hätte nicht schreien sollen, Ohren und Nase waren voller Blut, es schwindelte mir.

»Ich komme gleich zu dir.«

»Bring die Ärztetasche mit!«

»Gut, mach ich.«

»Es geht mir nicht gut.«

Nein, gut geht es mir nicht. Wenn ich nur an das Heute denken könnte. Aber, wenn ich wieder gesund werden soll, darf ich mich nicht so gehen lassen. Ich sollte lieber an das Heute denken und nicht an Essfandiār, der mir nichts mehr bedeutet. An das Heute, das ist wichtig, sehr wichtig sogar. Am liebsten möchte ich brüllen.

Einfach losbrüllen wollte ich. Ich tat mir selbst leid und ich ärgerte mich darüber. Aus lauter Wut tat ich Dinge, die mich aber meine Schmerzen noch mehr fühlen ließen – sie riefen mir all das, was geschehen war, ins Gedächtnis zurück. Und je mehr ich mir dann leid tat, um so mehr wuchs mein Groll.

Schreckliche Tage und noch schlimmer die Nächte.

Warum erinnere ich mich jetzt eigentlich daran? Was bedeutet mir das alles noch? Wie dumm und doch wie wahr! Wie fies ist Essfandiār! Erst nach Alis Anruf begann ich nachzudenken. Mein Kopf war wirr. Doch auch damals konnte ich noch nicht ermessen, wie schlecht das alles war. Alles, was mir früher widerfahren war, erschien mir dagegen bedeutungslos: auch der Vorfall an dem Abend, als mich der Nebel überraschte.

Er war ein Ausländer wie ich. Sein Gesicht war nicht erkennbar, überall hing dichter, dicker Nebel. Nur eines war mir doch aufgefallen: seine Haut war dunkler als die der Einheimischen.

Sicherlich konnte er weder mich sehen, noch daß ich meine Tasche in der Hand trug, denn er fragte:

»Wo ist deine Tasche?«

»Hier, in meiner Hand. Warum?«

»In welcher Hand?«

Dabei hatte alles harmlos begonnen. Ich hatte nur das Gefühl, daß da in dem dichten Nebel jemand auf mich zukam. Da stieß ich mit ihm zusammen, und ich hörte auch seinen Atem ganz nahe. Ich erschrak, aber seine Stimme beruhigte mich, denn er fragte nur:

»Wo gehst du denn hin?«

»Nach Hause.«

»In dem Nebel und so spät?«

»Ja, in dem Nebel und auch so spät.«

»Ich begleite dich.«

»Hier ist ein freies Land. Ich kann dir nicht vorschreiben, was du tun sollst.«

Jetzt fürchtete ich mich wieder. Der Nebel war sehr dicht und der Weg zu meiner Wohnung so steil, daß ich mich nur vorsichtig weitertasten konnte. Da sagte er: »Die Tasche, gib sie her!«

»Ich geb dir nur mein Geld, aber nicht meinen Paß und meinen Studentenausweis. Das bringt ja uns beiden nur Unannehmlichkeiten. Aber das Geld kannst du haben.« Und ich faßte in die Tasche.

Er packte mich am Handgelenk, und mein Herz schlug wie wild.

»Nein, ich hab's mir anders überlegt, dein Geld will ich nicht.«

Ich entzog ihm meine Hand und beschleunigte die Schritte. Er folgte mir: »Aber dich will ich!«

Ich weiß nur noch, daß ich im dichten Nebel rannte und rannte. Einen Schuh hatte ich irgendwo auf dem Weg verloren, den zweiten verlor ich ebenfalls beinahe.

Nach der Schlägerei, nach Alis Anruf, kam mir das alles wieder in den Sinn: der Akzent des jungen Mannes, die dunkle Haut und sein lautes Atmen. Der Vorfall hatte für mich seine ganze Bedeutung verloren, er jagte mir keine Angst mehr ein. Eigentlich hätte ich an Essfandiār denken müssen, aber statt dessen gingen mir ganz andere Gedanken durch den Kopf. Ich erinnerte mich an meine Hochzeitsnacht und an den Abend danach – an die Einladung bei Homi.

Karim und ich waren in einem mir fremden Zimmer, ich hatte nur eine sehr unklare Vorstellung davon, was nun kommen würde – nicht etwa, weil ich unschuldig oder unerfahren gewesen wäre, sondern einfach, weil ich nicht neugierig genug war. Es war mir auch recht unwichtig. Dabei hatte ich mir früher immer gedacht, daß das neue Leben mit ganz anderen Gefühlen beginnen müßte! Das beunruhigte mich. Am liebsten hätte ich zu ihm gesagt: »Komm, gehen wir nach Haus«, aber da fiel mir ein, daß es für mich kein anderes Zuhause mehr gab, leider!

»Kommst du nicht schlafen?« fragte Karim.

»Doch, ich komme, ich will nur noch ein paar Zeilen schreiben.«

Wie gerne hätte ich in meinem Tagebuch einen besonders eindrucksvollen Satz geschrieben, aber außer einem nüchternen ›Heute abend ist meine Hochzeitsnacht. Ich bin bei Karim‹, fiel mir nichts ein.

Wie abstoßend empfand ich dann seine Umarmung, wie brutal und schmerzhaft; und es war Karims Haus, und ich trug seinen Namen.

Homi sagte: »Frau Mir-Schahāb.«

Ich streckte meine Hand aus, vor mir stand ein Herr.

»Herr Nasmi«, sagte Homi.

Ich schaute mich nach Frau Mir-Schahāb um, bis mir schließlich klar wurde, daß ich selbst damit gemeint war. Frau Mir-Schahāb war ich, seit dem letzten Abend. Warum? Wie fremd war der Name – das war überhaupt nicht mein Name, er hatte nichts mit mir zu tun, er paßte einfach nicht zu mir.

Daran dachte ich gerade, als Ali kam. Erleichtert rief Mahlaghā aus: »Herr Doktor, Herr Doktor!«

Ich weinte, jetzt würde wieder das alte Lied anfangen: Mitleid, Wut und Schmerzen. Ich hatte es satt.

»Gratuliere, habt ihr euch geschlagen?« fragte Ali.

»Sei ruhig, hab wenigstens soviel Taktgefühl wie Mahlaghā, und stell nicht so dumme Fragen!«

»Mahlaghā soll dich ja auch nicht behandeln. Also erzähl, wie ist alles geschehen?«

»Ein Unfall.«

»Wenn dir das Essi angetan hat, dann kriegt er's mit mir zu tun.«

»Damals hast du mir ja ans Herz gelegt, ihn zu heiraten!«

»Wie konnte ich ahnen, daß er so fies ist. Ich dachte, er sei noch besser als der, den du vorher hattest. Aber jetzt erzähl schon, wie ist es passiert?«

»Ein Unfall.«

Nicht einmal Ali gegenüber konnte ich zugeben, daß ich geschlagen wurde.

»Ist gut, ein Unfall, aber wie?«

»Warum quälst du mich? Sind die Knochen heil? Meine Nase ... au ... vorsichtig.«

»Hast du dir den Kopf angeschlagen?«

»Weiß ich nicht.«

»Die kleinen Äderchen unterm Auge und im Auge sehen nicht gut aus. Wenn du dir den Kopf angeschlagen hast, mußt du zwei Tage ruhig liegen.«

So lag ich denn zwei Tage lang ruhig und dachte an den ersten Reisetag und an die Zeit im Internat.

Auf dem Flughafen erwartete mich Miss Green, Fräulein Grün – wie komisch! – in einem dunkelbraunen Kostüm, alt und mit kurzen Haaren. Ich verstand nur meinen Namen. Langsam streckte mir Fräulein Grün ihre

Hand hin; eilig legte ich die eingepackten Pistazien, meine Handtasche, meinen Mantel, den Paß und einen Gedichtband von Hafis auf den Boden und reichte ihr die Hand. Sie ging langsam und sprach schnell, ich aber ging schnell und konnte überhaupt kein Wort sagen.

Im Viktoria-Viertel betraten wir ein Geschäft. Die Verkäuferin trug ihre Brille auf der Nasenspitze. Sie wählten für mich ein braunes, langärmliges Kleid mit weißem Kragen aus, dazu passende Schnürschuhe, die mich drückten, und einen Hut, der mir immer herunterrutschte. Wir gingen zu dem verrauchten Viktoria-Bahnhof. Alles wirkte düster: Das graue Viertel, das alte Geschäft, die Verkäuferin mit ihrer dicken Brille und die ernste Miene von Fräulein Grün.

Der Himmel war bedeckt – so dunkel wie unsere Kleidung. Schade, daß Firus nicht heute da ist! Bis Paris waren wir im selben Flugzeug, er selbst verriet mir seinen Namen, er hatte schwarze krause Haare und redete ununterbrochen. Schade, daß wir nicht noch mehr miteinander gesprochen haben! Wenn wir nur unsere Adressen getauscht hätten, wenn . . .

Erstaunte Kinderaugen blickten mich an. Ein Mädchen mit Sommersprossen und mit einer Zahnspange lachte schallend. Ich hielt den Kopf gesenkt und hoffte, das Weinen unterdrücken zu können. Aber Tränen flossen, und eine blieb an meiner Nasenspitze hängen. Niemand schaute mich mehr an. Gott sei Dank, denn wenn eine Träne an der Nasenspitze hängt, kann man weder traurig dreinschauen noch Mitleid erregen. Man kann nur hoffen, daß niemand einen ansieht. Aber warum sollten sie's nicht? Ich weinte, war traurig, sehr, sehr traurig. Wenn ich nur Post bekommen hätte, etwa von Firus! Wenn ich ihm nur meine Adresse gegeben hätte . . . Ich hatte furchtbares Heimweh.

Jetzt weiß ich nur noch, daß ich damals schreckliches Heimweh hatte, aber warum eigentlich? Was nutzt das schon? Warum fällt mir das gerade jetzt ein? Auch an dem Abend der Schlägerei habe ich daran gedacht und nicht an die Schlägerei. Sogar als Ali an meinem Bett saß, dachte ich nicht an die Schläge, auch nicht an die psychiatrische Abteilung des St. Mary-Krankenhauses; ich hing anderen Erinnerungen nach.

Nach einer kleinen Operation lag ich für drei Tage in der chirurgischen Abteilung. Doch am dritten Tag traten Blutungen auf. Ich wollte aber raus – wegen der Prüfungen; das war natürlich nur ein Vorwand, um bei W. zu sein, denn er würde in zwei Wochen in seine Heimat zurückkehren; und er wußte nicht, daß ich im Krankenhaus lag – wir hatten nämlich gestritten.

Aus einem Zimmer drangen schreckliche, unartikulierte Laute – kein Stöhnen und kein Brüllen. Sie riefen nachts Alpträume in mir hervor. Ich machte ein furchtbares Theater und wollte einfach nicht dableiben. Ich sagte es auch dem Arzt, aber er meinte: »Wenn du damit nicht aufhörst, bringe ich dich in die Psychiatrie.«

»Du kannst mich mal, du und dein Meister Freud, ihr alle beide könnt mich mal!« Ich brüllte, und gleich danach fühlte ich den Einstich und dann nichts mehr.

Die Krankenschwester schüttelte das Thermometer herunter, und der Arzt fragte: »Geht es jetzt besser?«

Ich hätte gern wieder gebrüllt, aber mit dem Thermometer im Mund kann man weder schreien noch sprechen. Ich schwieg, bis die Krankenschwester mir das Thermometer aus dem Mund nahm: »Hier kann es mir nicht besser gehen. Ich muß weg.«

»Wohin? Zu deinem Verlobten?«

Langsam wurde es mir zuviel: »Sie haben kein Recht, mich gegen meinen Willen hier zu behalten.«

»Warum soviel Eile?« fragte der Arzt lachend.

»Ich habe Prüfungen.«

»Für deine Prüfungen gibt es immer Zeit. Aber wenn wir nichts gegen die Blutungen unternehmen ...«

»Wie lange muß ich noch da bleiben?«

»Höchstens vier Tage.«

Dann ist W. schon weg. Er glaubt, daß ich verschwunden oder gestorben bin, und er wird eine neue Freundin finden – das große, blonde hübsche Mädchen vielleicht – Scheißkerl!

»Möchtest du die Resultate der Freudschen Untersuchungen sehen?« fragte der Arzt.

»Was meinen Sie damit?«

»Morgen ist in der Psychiatrie eine Party, für die nicht sehr schweren Fälle; ich hol dich ab.«

Sie brachten mich auf einem Rollstuhl dorthin, weil ich mich nicht bewegen sollte. Anfangs verlief alles normal, bis ein Mann mit silbergrauen Haaren langsamen Schrittes herankam, um sich Marmelade wegzunehmen. Er aß einen Löffel Brombeermarmelade, dann kostete eine dikke Frau auch einen Löffel davon. Zornig nahm der Weißhaarige wieder einen Löffel und ebenso die Frau, ganz gelassen; da gab der Weißhaarige der dicken Frau eine Ohrfeige. Ein junges Mädchen begann zu brüllen, und ein Mann mit gläsernen Augen machte sich mit Gewalt neben meinem Rollstuhl Platz. Meine Knie zitterten so sehr, daß sich der Stuhl bewegte und der Mann mit den gläsernen Augen sagte: »Psst . . . Ruhe!« Ich dachte, sie wollen mich hier so lange behalten, bis W. weg ist.

Als Ali neben mir am Bett saß und über Essfandiār und die Verletzungen sprach, da kam mir wieder alles in den Sinn: die farblosen Augen des Mannes, der auf einem Stuhl saß, die silbergrauen Haare des anderen, das ausdruckslose Gesicht der Dicken, der Hals des jungen Mädchens, das brüllte. An jede Einzelheit erinnerte ich mich, auch an die erstickende Atmosphäre; aber es hatte keine Bedeutung mehr, war kein Grund zur Unruhe mehr. Auch wenn ich nicht daran dachte, so bedrückte mich doch die Schlägerei mit Essfandiār.

Fassungslos erhielt ich den ersten Schlag. Ich konnte mir nicht vorstellen, daß das derselbe Essfandiār war, der mich jahrelang so geliebt hatte, während er mir nichts bedeutete. Derselbe Mann, etwas unbeholfen und doch intelligent, träumerisch und doch nüchtern. Derselbe Mensch, der immer verschnupft zu sein schien. Wie ein Stück Holz auf dem Wasser ließ er sich durch das Leben treiben. Von ihm pflegte Alis Frau zu sagen: »Armer Teufel« und Ali: »Verzeih ihm seine Dummheit und werde seine Frau!«

Ich konnte es wirklich nicht fassen, daß das derselbe Mensch sein sollte, der mich schlug. Aber in der Tat, er war's, und er schlug mich so, daß ich mich zwei Tage lang nicht rühren konnte, zehn Tage liegen mußte und die blauen Flecken erst nach zwölf Tagen verschwanden. Aber noch heute, wenn ich müde bin, zeigt sich die Verfärbung unter dem linken Auge, und das Weiße rötet sich.

Warum haben sie mich hierher gebracht? Damit ich etwa nicht an das Heute denke? Ich denke ja gar nicht daran, immer muß ich an Essfandiārs Schläge denken und an vieles andere, aber nicht an das Heute.

Warum bin ich nicht in meinen eigenen vier Wänden, wo mir alles vertraut ist? Warum haben sie mich nicht dort gelassen? Dieses fremde Zimmer erinnert mich an mein Internat und an das Krankenhaus St. Mary. Ist es nicht das Haus, in dem ich in jener Nebelnacht Zuflucht gefunden hatte, oder Karims Zimmer? Hat mich Essfandiār nicht hier geschlagen?

Es war mitten auf der Straße. Ich stieg gerade aus Essfandiārs Auto aus, um in meinen eigenen Wagen umzusteigen. Wir hatten bereits gestritten, aber in dem Moment glaubte ich, es sei alles vorbei. Beim ersten Schlag flog meine Handtasche aus dem Auto. Ich drehte mich nicht um, da ich befürchtete, einen Fußtritt versetzt zu bekommen. Das wäre sehr gemein gewesen. Denn wenn man schon Hiebe erhält und Schmerzen erleiden muß, möchte man mindestens nicht lächerlich erscheinen. Ich hatte Angst um meine Tasche und fürchtete, daß mich irgend jemand in diesem Zustand sehen würde.

»Man sieht, woher du kommst«, bemerkte ich nur. Er erwiderte: »Du eingebildete Gans!«

Seine Stimme klang fremd – wie die des jungen Ausländers. Ich blieb sitzen, bis er sich richtig ausgetobt hatte. Seine Bewegungen schienen mir langsam – wie die des Fräulein Grün, und seine Hand schlug zu wie ein Automat.

Er: »Genug?«

Ich: »Ja«, und ich stieg aus.

Etwas Warmes rann mir über die Schläfen, über meine Augen, Ohren, über meinen Hals, und sogar unter meine Haut. Sonst fühlte ich nichts.

Genau wie jetzt. Ich fühlte nichts, ich verstehe nichts.

In diesem Gefängnis – denn hier ist ein Gefängnis, ein Gefängnis im wahrsten Sinne des Wortes – haben sie mich von allem, was mir lieb und teuer ist, getrennt. Wie lange noch werde ich nichts fühlen können? Vielleicht so lange, bis wieder etwas geschieht, etwas noch Entsetzlicheres als das, was heute geschehen ist. Unmöglich, unmöglich!

Dschamāl Mir-Ssādeghi
Der Mond, das Licht der Landschaft

Als sich die Eingangstür hinter Ommol-Banin schloß, starrten ihre Augen in tiefes Dunkel. Die Schatten der Bäume waren so dicht, so unbeweglich und leblos, daß sich ihr Herz mit Furcht füllte. Der Junge trat von der Tür zurück. Das Licht der Laterne in seiner Hand war wie ein in die Schwärze gefallener gelber Fleck. Der Junge war klein und schmächtig. Sein Blick wanderte hinauf zu ihrem Gesicht. Ommol-Banin trug einen Tschādor; in der Dunkelheit war von ihr nichts als die hochgewachsene, kräftige Gestalt zu sehen.

»Bist du neu dort?«

Ommol-Banin schüttelte den Kopf.

»Wie heißt du?«

»Malu ... Maluss.«

»Ist Parwin noch dort?«

Wieder schüttelte Ommol-Banin den Kopf.

Der Junge ging voraus. Der gelbe Fleck pendelte durch die Dunkelheit und bewegte sich wie etwas Lebendiges unter den Bäumen hin. Ommol-Banin war still. Das neue Kleid, naß von Schweiß, klebte ihr am Leib. Ab und zu blieb sie stehen, rückte unbehaglich die Schultern im Kleid zurecht und ging dann weiter. Ihre Brüste hatten sich wieder gefüllt. Sie fühlte, daß ihre Brust naß geworden war. Bevor sie das neue Kleid anzog, hatte die Alte sie zum Wasserbecken im Hof geführt; sie mußte die Brüste am Beckenrand ausdrücken, und die Alte hatte gesagt:

»Daß du nicht plötzlich sagst, daß dein Kind gestorben ist, und zu weinen anfängst! Du weißt doch, was ich meine, meine Liebe?«

Der Alte, der sie herführte, hatte gesagt:

»Maluss Chānom, die Madame hat dich besonders gern, weil sie dich schickt. Früher kam immer Parwin, und sie schwelgte regelrecht. Reiner Schnaps und Lammkabāb! Sie war so richtig aufgedreht. Hast du nicht gemerkt, wie sie bockte, weil du geschickt wirst? Dieser hier ist einer von den ganz Feinen und sehr freigebig. Wenn du ihm gefällst, bist du aus den Sorgen raus.«

Im Garten war es kühl. Eine sanfte Brise legte sich wie ein feuchtes Tuch auf Ommol-Banins Gesicht, und ein Gefühl der Schlaffheit überkam sie.

Der Junge sagte:

»Weißt du, die Parwin mochte ich überhaupt nicht.«

Ommol-Banin sah ihn an, sagte aber nichts.

»Weißt du, die setzte sich da oben hin und kommandierte immerzu herum: ›Bring mir dies, bring mir das; nun lauf schon, mach schnell!‹ Sie hielt sich für die Gebieterin hier. Ich mochte sie überhaupt nicht.«

Das Weinen eines Kindes ließ sich hinter den Bäumen vernehmen. Ommol-Banin stockte das Herz. Sie blieb stehen und horchte. Der Junge blickte zu ihr hin:

»Warum bleibst du stehen?«

»Wessen Kind weint da?«

»Ahmad Chāns Kind ist das, immerzu plärrt es. Seine Mutter hat zu wenig Milch.«

»Wer ist denn Ahmad Chān?«

»Ahmad Chān? Das ist doch der Bruder von Dscha'far Chān. Er wohnt am anderen Ende des Gartens.«

»Ist Dscha'far Chān verheiratet?«

»I wo, seine Frau ist vor zwei oder drei Jahren gestorben.«

Unwillkürlich sagte Ommol-Banin traurig:

»Mein Kind ist auch gestorben.«

»Was??«

»Mein Kind ist gestorben.«

»Wann?«

»Vor ein paar Tagen.«

»Was hatte es denn?«

»Es bekam einen Hitzschlag und starb.«

»Ach so. Hier ist es schön kühl, nicht wahr?«

Ommol-Banin nickte. Das Weinen des Kindes hatte aufgehört.

Sie traten unter den Bäumen hervor und kamen zu einem freiliegenden Teil des Gartens, der kreisförmig angelegt und mit Kies bestreut war. In der Mitte stand ein kleiner Springbrunnen; aus dem Wasser ragte die bronzene Büste einer nackten Frau. Ein Wasserstrahl sprudelte unter ihren langen Haaren hervor und ergoß sich mit freundlichem Murmeln in das Becken. Zwischen den Lippen der Figur glühte ein rotes Licht und färbte das Wasser rötlich. Jenseits des Beckens tauchte ein altes, weißes Gebäude im silbernen Licht des Mondes auf.

Ommol-Banin blieb verwundert stehen und sah sich alles an. Die farbigen Wassersträhnen, die aus den Haaren der Frau auf ihre Brüste flossen, nahmen all ihre Sinne gefangen. Der Junge brach das Schweigen:

»Warum bleibst du stehen? Komm doch!«

Der Junge stand vor dem Gebäude, jenseits des Springbrunnens, und blickte ungeduldig zu ihr her.

»Nun komm doch!«

Ommol-Banin ging um den Brunnen herum und trat hinter dem Jungen in die nur schwach beleuchtete Eingangshalle. Ein von der Decke hängender Kronleuchter verbreitete gedämpftes Licht und hielt die Gemälde an den Wänden im Halbdunkel. Der Boden der Halle war mit einem schönen Teppich bedeckt, und überall waren gerahmte Bilder und Porzellanfiguren zu sehen.

Voll Staunen gab sich Ommol-Banin diesem Anblick hin. In ihrem ganzen Leben war sie nicht an einem solchen Ort gewesen, hatte nie so schöne Sachen gesehen.

Wände und Türen, Bilder und Figuren betrachtend, folgte sie still dem Jungen, fand sich mit einemmal auf der Schwelle eines Zimmers und bemerkte erst jetzt, daß der Junge verschwunden war.

Einen Augenblick blendete sie grelles elektrisches Licht. Dann nahm sie einen etwa fünfzigjährigen Mann wahr, der im Hintergrund des Zimmers auf einem kleinen Kissen am Boden saß und seine Wasserpfeife rauchte.

Ihre Beklemmung kehrte zurück, und die Angst, die sie beim Herkommen erfüllt und die sie im Garten vergessen hatte, ergriff sie von neuem. Sie grüßte und blieb auf der Schwelle stehen. Der Mann lächelte und winkte sie heran. Ommol-Banin streifte die Schuhe ab und trat leise mit zögernden Schritten näher. Auf eine Handbewegung des Mannes hin ließ sie sich ihm gegenüber nieder.

Auf dem Boden vor dem Mann lag ein Tuch ausgebreitet, auf dem dampfende Schüsseln standen. Der Mann blickte Ommol-Banin an; der Rauch aus seiner Pfeife hing in Fäden vor seinem Gesicht. Seine dichten, schwarzen Augenbrauen waren ein wenig zusammengezogen, seine Stirn hatte sich in Falten gelegt. Er hatte ein volles, weißes Gesicht und einen kurzgestutzten Bart. Auf dem Kopf trug er ein weißes Käppchen. Seine kleinen, schwarzen Augen sahen sie weiter unverwandt an.

Ommol-Banin konnte seinen Blick nicht ertragen, sie senkte den Kopf. Der Tschādor glitt zurück. Mechanisch hob sie die Hand, um ihn wieder über die Haare zu ziehen; dabei erinnerte sie sich der Ratschläge der Alten und fühlte, wie der Tschādor ganz langsam auf ihren Haaren noch weiter nach hinten glitt. Bittend blickte sie zu dem Mann hin. Ihre Hand hielt sie noch erhoben, und der Tschādor verschob sich auf ihren Haaren und glitt immer mehr zurück. Plötzlich rutschte er ganz herab, und mechanisch hob sie abermals die Hand, ihn zu fassen. Wieder hatte sie vergessen, daß sie ihr Gesicht nicht mehr zu verhüllen brauchte. Ihre Hand griff in die Luft, konnte aber den Tschādor nicht ergreifen. Er fiel herab auf ihre vollen, breiten Schultern. Mit offenem Mund und ausdruckslosem, törichtem Gesicht starrte sie den Mann an. Der lachte laut.

Ommol-Banins noch in der Luft schwebende Hand senkte sich langsam, und ein ängstliches Lächeln umspielte ihre Lippen.

Von weitem war wieder das Weinen des Kindes zu hören, kläglich und jammervoll. Ommol-Banin zuckte zusammen. Sie blickte durch das Fenster in den nachtschwarzen Garten. Der Mond zog am dunklen Himmel seines Weges.

Der Mann hörte auf zu lachen, sein Gesicht verfinsterte sich. Er beugte sich vor, häufte Reis auf einen Teller und legte einen Hühnerschenkel oben drauf. Dann stellte er den Teller vor Ommol-Banin hin und sog wieder an seiner Wasserpfeife.

Der anregende Essengeruch hatte Ommol-Banins Appetit geweckt. Sie begann langsam zu essen. Es fiel ihr ein, daß sie zu Mittag nichts Rechtes zu sich genommen hatte, und mit jedem Bissen, den sie in den Mund steckte, fühlte sie deutlicher, wie hungrig sie war.

Der Mann rauchte und stellte ihr unterdessen einige Fragen. Sein Gesicht war jetzt liebenswürdig und sein Ton freundlich, als spräche er mit einem entfernten Verwandten. Ihre Mitteilungen begleitete er mit Kopfnicken.

Ommol-Banin verlor allmählich ihre Scheu. Mit gedämpfter Stimme beantwortete sie seine Fragen. Dann wurde sie zutraulicher. Sie erzählte, wie ihr Mann eines Nachts Bauchweh bekam, bis zum Morgen sich vor Schmerzen krümmte und mittags starb. Einige Monate, bis ihr Kind geboren wurde, arbeitete sie als Dienstmädchen beim Dorfbesitzer*. Später dann überraschte man sie nachts mit dem Sohn des Verwalters in einem Winkel des Gartens. Danach ließen die Männer sie nicht in Ruhe, und die Frauen machten spitze Bemerkungen. Sie wurde aus dem Haus des Dorfbesitzers hinausgeworfen. Ein oder zwei Monate verbrachte sie mit Mandelpflükken, bis Ali ins Dorf kam und sich mit ihr anfreundete. Sie setzte sich in seinen Lastwagen und kam mit ihm in die Stadt.

Erneut ertönte das Weinen des Kindes. Der Mann horchte auf. Ommol-Banin fühlte, daß ihre Brust wieder feucht geworden war, unwillkürlich faßte sie an die Stelle. Der Mann blickte sie an:

»Wie alt war da dein Kind?«

»Vier Monate.«

Der nachdenkliche Blick des Mannes blieb an ihrem Gesicht hängen. Das Kind weinte immer noch.

Der Mann hatte einen Hühnerschenkel in die Hand genommen und biß davon ab, und hin und wieder füllte er ein kleines Glas aus dem neben ihm stehenden Kristallkrug und trank einen Schluck. Ommol-Banin sah den Krug an und die kleinen Gläser mit Goldrand. Ruhe war in ihre Gedanken eingekehrt, sie fühlte Zuneigung zu dem Mann. Sie erhob sich und setzte sich neben ihn.

* Bis vor nicht langer Zeit gab es Großgrundbesitzer in Iran, denen ein ganzes Dorf oder sogar mehrere Dörfer gehörte.

Der Mann nahm ein Glas, füllte es aus dem Krug und reichte es ihr. Ommol-Banin nahm es mit zitternden Händen entgegen.

Ihr krankes Kind war unterwegs im Lastwagen gestorben. Sie konnte ihren Tränen nicht Einhalt gebieten, und Ali zwang sie, Schnaps zu trinken und sagte: »Das wird dir gut tun.« Aber vom Schnaps wurde ihr übel, sie mußte sich übergeben.

Sie wollte das Glas zurückstellen, aber als sie sah, daß der Mann sein Glas erhob und sie anblickte, ging auch ihre Hand wie von selbst zitternd zum Mund, und sie trank das Glas aus. Von der scharfen Flüssigkeit verzog sich ihr Gesicht. Es wurde ihr übel, sie preßte die Lippen zusammen, um sich nicht zu übergeben. Der Mann lächelte und stellte die Schüssel mit Joghurt und Gurken vor sie hin. Ommol-Banin nahm einen Löffel davon, und es schmeckte ihr so gut, daß sie hintereinander noch mehrere Löffel aß. Sie hätte gern noch mehr gegessen, aber sie schämte sich und legte den Löffel nieder. Die nächsten Gläser trank sie, in Erwartung von mehr Joghurt und Gurken, mit weniger Unbehagen, und allmählich fühlte sie, daß ihr leicht und sorglos zumute wurde. Sie schämte sich nicht mehr vor dem Mann. Sie sprach laut und lachte und erzählte ihm lebhaft, wo sie überall gewesen und was für merkwürdige Sachen sie erlebt hatte.

»Gestern haben Ali und Madame mich ins Kino mitgenommen. Bist du mal im Kino gewesen? Du kannst dir nicht vorstellen, wie schön das ist! Weißt du, die Bilder von Menschen erschienen auf der weißen Wand, sie gingen hin und her, sie sprachen, lachten, sie küßten sich und schämten sich überhaupt nicht voreinander. Weißt du, vor allen Menschen, auf offener Straße. Ich verging vor Scham. Ali sagte: ›Im Ausland ist es doch nicht wie bei uns hier. Ihre Frauen treiben's mit Männern, mit allen Männern, und niemand verliert ein Wort drüber.‹ Er sagte: ›Hier wird's bald auch so werden. Deine Gewissensbisse sind ganz überflüssig. In ein paar Jahren werden alle Frauen so sein wie du und es mit jedem treiben, der ihnen gefällt. Ist's nicht so, Madame?‹ Madame sagte: ›Klar! Jede kann mit dem, was ihr gehört, tun, wie's ihr beliebt. Ganz umsonst werden der Frau Vorschriften gemacht. Ihr Körper gehört schließlich ihr selbst. Wenn sie will, gibt sie ihn hin, wenn sie nicht will, gibt sie ihn nicht hin. Was geht das andere an?!«

Der Mann lachte. Ommol-Banin überließ sich dem wohligen Gefühl, das in ihr Herz eingezogen war. Sie saß neben dem Mann, trank, lachte und schwatzte.

In ihrer behaglichen Stimmung bekam sie plötzlich Lust zu singen – und schon öffnete sie den Mund, und genau wie früher, wenn sie als Vierzehn-, Fünfzehnjährige auf Hochzeiten tanzte und sang, stimmte sie ein Lied an, ein heiteres Volkslied. Angeheitert fiel der Mann ein und schnalzte mit den Fingern dazu.

Nun begann Ommol-Banin auch zu tanzen. Der Mann nahm das Nickeltablett und trommelte darauf. Ommol-Banin hob die Arme und bewegte sich im Takt, wiegte und drehte sich und sang dazu. Auch der Mann erhob sich und fing zu tanzen an. Er umkreiste sie und schnalzte mit den Fingern.

Ommol-Banins Augen sahen jetzt alles wie durch einen Schleier. Um sie herum wogte weißer Nebel. Sie sah, wie der Kronleuchter sich in diesem Nebel bewegte. Den Mann, der um sie herumtanzte und ihre Hüften und Brüste tätschelte, lockte sie hinter sich her von einer Seite des Zimmers zur anderen. Torkelnd folgte er ihr. Jedesmal, wenn seine Arme sie umschlangen, duckte Ommol-Banin sich, entglitt ihm und lief laut lachend fort. Der Mann sagte:

»Am Ende . . . erwisch' ich dich doch!«

Er streckte die Arme nach ihr aus und lief unsicher hinter ihr drein:

»Entkommen tust du mir nicht!«

Ommol-Banin lachte und entzog sich seinem Zugriff.

»Bist du mir wieder entwischt, mein Fratz? Am Ende krieg' ich dich doch zu fassen!«

Dann jagten sie sich in der Halle. Ommol-Banin kreischte, und der Mann lachte und eilte ihr nach. Ommol-Banin lief aus der Halle barfuß in den Garten, um sich hinter den Bäumen zu verstecken. An ihren Sohlen spürte sie die Kühle des Bodens, und noch größeres Wohlbehagen erfüllte sie. Sie hörte den Mann hinter sich:

»Am Ende . . . am Ende erwisch' ich dich, mein Fratz!«

Ommol-Banin lief unter den Bäumen hin. Sie stellte sich wartend hinter einen Stamm. Überall lagen die zitternden Schatten der Bäume. Der Gesang der Heimchen drang leise und anheimelnd an ihr Ohr.

Fest lehnte sie sich an den Baum und blickte durch die Zweige und Blätter zum Himmel auf. Über ihr stand der Mond, leuchtend und einsam. Die Zweige bewegten sich sanft, und eine kühle Brise streichelte ihr Gesicht. Ihre Beine gaben nach, sie sank unter dem Baum zu Boden. Der Kopf war ihr schwer geworden, die Arme hingen kraftlos herab, sie atmete schwer. Sie wartete auf den Mann. Deutlich hatte sie seine Schritte gehört, doch er kam nicht. Sie streckte die Beine aus, legte den Kopf auf das feuchte, duftende Gras und blickte den Mond an. Ihr ganzer Körper verlangte nach dem Mann. Der Duft von Gras und Erde umgab sie.

»Warum kommt er denn nicht?«

Da sah sie ihn durch den Nebelschleier hindurch, wie er sich über sie beugte. Seine breite, behaarte Brust hob und senkte sich heftig, seine großen, brennenden Augen glänzten. Sie hob die Arme, ihn zu umfassen. Sie sah sein grobes, sonnenverbranntes Gesicht: es war ihr Mann. Mit der Zunge strich sie über seine trockenen, gesprungenen Lippen. Sie verschränkte die Arme und stöhnte. Ihr Mann war fort. Schlaftrunken starrte sie in den Himmel, der wie eine dunkle Landschaft vor ihr ausgebreitet lag. Sie sah den Mond, der wie ein Licht in der Landschaft sich von weither ihr näherte. Wieder war es ihr Mann, der mit einem Licht in der Hand aus der Landschaft kam. Sie rief:

»Hier bin ich, Habib, hier . . . bin ich . . .«

Das Weinen des Kindes riß sie aus dem Schlaf. Erregt richtete sie sich auf. Mit den Augen suchte sie nach dem Kind. Das Weinen war ganz nahe, aber das Kind selbst war nicht zu sehen.

Im Dunkeln sah sie nichts. Sie tastete den Boden ab. Benommen und schläfrig war sie.

»Wo ist mein Kind?«

Sie stand auf. »Wohin hat man mein Kind gebracht?«

Ängstlich, aufgeregt eilte sie davon. Sie zertrat die taubedeckten Gräser, schob Zweige beiseite und ging im Dunkeln dem Weinen des Kindes nach. Sie kam zu einer freiliegenden Stelle. Das Weinen war jetzt sehr nahe. Sie stürzte vorwärts und sah ein kleines Bett vor sich. Sie neigte sich und nahm das Kind auf. Plötzlich befiel sie ein Zittern. Sie rieb sich die Augen und blickte das Kind starr an. Sein Gesicht war naß von Tränen.

»Das ist ja gar nicht mein Kind! Wo ist denn mein Kind?«

Das Herz krampfte sich ihr zusammen. Sie wandte sich um und blickte voll Entsetzen nach allen Seiten.

In einiger Entfernung, hinter dem Bett des Kindes, lagen Seite an Seite ein junger Mann und eine junge Frau. Der Mann schnarchte leise.

Es war dunkel. Der Mond zog am Himmel. Eine kühle Brise ließ sie erschauern. Sie wußte nicht, was tun. Ihre Blicke wanderten von dem Mann und der Frau zu dem Kind und zurück. Das Kind weinte in ihren Armen und sah sie durch die Tränen mit seinen kleinen, glänzenden Augen an.

Sie wandte den Blick von dem schlafenden Paar, wollte das Kind hinlegen und fortgehen. Sie blickte das Kind an und sah, wie seine Tränen flossen. Instinktiv öffnete sie die Knöpfe ihres Kleides. Zitternd kniete sie vor dem Bett nieder und drückte das Kind in stürmischer Leidenschaft an sich. Sie legte sich das Kind an die Brust. Die kleinen Lippen griffen zu und fingen gierig an zu saugen.

Ihre Aufregung legte sich. Sie schloß die Augen und überließ sich der tiefen Ruhe, die ihr ganzes Wesen ausfüllte.

Sie streichelte die weichen, zarten Haare des Kindes:

»Mein Kindchen, hattest du Hunger? Mein liebes Kindchen . . .«

Behdschat Malek-Kiāni
Die Rückkehr

Nās Bibi saß, ihre langen dünnen Beine verschränkt, vor der Tür auf dem Boden. In ihrem dunkelgebräunten, mageren Gesicht, dessen Haut sich über die vorspringenden, breiten Backenknochen spannte, glänzten zwei braune, etwas feuchte Augen.

Es war gegen Abend und Nās Bibi war mit ihrer Arbeit fertig. Sie hockte nun da und schaute sich den auf Hochglanz geschrubbten Boden aus gesprenkelten Fliesen, die sauber gekehrten Teppiche und die feingeputzten Türen an. Das war alles ihre Arbeit! Seit zwei Tagen arbeitete sie in diesem Haus. Das Haus hatte einen großen Hof, einen breiten Flur und viele Zimmer, und Nās Bibi mußte sie alle putzen und sauberhalten.

Sie war mit ihren Gedanken beschäftigt, als ihr plötzlich ein kalter Schauer über den Rücken lief. Gleichzeitig fühlte sie einen leichten Schmerz in der linken Seite, der sich allmählich ausbreitete und schließlich den ganzen Körper erfaßte. Schweißtropfen traten ihr auf die Stirne und rannen ihr den Rücken hinab.

Nās Bibi kannte den Schmerz gut; sie wußte im voraus, wann er sie heimsuchen würde. Mühsam stand sie auf, schleppte sich in den Keller des Hauses und legte sich auf das am Boden zurechtgemachte Lager. Dann zog sie eine kleine Dose unter der Matratze hervor, schnitt ein Stück von der darin befindlichen braunen Masse ab und steckte es in den Mund. Doch es war ihr klar, daß auch das nicht viel helfen würde. Sie war süchtig, aber seitdem sie die neue Anstellung gefunden hatte, war sie entschlossen, kein Opium zu rauchen, sondern es nur noch zu nehmen. Und weil sie das bis jetzt einige Male ausprobiert hatte, wußte sie schon, wie schmerzhaft es am Anfang war. Sie legte sich wieder hin und schaute zum Fenster hin, das ein spärliches, kaltes Licht hereinließ. Sie fühlte sich elend. Es war ihr, als rollte sie einen steinigen Pfad hinunter; die Dornen stachen, die Steine zerschlugen ihre Knochen. Sie schrie, doch sie hörte ihre eigene Stimme nur aus der Ferne. Auf einmal rollte sie nicht mehr; eine angenehme Brise streichelte ihr das zerschundene Gesicht. Oh, wie vertraut war doch diese Brise! Sie roch nach heimischen Dingen, nach Erde und Schnee, nach Sonne und wilden Pistazienbäumen, nach Ziegen und Kamelen.

Nās Bibi öffnete mühsam die Augen. Es war ihr, als tropfte Blut durch ihre Wimpern hindurch. Sie versuchte, durch das hellrote Licht hinauszuschauen. Aber was sah sie da? Das konnte sie einfach nicht begreifen ... Sie schloß die Augen und öffnete sie wieder. Nein, sie irrte sich nicht: Vor ihren Augen schwebte ein herrliches prachtvolles Land in der Sonne! Und Taftān, dessen Gipfel mit Schnee bedeckt war, ragte, in zauberhaften Farben glänzend, in den Himmel. Wie beruhigend wirkte doch der Schnee auf sie! Sie schloß die Augen wieder, seufzte und lehnte sich an einen Felsen. Sie öffnete die Augen: Taftān stand unter dem blauen, wolkenlosen Himmel! Und an seinem Abhang sah sie die wilden Pistazienbäume mit ihren grünen Sprossen! Sie schienen auf ihre kleinen, bunten Früchte zu warten. Sie hörte das Läuten der Kamelglocken und das Blöken der Ziegen!

Mit forschenden Augen suchte sie in einer Rauchwolke ihren Mann, und nachdem sie ihn entdeckt hatte, murmelte sie erbittert: »Der Mann kennt keine Treue, genau so wie die Welt.« Ihre Augen standen voll Tränen. Wo war jetzt ihr Mann? – Sicher bei seiner zweiten Frau, der Zigeunerin mit goldenen Ohrgehängen, goldenem Halsband, goldenen Ringen und vielen kostbaren bunten Steinen. Sie saß jetzt sicher vor dem Zelt, wo sie früher selbst gesessen und oft den Sack aus Fell, in dem die Sauermilch bereitet wurde, hin und her geschwungen hatte. Sie blickte zum Taftān auf und freute sich, daß wenigstens er da war. Wie gern würde sie vor ihrem Zelt sitzen und den Gipfel anschauen! Wie gern würde sie in dem warmen Wasser der Quellen am Fuße des Taftān baden! Wie gern würde sie die Früchte der Pistazienbäume pflücken und ihren Duft einatmen!

Nās Bibi stand auf und machte sich auf den Weg. Sie wollte zum Gipfel hinauf ... Aber da dröhnte plötzlich ein starkes Geräusch in ihrem Kopf, und sie mußte die Augen öffnen: Sie fand sich wieder im Keller auf dem Bett liegen. Es war das Knarren der Tür, das sie aus den Träumen herausriß. Die Hausfrau war, eine Tasse in der Hand, eingetreten und schaute Nās Bibi gleichgültig an. Wo war jetzt ihr Taftān? Warum verschwand er plötzlich? Sie war dort in der Gegend zur Welt gekommen; sie kannte dort alles: den Schnee, die Bäume, die Quellen. Jetzt hatte sie alles verloren.

Nās Bibi riß sich zusammen und stand mühsam auf. Sie trank den Tee, wickelte sich den Schleier um die Taille und legte sich wieder hin. Wie gern würde sie zu ihrem geliebten Taftān zurückkehren! Tränen standen ihr in den Augen.

Als Nās Bibi am nächsten Morgen den Keller verließ, war die Sonne schon aufgegangen. Nās Bibi war schwindlig, sie zitterte am ganzen Körper. Inzwischen hatte man das Geschirr gespült und die Zimmer gekehrt. Nās Bibi merkte schon, daß sie hier überflüssig war. Sie verließ das Haus. Die Hausfrau hatte ihr schon vorher den Lohn ausbezahlt.

Nicht lange danach stand Nās Bibi auf der Straße nach Chāsch und wartete auf den Bus, der sie zu ihrem Heimatort bringen sollte.

Fahimeh Farssā'i

Sieben Bilder

Gleich kommen die Beamten, und ich hab' noch nichts erledigt. Ich möchte ja schließlich nicht meine Sachen von dieser und jener Straßenseite auflesen müssen. Alles muß ich ordentlich zusammenpacken.

(Gol, meine Gute! Ich bitte dich, quängle nicht ewig und lauf' mir nicht zwischen den Füßen rum! Du in deinem unansehnlichen Aufzug. Ach!)

Schön wär's, wenn ich wüßte, wie ich diese Bilder in all meinem alten Kram verstauen soll, daß sie nicht zu Schaden kommen. Ein Leben lang hab' ich sie mit größter Hingabe gehütet, und jetzt will ich nicht, daß sie unter die Rubrik »Räumungsschäden« fallen.

(Gol, dich mein' ich! Laß mich doch zum Nachdenken kommen! Du allein genügst schon, daß ich mich hinlegen und sterben möchte ... Geh mir aus dem Weg!)

Auch zu Herrn Nossrat hatte ich gesagt:

»Das heißt also, ich soll mich hinlegen und sterben?«

Und er, mit seinem glattrasierten, bleichen Gesicht, hatte das rechte Ende seines langen, dichten Schnurrbarts gezwirbelt und im Ton eines Richters, der im voraus sein Urteil gefällt hat, erwidert:

»Das habe ich nicht gesagt.«

Während er diesen Satz mit kalter Stimme von sich gab, hielt er die Augen geschlossen, als hätte er vergessen, daß er mich noch vor ein paar Minuten fixiert und gesagt hatte:

»Meine Dame, Sie sind hier überflüssig!«

Ich fragte nur: »Was soll das heißen?« und blickte dabei auf die Wand hinter seinem Kopf, wo eine Stelle von der Größe eines Bilderrahmens sauber ausgespart war. Herr Nossrat hatte gleichgültig geantwortet:

»Das heißt, daß wir für Sie nichts mehr zu tun haben!«

Und mir war plötzlich eingefallen, daß dieses saubere Viereck an der Wand die leere Stelle vom Bild des Schahs war, und ich begriff, daß mein Hin- und Hergeschobenwerden zu diesem Amt und zu jener Abteilung nur stattgefunden hatte, um das Terrain vorzubereiten.

Sie hatten mich als Rechtsberaterin der Organisation eingestellt, doch die einzige Tätigkeit, die mir nicht anvertraut wurde, war das Beraten. Aus dem einfachen Grund, weil die Akten, die ich anlegte, ausnahmslos zu Ungunsten der Arbeitgeber waren: Arbeitgeber, die in den meisten Fällen entweder sich mit dem Sprecher der Provisorischen Regierung* in den Besitz ein und derselben Immobilie teilten oder mit dem Erdölminister bei einem Hypothekengeschäft Bekanntschaft geschlossen hatten oder Blutsverwandte dieses Kraftmeiers waren, der dem Fernsehen vorstand und für den eben diese Arbeitgeber und die Basarkaufleute Unterschriftensammlungen über Unterschriftensammlungen veranstalteten.**

Jeden Morgen ließ mich der Vorgesetzte in sein Büro rufen, machte mir Vorwürfe, weil das Tippfräulein »ablenen« statt »ablehnen« geschrieben hatte, und sagte, ich hätte nicht die juristische Kompetenz, gegen den und den Arbeitgeber eine Klageschrift aufzusetzen, was er folgendermaßen begründete:

»Wie kann jemand, der nicht weiß, ob ›ablehnen‹ mit oder ohne h geschrieben wird, beurteilen, ob Herr Soundso, der ein ehrbarer Mann ist und erst gestern 100000 Toman als die vom religiösen Gesetz vorgeschriebene Armensteuer entrichtete, es abgelehnt hat, die Versicherungsprämien für die Arbeiter seiner Fabrik zu bezahlen?«

Und ich zog die Nase kraus und sagte: »Was diese Dinge miteinander zu tun haben, ist mir unklar!«

(Gol, mein Liebes! Hab' ich dir denn nicht grade eine Flasche voll Tee mit Kandis gegen dein Wehweh gegeben? Ist's meine Schuld, daß keine Milch zu haben ist? Wie oft soll ich dich unter den Arm klemmen und von Apotheke zu Apotheke ziehen? ... Ich bitte dich, plärr nicht ständig!)

* Gemeint ist die erste Regierung nach der iranischen Revolution im Februar 1979.

** Es handelt sich um den späteren iranischen Außenminister Ghotbsādeh, der zwei Jahre nach der Revolution wegen »staatsfeindlicher Aktivitäten« verhaftet und bald darauf hingerichtet wurde.

Obwohl ich mir Mühe gab, jeden Tag noch mehr Umsicht als am vorhergehenden Tag in meinem Auftreten und meiner Tätigkeit walten zu lassen, fanden die zweimal wöchentlich sich abspielenden Zusammenkünfte mit dem Herrn Vorgesetzten bald jeden zweiten Tag und danach täglich statt, und ich beantragte schließlich, um ihm seltener meine Aufwartung machen zu müssen, zwanzig Tage Urlaub.

Noch war keine Woche vergangen, da stellten sie mir durch einen meiner Kollegen den Bescheid über meine Entlassung zu: Das Säuberungs-Komitee hatte mich für »antirevolutionär« befunden. Als ich mich Herrn Nossrat gegenübersetzte, legte ich absichtlich meine rechte Hand, deren Haut vom Verbrennen mit Zigarettenglut verschrumpelt ist, auf den Tisch und fragte wütend:

»Antirevolutionär?!«

Und ich zeigte ihm das Führungszeugnis, das ich für meine Einstellung von der Polizeibehörde erhalten hatte. Darin stand: »Die Genannte ist wegen Aktivitäten, die gegen die Sicherheit des Kaiserreiches gerichtet waren, zu drei Jahren Haft verurteilt gewesen.«

(Ja doch ... ja doch ... ja doch ... Gleich steh' ich auf und koche dir Kartoffeln ... Ich bitt' dich nur, weine nicht so und steh mir nicht immerzu im Weg, Gol!)

Und ich zeigte ihr das Bild ›Die Kartoffelesser‹*:

(Sieh mal, alle essen sie Kartoffeln! Die Kartoffeln haben sie eigenhändig gepflanzt, mit diesen Händen, mit denen sie jetzt essen.)

Mir schien, daß das spärliche Licht, das die Bildatmosphäre erhellte, mit jedem Augenblick trüber und die bekümmerten, nachdenklichen, knochigen Gesichter der Kartoffelesser mit jedem Augenblick hagerer wurden. Ich blickte Gol in die Augen und fand diese Gesichter in ihren hellen Pupillen widergespiegelt, nur kleiner ...

Es war mir klar, daß sie den Sinn meiner Worte nicht begriff. Sie starrte nur mit ihren gleichmäßig grünen Augen auf das dunkle Grün des Bildes und sah es sich auf-

* Von Vincent van Gogh.

merksam an, und Staunen, Neugierde und oberflächliches Wahrnehmen bewirkten, daß ihre Augenbrauen sich zusammenzogen. Wie sehr sie in dieser Verfassung Hosseyn gleicht!

Bei diesem Gedanken zog sich meine Nase kraus. Auch als Hosseyn Abschied nahm und fortging, hatte ich aus lauter Verzweiflung die Nase krausgezogen. Als er am Morgen Brot kaufen gegangen war, hatten sie ihn in der Schlange vorgelassen. Er erzählte: »Was für eine lange Schlange! Aber sowie die Leute meine Uniform sahen, sagten sie: Herr Offizier, ... bitte gehen Sie vor! Ihr alle seid das Licht unserer Augen ...« Und vor Freude und Stolz lachte er von Herzen.

Als ich fragte: »Und was soll mit mir werden?«, fragte er: »Fängst du wieder damit an?«

Mir schien, daß er das mit dem gleichen grundlosen Zorn sagte wie meine Tante damals, als sie zum erstenmal diesen Satz aussprach.

Ich hatte einen Zipfel meines Blusensaums gefaßt und stopfte ihn mir immer wieder zwischen die Zähne. Ich hatte nicht die geringste Lust, meiner Tante in ihr haariges Gesicht zu blicken. Auch wenn ihr Gesicht nicht behaart gewesen wäre, hätte ich sie nicht anblicken mögen! Die Fingerspitzen brannten mir. Von heißem Fett kann man ja nichts andres erwarten! Das wußte ich selbst auch; aber ich hatte einfach nicht anders gekonnt. Meine Tante mußte jeden Augenblick auftauchen, deshalb schob ich die Finger unter die größte Bulette, die gerade im Fett brutzelte, und steckte sie, obwohl ich dabei schreckliche Qualen litt und die Bulette zerbröckelte, in die Tasche meines grauen Schulkittels. Um den brennenden Schmerz zu lindern, steckte ich die Finger in den Mund. Meine Tante kam mit der Schüssel Reis zurück, um die ich sie gebeten hatte, und heftete ihren Blick gleich auf die Tasche meines Kittels. Ich senkte den Kopf. Ich wollte so schnell wie möglich diese verdammte Schüssel Reis an mich nehmen und die Flucht ergreifen. Seit zwei Tagen hatten wir nichts Ordentliches gegessen. Meine Tante sagte:

»Was ist das da in deiner Tasche?!«

Ich stellte mich taub, und indem meine Finger noch

brannten und der Schmerz mir die Tränen in die Augen trieb, erhob ich mich auf die Zehenspitzen und reckte die Arme, um ihr die Schüssel abzunehmen; ich sagte:

»Mutter läßt dir sagen: Vergelt's dir Gott!«

Die Schüssel noch höher haltend, sagte meine Tante:

»Gott vergelt's auch deiner Mutter – die mit ihrer Kindererziehung ... Ich hab' dich gefragt, was du da in der Tasche hast!«

Ich schielte auf die Tasche meines Kittels und sah, daß sich ringsherum ein Fettfleck ausgebreitet hatte.

Ich hob den Zipfel vom Blusensaum hoch und stopfte ihn mir immer wieder zwischen die Zähne. Vom Geschimpfe meiner Tante kriegte ich nichts mit. Ich dachte über die Beobachtung nach, daß Fett genauso wie Wasser durchsickert!

Immer noch zeterte meine Tante und machte mich und meine Mutter und ihre eigenen Verstorbenen und die meiner Mutter schlecht. Am Ende schrie sie:

»Sag mal, fängst du wieder damit an, he? Fängst du wieder damit an?!«

(Du quälst mich, Gol! Da sind noch viele Dinge, die ich erledigen muß. Eins davon ist, Milch aufzutreiben für dich! Deshalb stör mich nicht dauernd! Klammre dich nicht ewig mit deinen kleinen heißen Händchen an mich, daß ich dich auf den Arm nehmen soll! Mein Liebling, meine Freude! Laß mich meine Arbeit tun! Gleich kommen die Beamten. Guck mal, guck dir dies mal an! ... Diese kleinen Menschlein sieh dir an, die gehen im Kreis! ... Sieh mal, wie hoch die Mauern reichen ... So hoch sind die, daß man es nicht für möglich hält, Sonnenlicht und frische Luft könnten darüber hinwegstreichen! ... Das ist ein Gefängnis! Dies Bild heißt ›Der Kreis der Gefangenen‹*. Siehst du die Polizisten, wie sie aufpassen? ... Diese Männer sind zum Luftschnappen herausgekommen, danach gehen sie wieder in ihre Zellen! Siehst du diese kleinen Fenster mit den Gittern davor? ... Die gehen da hin ... Ich will das in den Koffer mit deinen Kleidern tun, ja?)

* Von Vincent van Gogh.

Ich hatte gesagt:

»Das ist gut, dann ruhe ich mich mal so richtig aus. Das ist doch besser als dies sinnlose Herumgelaufe ... Was gab's denn draußen für mich außer Elend und Hunger?!«

Ich hatte die Nase krausgezogen und sah mir Stück für Stück die großen und kleinen Figuren an, die in dem Zimmer im Glasschrank standen. Offenkundig hatten ungeschulte Hände sie angefertigt. Mir ging allmählich die Geduld aus. Der Herr Doktor* war noch beim Konjugieren der sechs Formen des Verbs »patriotisch gesinnt sein«: »ich bin patriotisch gesinnt ... die, die hier sind, sind alle patriotisch gesinnt ... ihr alle seid patriotisch gesinnt?«

Es überraschte mich nicht, daß er, als er zur Anredeform im Singular und Plural gelangte, das Verb im Frageton konjugierte.

Aus Ärger war es ... Alles, was ich sagte, sagte ich im Ärger. Ich war einfach dabei zu platzen. Ich, die es keinen Augenblick an einer Stelle gehalten hatte, brachte jetzt meine Zeit vom Abend bis zum Morgen, vom Morgen bis zum Abend in einer zwei mal zweieinhalb Meter messenden Zelle zu. Ich wünschte mir nur, daß sie mich in Ruhe ließen.

Der Herr Doktor war beim Imperativ von »patriotisch gesinnt sein« angelangt. »Seid alle patriotisch gesinnt!«, und ich blickte immer noch auf den kleinen Teppich am Boden und seine Ornamente. Die vom Block 4 hatten ihn geknüpft. Frau Hosseyni hatte gesagt: »Der Herr Doktor verrichtet sein Gebet auf diesem Teppich in seinem Zimmer ...« und hatte die zum Himmel erhobenen Augen gesenkt in einer Art und Weise, als sei sie Gottes strafendem Blick begegnet.

Während ich auf den Teppich blickte, hörte ich gleichzeitig den Worten des Herrn Doktor zu:

»Also, das ist ja nun gar nichts ... Steh auf, nimm das Bildnis des Schahs von da oben runter, zerbrich es, dann

* »Doktor« oder »Doktor Hosseynsâdeh« waren die Decknamen eines berüchtigten Beamten des Staatlichen Sicherheitsorgans SAVAK.

verpaß' ich dir lebenslänglich ... und du kannst dich bis ans Ende deines Lebens ausruhen.«

Ich sagte: »Darin seh' ich absolut keinen Sinn.«

Und um nicht in Gelächter auszubrechen, zog ich die Nase kraus. Aber als ich mir die ineinander verschlungenen Linien im Teppich mehrmals genau ansah, konnte auch das Krausziehen der Nase nicht mehr meinen Lachanfall bremsen: in den Teppich waren die Worte »Tod dem Schah!« eingewebt. Und der Herr Doktor tat dreimal täglich vor diesen geheiligten Worten einen Kniefall! Danach, wann immer ich guter Laune war, foppte ich Frau Hosseyni:

»Im Ernst, Frau Hosseyni, wo verrichtet der Herr Doktor sein Gebet?!«

(Ja doch ... mein Schatz, komm auf meinen Arm und laß das Weinen! Du mein Liebling, bist du's leid? Gleich geh' ich mit dir raus ... geh' Milch für dich kaufen ... Wie sehr lieb' ich doch deine weißen Perlmuttzähnchen ... Hast du Sehnsucht nach Papa? Ich auch ... daß er uns beide in die Arme schließt, danach sehne ich mich! ... Aber wenn wir ihm das sagen, weißt du, was er dann antwortet? Sofort hält er uns ›die Anderen‹ vor! ›Die Anderen‹, ›die Anderen‹, ich hab' sie einfach satt, ›die Anderen‹ ... Ich mag' sie ja gern, aber ihretwegen bin ich mit den Nerven fertig ... Weißt du: diese Anderen drängen sich zwischen uns und ihn. Und du wagst nichts zu sagen, sonst werden dir Berge von »Verantwortung«, »Verpflichtung« und »Liebe« und dergleichen auf die Schultern geladen! Ich möcht' mal wissen, sind wir denn nicht ein Teil der Anderen? Du, mein Kleines, bist du denn nicht mal soviel wert wie die Anderen?!

Offenbar nicht! Denn Tausende wie dich gibt es, die täglich geopfert werden! ... Seine Antworten kenn' ich ja auswendig! ... Aber lassen wir dies Thema, Schätzchen! Komm, für dies hier wollen wir jetzt einen Platz finden. Weißt du, wie es heißt? ›Der 3. Mai 1808‹* ... Siehst du, welch Grauen in seinen Augen steht? Das Grauen seines ganzen eigenen Lebens und das seiner Landsleute. Unser Tod hat ihn vor Grauen in den Wahnsinn getrieben.)

* Von Francisco Goya.

Als ich das Handtuch vom Kopf zog, hatte ich dies Todesgrauen direkt vor Augen: in den tiefschwarzen Augen von »Onkel«, der im Winter barfuß, bis zu den Knien im Schnee, ohne zu verschnaufen auf den Gipfel des Toutschāl* zu steigen pflegte. Seine Stimme zeugte von Gesundheit: klar und rein. Seine Zähne zeugten von Gesundheit: blendend weiß. Seine Gestalt war die verkörperte Gesundheit: straff, breitschultrig, kräftig und immer gepflegt.

Und jetzt stand er mir gegenüber; schmutzig und struppig war er und gebrochen, zerschmettert, mit einer Welt von Grauen in den Augen.

Die widerwärtige Stimme des Doktors wurde laut:

»Kennst du den?«

Er hatte mich erbarmungslos geprügelt, hatte mich erbarmungslos gefoltert, erbarmungslos zermürbt. Mit dem Jackenärmel das Blut von der Nase wischend, sagte ich:

»Nein, woher soll ich den kennen?«

Dann sagte er:

»Und du? Kennst du die?!«

Auch an seiner Stimme war »Onkel« nicht wiederzuerkennen. Er sagte:

»Ja. Es war geplant, Sie in der Aufklärungseinheit einzusetzen . . .«

Ich dachte bei mir: Wen? Mich? Welche Planung? und blickte um mich, und meine Augen verweilten auf der Skizze eines Gewehrs, das mit Kugelschreiber auf den Putz der Wand gezeichnet war. Ich zog die Schultern hoch und lachte laut und höhnisch auf.

Die widerwärtige Stimme des Doktors erhob sich wieder:

»Tragt die Leiche raus!«

Ich wußte nicht, ob er von mir sprach oder von »Onkel«!

Mir war, als träumte ich mit offenen Augen. Von allem, was ich hatte, war mir allein das Ins-Leere-Starren geblieben. Alles hatten sie mir geraubt, auch meinen Körper.

* Berg nördlich von Teheran.

Als sie sich an mich machten, brachte mich die Wut nahezu um den Verstand. Obwohl mir Hände und Füße gefesselt waren, kippte ich mich mitsamt der Pritsche um. Ich glaubte tot zu sein. Eine Woche lang war ich wie tot, eine ganze Woche lang. Nur Schmerz und Gram, Abscheu und Wut riefen mich ins Leben zurück.

Ich hatte nichts auszusagen ... Ich wußte nichts, was ich hätte sagen können. Erst fünf Monate vorher hatte ich Hosseyn kennengelernt. Er hatte zu mir gesagt: Du bist die Liebe für mich ... die Liebe ... Und ich hatte gesagt: Du bist mein Alles ... An was ich mich erinnerte, waren diese zwei Sätze. Das konnte man doch nicht wiedergeben ... Ich und eine Terroristengruppe?!

(Sieh mal, Gol! Ich kann dich doch bei all meiner Arbeit nicht dauernd auf dem Arm herumtragen! Genügt es denn nicht, daß ich so viel mit dir rede? Nimm ein klein wenig Rücksicht auf Mama! Gleich ist's Mittag, und ich hab' noch nichts getan! Ist's denn schön, wenn die Beamten kommen und hier alles kunterbunt durcheinanderfliegt? Ist's denn schön, wenn die bei sich denken, was für eine Schlampe deine Mama ist?! Setz dich hier hin und mampf deine Kartoffeln! Ich möchte dich ja gern auf dem Arm tragen, dich an meine Brust drücken und möchte, daß du mit deinen kleinen warmen Händchen mit mir spielst! ... Schließlich bist du ja meine ganze Freude! Aber bei all der Arbeit, die mir aufgehalst ist ... wie soll das gehen?! Guck dir dies an; das ist ›Der Sommer‹*, Mama liebt dies Bild sehr. Ich bin auch auf solchen Feldern gewesen ... mit diesen lebhaften, fröhlichen, wilden Farben bin ich aufgewachsen. Meine Mutter hat auf solchen Feldern gearbeitet. Sie wurde auch so müde und kam so ins Schwitzen und trank auch so aus dem Milchkrug, den wir von zu Hause mitgebracht hatten! Sie nahm auch solche Sicheln wie diese zur Hand und schnitt mit einer Bewegung ... pischsch ... eine Unmenge Weizenhalme. Sie arbeitete soviel, damit ihr, wie sie sagte, leichter werde. Sie sagte immer: Ich genieße diese Erschöpfung! ... Sieh mal die Kette von Vögeln: ein Hals-

* Von Iwan Lakewitsch.

band aus violetten Perlen für den wie ein Bräutigam blaugewandeten Himmel ... Unser Verkaufsstand gefiel dir doch, nicht?)

Arme voll weißer, roter, rosa Blumen nahm ich und stellte sie gebündelt in große Vasen. Noch war die klare Kühle des Morgens nicht gebrochen, da hatte ich schon den Boden vor meinem Verkaufsstand gefegt und mit Wasser besprengt und setzte mich und sah mir das Hin und Her der Passanten an. Nachdem sie mich entlassen hatten, beschloß ich, Blumen zu verkaufen. An der Ecke einer belebten Straße stellte ich einen Bretterverschlag auf, beschaffte mir auch einige wacklige Gestelle und ein paar Tonvasen. Drei Tage in der Woche ging ich aus dem Haus, schrieb auf einen der kleinen Zettel, die eigentlich Hosseyn als »Gedächtnis« dienten, »Blumen«. In Mußestunden schnitt er sich diese kleinen viereckigen Papiere zurecht und schrieb die zwei Worte »In betreff« darauf. Das war sein Notizbuch. Er sagte oft: »Die kann man leicht vernichten.« Darin hatte er recht. Denn etliche Male, als ich hinter das »In betreff« geschrieben hatte »uns selbst«, hatte er gar nicht reagiert. Das geschah immer dann, wenn ich über seine Vaterschaftspflichten reden wollte, und, wenn ich keine ermutigenden Anzeichen sah, sogar über die Auflösung unserer Ehe. Ich war sicher, daß er, sobald er ihrer ansichtig wurde, den Kopf schüttelte und sie lächelnd zerriß. Wenn ich dann fragte: warum nicht, sagte er nur: ich liebe dich ... und nochmals: ich liebe dich ..., und er sagte so oft: ich liebe dich, daß ich schließlich so tat, als ob die Angelegenheit nicht existierte. Und ich zog die Nase kraus und wußte selbst nicht, ob aus Freude oder aus Ärger.

(Ja doch, mein Töchterlein! ... Weine nicht mehr! Möchtest du, daß ich mit dir spiele? Komm, Liebling, komm auf meinen Arm! Wenn doch dein Papa hier wäre! Dann würdest du nicht so viel durchmachen; ich kann doch nicht gleichzeitig beides sein! Manchmal möchte ich mich vor lauter Ratlosigkeit hinsetzen und flennen. Wieviel kann denn ein einzelner Mensch ertragen? Bei diesen Verhältnissen ... Ich bitt' dich, weine nicht! Sonst fang' ich auch noch an zu heulen. Möchtest du vielleicht schlafen? Nein? Dann guck dir das an! Das ist ›Der Herbst‹*. Sieh mal die Sonne; als ob sie erkaltet sei, erfroren; und diese kahlen, von der Kälte schwarz gewordenen Bäume! Sieh dir den Himmel an, wie finster er ist und traurig ...)

Am Abend, als wir aus dem Kino kamen und Hosseyn sagte, daß er an die Front müsse**, war der Himmel auch so düster. Zwei Jahre waren wir nicht ins Kino gegangen, und ich zuckte bei seiner Aufforderung zusammen. Als ich fragte: »Wieso auf einmal?«, lachte er und strich auf einem der kleinen viereckigen Papiere das »In betreff« aus und schrieb mit großen Buchstaben »Kino« und sagte scherzend »Motor«. Ich zog die Nase kraus, band mein Kopftuch um und ging mit ihm aus der Wohnung, dieser Wohnung, die wir vom »Hilfswerk für die Unterdrückten«*** erhalten hatten und die wir, weil wir die Miete nicht bezahlt haben, räumen müssen.

(Schön, Gol, mein kleiner Hoffnungsstrahl, gehn wir und machen Tee! Für die Beamten heben wir welchen auf. Warum sollen wir ihnen böse sein?)

Ich sagte: »Schön, sehr schön ... du mußt ja wirklich gehen ... und ich allein mit dem Kind und ohne Geld und ohne Arbeit ... Ich werd' schon irgendeinen Mist bauen!« Er lachte. Immer lachte er. Wie ein Kind, wie ein Schulkind in den Sommerferien lachte er.

Er sagte: »Fängst du wieder damit an?!«

Ich sagte: »Nein, ich hör' damit auf.«

Und ich sagte nichts mehr. Ich wußte ja, daß er geht, wußte ja, daß er gehen muß. Aber ich wollte es nicht. Ganz entschieden wollte ich es nicht. Das Kind und die Mittellosigkeit und die Arbeitslosigkeit ... all das waren nur Vorwände. Ihn selbst wollte ich, meinen Hosseyn, der den Anderen gehörte.

Er sagte: »Sie zahlen uns Sold ... ich schick' dir Geld!«

Ich zog die Nase kraus und sagte: »Hach ...«

Im Dunkel nahm er meine Hand und sagte:

* Von Iwan Lakewitsch.

** Die Erzählung spielt während des Krieges zwischen Iran und Irak, vermutlich im Jahre 1981.

*** Nach der Revolution gegründete Organisation, deren erklärter Zweck es ist, den Besitzlosen materielle Hilfe zukommen zu lassen.

»Wenn du dich einsam fühlst, kannst du ja, wenn du willst, zu meiner Mutter ziehen!«

Ich begann die Bäume zu zählen, die am Straßenrand ohne Furcht in den düsteren Himmel ragten. Schwarz und kahl.

Ich sagte: »Hast du 'ne Ahnung!«

Er sagte: »Dann findest du auch mehr Zeit zum Lesen!«

Ich dachte bei mir: Zum Teufel mit dem Lesen!, und laut sagte ich:

»Genug davon ... du brauchst dir um mich keine Sorgen zu machen.«

Ich wartete darauf, daß er wie immer sagen werde: Du bist sehr egoistisch, aber er sagte es nicht, sondern:

»Nein, Sorgen mache ich mir nicht um dich. Ich weiß, daß du niemals in der Klemme sitzen bleibst ... Nur ...« Er lachte:

»Ich werd' mich nach dir sehnen ... Du bist ja doch für mich die Liebe.«

Warum nur führte ich mich so auf? Hosseyn ging doch fort, mußte fortgehen!

»Du bist mein Alles.«

Mit dem Zählen der Bäume kam ich aus der Reihe.

(Ja doch, mein Kleines, es ist jetzt Zeit zu gehen. Wenn wir uns zu spät aufmachen, ist die Milch alle ... Was hast du da im Arm? Oh weh ... ›Der Winter‹*, gleich wirst du's kaputtmachen ... Du weißt doch, diese Bilder machen mein Leben aus! Dieser dicke Schnee auf den Hausdächern ... diese schlanken, hohen Bäume ... diese schwarzen, lärmenden Krähen ... dieser Himmel voll dunkler Wolken ... diese weiße, kalte, blendende Atmosphäre ...)

Das letztemal, als Hosseyn anrief, klang seine Stimme müde, müde lachte er. Er sagte:

»Im Frühling bin ich in Teheran!«

Und ich sagte: »Hier hat's geschneit ... Aber wir haben genug Petroleum ... Warum rufst du so selten an?« Und ich zog die Nase kraus.

* Von Iwan Lakewitsch.

Er sagte: »Wir bereiten einen Angriff vor ... Bestell Grüße an meine Mutter! Was schreiben denn die Zeitungen?«

Ich sagte hastig: »Gol geht's gut. Alles ist in Ordnung ... Warum rufst du so selten an?«

Er sagte: »Die Kniffe vom Maschinengewehr J-3 hab' ich jetzt raus ... Im Schützengraben singen wir Lieder ... Was schreiben denn die Zeitungen?«

Ich sagte: »Ich hab' unsagbar viel Zeit ... Das Geld ist angekommen ... Warum rufst du so selten an?«

Er sagte: »Hier fehlt's uns an nichts. Die Kameraden sind großartig! ... Was schreiben denn die Zeitungen?«

Und dann redete er mich mit meinem Namen an, was er sonst selten tat.

Wenn er sehr traurig war, redete er mich mit meinem Namen an. Er sagte:

»Wenn sie den toten irakischen Soldaten die Uniform ausziehen, ist ihre Unterwäsche ganz zerschlissen ...«

Es klingelte.

(Ach, siehst du, Gol? Die Beamten sind da, und wir haben noch nichts fertig! ... Komm auf meinen Arm, ich will sehen, wer das ist!)

»Einen Moment, ich komm' schon!

Guten Tag, bitte schön ... Ich dachte, es wären die Beamten vom Wohnungsamt ... Das hast du gut gemacht, daß du gekommen bist ... Was gibt's Neues von Hosseyn? Ich war dabei, alles zusammenzuräumen ... Gol geht's gut ... Sag dem Onkel guten Tag! Ach, ... beinah hätt' ich diesen ›Frühling‹* vergessen!«

Er stand unter dem Bild ›Der Frühling‹ und nahm seine Mütze mal in die eine Hand, mal in die andere. Er schien niedergeschlagen und traurig. Seine Augen waren gerötet, und auch seine Nasenspitze war rot. Er sagte, er wolle es kurz machen, und sprach von ohrenbetäubendem Lärm und von Detonationen und von Mörsern und von Blut und Hirn und Ohnmachten und derlei Dingen. Einige Male sagte er auch »Hosseyn« ... und er drückte mir einen gefalteten Umschlag in die Hand, öffnete die Tür und ging.

* Von Iwan Lakewitsch.

Ich blickte immer noch den ›Frühling‹ an: diese blasse, zarte Bläue des Himmels und die vollen, dichten Dolden des lila Flieders, dessen betäubender, fiebriger, leichter Duft mich immer trunken machte. Doch mit einem Male merkte ich, daß ich gar keinen Geruch wahrnahm! Und mir schien, ich atmete gar nicht. Das frische, heitere Lila der Fliederblüten verblaßte nach und nach. Der Himmel wurde weiß, und die ineinander verschlungenen dünnen, braunen Stengel der Blüten neigten sich und legten sich auf die gelbgetönte, lockere Erde, und was mir in Händen blieb, war ein ausgelöschter, toter Frühling, der in einen goldenen Rahmen gefaßt war.

Die Autoren

Wo nicht anders vermerkt, wurden alle Erzählungen eigens für diesen Band ins Deutsche übertragen.

BOZORG ALAVI: geb. 1904 in Teheran. 1921–28 Gymnasium und Studium in Deutschland. Rückkehr nach Iran. Lehrer an der Gewerbeschule in Teheran. 1937–41 politische Haft. Mitbegründer der linksgerichteten »Tudeh«-Partei. 1953 Übersiedlung in die DDR. 1954–1969 Professor für persische Sprache und Literatur an der Humboldt-Universität in Berlin. Lebt heute noch dort. ›Die Geschichte meines Zimmers‹, aus: ›Der Koffer‹ (1934), in der Übersetzung von Herbert Melzig wurde dem Band ›Die weiße Mauer‹, Rütten und Loening, Berlin/DDR 1960, entnommen.

DSCHALĀL ĀL-E AHMAD: geb. 1923 in Teheran, gest. 1969 in Teheran. Sohn eines Geistlichen. Zuerst Lehrer, dann freier Schriftsteller. 1944–48 Mitglied der linksgerichteten »Tudeh«-Partei. Verfasser soziologischer Essays und Studien. Ironische Erzählhaltung, sozialkritische Schilderung. ›Das fünfte Rad am Wagen‹, aus: ›Das fünfte Rad am Wagen‹ (1951), deutsch von Anneliese Ghahraman. ›Der amerikanische Ehemann‹, aus: ›Fünf Erzählungen‹ (1961), deutsch von Tuka Ramin.

MAHSCHID AMIR-SCHĀHI: geb. 1937 in Teheran. Längerer Aufenthalt in England und Frankreich. Freie Schriftstellerin, schildert meist das Leben gehobener Gesellschaftsschichten. Lebt seit 1980 als Emigrantin in Paris. ›Das Labyrinth‹, aus: ›1. Person Singular‹ (1972), deutsch von Carla Rustaiyan-Filipuzzi.

M. A. BEHĀSIN (Pseudonym für Mahmud E'temādsādeh): geb. 1915 in Rascht. Studium in Frankreich. Marine-Offizier, Gymnasiallehrer, dann freier Schriftsteller.

Erzählungen, Essays, Übersetzungen. Mehrfach politische Haft, auch jetzt. ›Das Amulett‹, aus: ›Das Amulett‹ (1965), deutsch von Carla Rustaiyan-Filipuzzi. ›Der Besuch‹, aus: ›Naghsch-e Parand‹ (1968), deutsch von Touradj Rahnema.

SSIMIN DĀNESCHWAR: geb. 1921 in Schiras. Studium der persischen Literatur. Hochschullehrerin in Teheran, hat sich 1980 frühzeitig pensionieren lassen. Erzählungen, Romane, Übersetzungen. ›Die Schwestern‹, aus: ›Eine Stadt wie Paradies‹ (1961), deutsch von Tuka Ramin.

MOHAMMAD-ALI ESSLĀM-NODUSCHAN: geb. 1925 in dem Dorf Noduschan bei Jasd. Studium der Rechtswissenschaft in Teheran und Paris. Hochschullehrer in Teheran, hat sich 1980 frühzeitig pensionieren lassen. Kulturwissenschaftliche Schriften, literarische Essays und Kritiken. ›Die Braut‹, aus: ›Ssochan‹ (Zeitschrift), Jahrgang 8, 1956, deutsch von Anneliese Ghahraman.

AMIN FAGHIRI: geb. 1944 in Schiras. Lehrer in seiner Heimatstadt. Erzählungen und Theaterstücke, meist im Dorfmilieu spielend. ›Ābi und ihre Liebe‹, aus: ›Das trübselige Dorf‹ (1968), deutsch von Touradj Rahnema.

FAHIMEH FARSSĀ'I: geb. 1951 in Teheran. Studium der Jura und Kunstgeschichte. Kunstkritikerin. Politische Haft unter dem Schah, seit 1983 in der BRD. ›Sieben Bilder‹, aus einem unveröffentlichten Manuskript, 1981 geschrieben, deutsch von Sigrid Lotfi.

EBRĀHIM GOLESSTĀN: geb. 1922 in Schiras. Filmautor und Regisseur. Erzähler mit eigentümlicher Sprache und eigenwilligem Stil. Lebt seit 1980 im Ausland. ›Das Ende der Reise‹, aus: ›Bach, Wand und Durst‹ (1967), deutsch von Anneliese Ghahraman.

HUSCHANG GOLSCHIRI: geb. 1937 in Isfahan. Studium der persischen Literatur. Bis 1974 Lehrer, jetzt freier Schriftsteller. Kurze politische Haft unter dem Schah.

Lebt in Teheran. ›Hinter den dünnen Schilfhalmen‹, aus: ›Wie immer‹ (1968), deutsch von Touradj Rahnema.

SSĀDEGH HEDĀJAT: geb. 1903 in Teheran, gest. 1951 in Paris durch Selbstmord. 1926–30 Aufenthalt in Frankreich. Nach seiner Rückkehr nach Iran war er der geistige Führer eines kleinen Kreises von Schriftstellern, Malern und Schauspielern, die eine Erneuerung der persischen Kunst anstrebten. Erzähler, Essayist, Übersetzer, Folkloresammler. Viele seiner Werke sind in europäische Sprachen übersetzt. ›Das Zigeunermädchen‹, aus: ›Drei Tropfen Blut‹ (1932), deutsch von Sigrid Lotfi. Die Erzählung ›Die Frau, die ihren Mann verlor‹ (1933) in der Übersetzung von Eckhardt Fichtner wurde entnommen aus ›Die beiden Ehemänner‹, Rütten und Loening, Berlin/DDR 1984. Die Erzählung ›Wallfahrt der Sühne‹ (1933) in der Übersetzung von Johann Christoph Bürgel wurde entnommen aus ›Moderne Erzähler der Welt. Iran‹, Horst Erdmann Verlag, Tübingen und Basel 1978.

MAHMUD KIĀNUSCH: geb. 1934 in Mesched. Erzähler, Lyriker, Kinderbuchautor, Übersetzer und Literaturkritiker. Lebt seit 1975 als Emigrant in London. ›Die Brautwerbung‹, aus: ›Dort war niemand‹ (1966), deutsch von Touradj Rahnema.

BEHDSCHAT MALEK-KIĀNI: geb. 1953. Studium der persischen Literatur. Gymnasiallehrerin. Ihre Erzählungen spielen meist in der Wüstengegend Ostirans. Lebt in Sāhedān (Südostiran). ›Die Rückkehr‹, aus: ›Ssochan‹ (Zeitschrift), Jahrgang 26, 1978, deutsch von Touradj Rahnema.

DSCHAMĀL MIR-SSĀDEGHI: geb. 1933 in Teheran. Gymnasiallehrer, Bibliothekar, jetzt freier Schriftsteller. Sozialkritische Erzählungen und Romane. Lebt in Teheran. ›Der Mond, das Licht der Landschaft‹, aus: ›Die amüsanten Abende und die gelbe Rose‹ (1976), deutsch von Sigrid Lotfi.

SSĀDEGH TSCHUBAK: geb. 1916 in Buschehr. Schulbesuch in Schiras und Teheran. Leitender Beamter bei der Iranischen Ölgesellschaft, pensioniert. Erzählungen, Romane, Theaterstücke und Übersetzungen. Lebt in den USA. ›Das berberitzenrote Kleid‹, aus: ›Marionettentheater‹ (1945), deutsch von Tuka Ramin, und ›Das Holzpferd‹, aus: ›Die letzte Gabe‹ (1966), deutsch von Touradj Rahnema, wurden entnommen aus dem Erzählband ›Der Pavian, dessen Herr gestorben war‹, Edition Orient, Berlin 1983.

Zur Aussprache persischer Wörter

Wir haben uns bemüht, für persische Namen, Titel und Begriffe eine Umschrift zu verwenden, die der deutschen Rechtschreibung soweit wie möglich entspricht. Folgendes sollte dabei beachtet werden:

ā	langes, offenes »a«, etwa wie das »a« in »Bahn«,
a	dagegen wie »Bann«.
ch	entspricht immer dem »ch« in »Nacht«, nie dem in »nicht« oder »chronisch«.
dsch	wie in »Dschungel«, also stimmhaft.
gh	tiefer Kehllaut ähnlich einem Zäpfchen-r.
h	wird immer ausgesprochen, außer am Wortende.
j	wie das »j« in »Jalousie« oder »Journalist«, stimmhaft.
r	Zungen-r.
s	stimmhaft wie in »Wesen«.
ss	stimmlos wie in »wessen«, auch am Wortanfang.
ey	wie das englische »ay« in »day« oder in »o. k.«.
’	Das Zeichen »’« bezeichnet den Knacklaut, den man im Deutschen z. B. zwischen der Vorsilbe »be-« und dem Stamm »-eilen« in »beeilen« hat.

Persische Wörter werden meistens auf der letzten Silbe betont. Bereits im Deutschen eingeführte Namen wie »Hafis« (eigentlich: Hāfes) und »Täbris« (eigentlich: Tabris) werden in der üblichen Schreibweise wiedergegeben.

Frauen der Welt im Spiegel der Literatur

dtv 1174

dtv 10084

dtv 10522

dtv 10532

dtv 10543

dtv